高校实验室安全准入教育

GAOXIAO SHIYANSHI ANQUAN ZHUNRU JIAOYU

主　编　王　强　张　才

副主编　姜骏超

编委会成员（按姓氏笔画排序）

王少康　计伟荣　刘　筱

刘旦初　朱明祥　许余玲

宋志军　花　嵘　李国华

张　颖　居里锴　贲玉红

赵宁军　袁洪学　谈国风

黄海婵　韩　寒　薛　婷

南京大学出版社

图书在版编目(CIP)数据

高校实验室安全准入教育 / 王强，张才主编. -- 南京：南京大学出版社，2019.8(2025.8 重印)
ISBN 978-7-305-22516-1

Ⅰ. ①高… Ⅱ. ①王… ②张… Ⅲ. ①高等学校—实验室管理—安全管理 Ⅳ. ①G642.423

中国版本图书馆 CIP 数据核字(2019)第 151129 号

出版发行 南京大学出版社
社　　址 南京市汉口路 22 号　　邮　编 210093

书　　名 高校实验室安全准入教育
GAOXIAO SHIYANSHI ANQUAN ZHUNRU JIAOYU
主　　编 王　强　张　才
责任编辑 朱彦霖　蔡文彬　　编辑热线 025-83592146

照　　排 南京南琳图文制作有限公司
印　　刷 盐城市华光印刷厂
开　　本 787 mm×1092 mm 1/16 印张 15.25 字数 372 千
版　　次 2019 年 8 月第 1 版　2025 年 8 月第 6 次印刷
ISBN 978-7-305-22516-1
定　　价 42.00 元

网址：http://www.njupco.com
官方微博：http://weibo.com/njupco
微信服务号：NJUyuexue
销售咨询热线：(025) 83594756

前 言

实验室是高校进行人才培养、科学研究和社会服务的主要场所，其安全性与师生的人身安全密切相关。近年来高等教育事业发展迅速，办学规模快速增大，同时各项教学改革、科学研究在不断演进，导致安全隐患增加、风险集聚，实验室安全工作压力与日俱增。

全国范围内，各高校虽已采取多种有效措施加强实验室安全管理，但各类安全事故仍时有发生。事故类型多种多样，但相关调查结果显示，有近90%的安全事故是人为因素造成的。切实提高师生安全意识、掌握安全知识和技能是落实"安全第一、预防为主"、建设平安校园的关键举措。

为满足师生和实验室工作人员学习实验室安全相关知识和技能的需要，配合线上视频教学，我们组织编写了这本《高校实验室安全准入教育》。本书结合高校实验室特点，分通识篇、专项篇和管理篇三个部分，共12章，具体有：绪论、实验室安全防护装备、实验室消防安全、实验室水电安全、实验室废弃物安全、实验室特种设备安全、事故急救与应急处理、化学化工类实验室安全、生物类实验室安全、机械（加工制造类）实验室安全、实验室辐射安全和实验室安全管理基础。

在编写时，我们按照"条理清晰、内容全面、通识易懂、专项突出"的原则，在系统介绍高校实验室安全通识知识的基础上，对事故隐患多的专业实验室安全问题做了专门讲解，因此本书兼具通用性和专业性，有较强的实用性。

本书的编写是在超星集团教育大数据研究院的大力支持下完成的，同时也非常荣幸邀请到华东理工大学袁洪学处长、浙江工业大学计伟荣处长、复旦大学刘旦初教授、东南大学王少康教授、南京理工大学居里锴书记、浙江工商大学谈国凤和宋志军老师等专家学者共同参与本书的编写。在编写过程中我们参阅了许多实验室安全方面的书籍和资料，借鉴了许多有益的内容，尽管已在参考文献中加注，但难以一一列出，在此一并表示感谢。最后感谢南京大学出版社编辑为本书的顺利出版付出的辛勤劳动。

由于编写的水平和时间所限，错误之处在所难免，敬请读者和相关领域专家指正，我们也将对本书进行不断完善。

编 者

2019年5月

目　录

MU LU

第一篇　通识篇

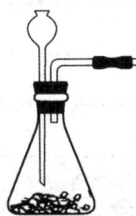

第二篇 专项篇

第三篇 管理篇

第1章 绪　论

DI YI ZHANG

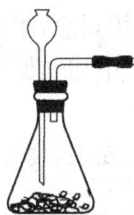

高校实验室是人才培养、科学研究和社会服务的主要场所，在培养学生的动手能力、实践实验能力、协作创新能力的过程中发挥着至关重要的支持作用。同时实验室人员更替频繁、创新性和探索性实验项目多、风险难以预见和防控等特点，对实验室安全提出了更高的要求。

高校实验室安全管理工作直接关系广大师生的身体健康和生命财产安全。全国范围内，各高校虽已采取多种措施加强安全管理，但各类安全事故仍时有发生，给学校的正常办学秩序造成了极大的影响。2018年，教育部及其他管理部门相继发布了多个加强实验室安全管理工作的重要文件。实验室安全工作中需坚持“预防为主、教育先行”的原则，要建立实验室安全准入制度，对进入实验室的师生必须进行安全技能和操作规范培训，全面培养师生的安全意识，不断提高师生防范自救能力。

1.1 课程的定位与目标

作为实验室安全准入制度的配套课程，高校实验室安全准入教育究竟是一门怎样的课程，它是如何定位的、它的教学目标又是什么？

1.1.1 课程定位

高校实验室安全准入教育，顾名思义，是进入实验室开展实验活动的入场券或敲门砖，是我们在进入实验室之前应该且必须接受的专门教育。事实上，本门课程是专为大学一年级新生及新进实验室管理人员设计、开设的实验室安全基础教育课程，它既是新生始业教育的重要组成部分，也是获得实验室准入和上岗证的必要条件。当然，此课程也可以作为一般的大学通识教育课程，或者作为企、事业单位新入职员工的安全培训课程。

1.1.2 课程目标

通过本门课程的系统学习，希望能达成下列四个方面的学习目标（学习成效），最终达到进一步提升大学生综合素养和能力的专业培养目标：

(1) 通晓安全基本规则：较为全面地了解实验室安全相关的法律、法规和规章制度。

(2) 具备安全基本知识：系统、全面地掌握实验室安全和事故防范的基本知识。

(3) 掌握安全基本技能:对实验室存在的安全风险和安全隐患具有一定的识别、评估和管控能力;另一个方面,在面对实验室突发事件时,有一定的处置、逃生和救人的技能。

(4) 提升安全责任意识:培养学生"生命至上、尊重生命"的安全道德观念,牢固树立"以人为本,安全为天"的思想,充分认识实验室安全的重要性,在日常工作中切实做到"居安思危,防患于未然"。

归纳起来就是本门课程的学习目标和学习重点可以归纳为"规则、知识、技能、责任"这四个词。

1.2 实验室安全的重要性

高校实验室安全的内涵包括人身安全、化学品安全、用水用电安全、实验操作安全、防火防爆、危险废弃物及环保、病原微生物、科研成果保密、贵重物品防盗等诸多方面,是高校实验室建设和管理的核心,也是校园安全教育与文化的重要组成部分。

我们可以从三个不同的维度去看待实验室安全的重要性:

1.2.1 从马斯洛需求层次理论看实验室安全的重要性

美国心理学家亚伯拉罕·马斯洛在1943年撰写的《人类激励理论》一文中指出,人类需求像阶梯一样从低到高分成五个层次,如图1-1所示,这五种需求层次自下而上分别是:生理需求、安全需求、社交需求、尊重需求和自我实现需求。其中安全需求,仅次于生理需求,排在第二位。安全需求是我们人类最基本的需求之一,属于生存需求范畴。实验室安全事关大学生的人身安全,是我们最基本的需求,自然十分重要。

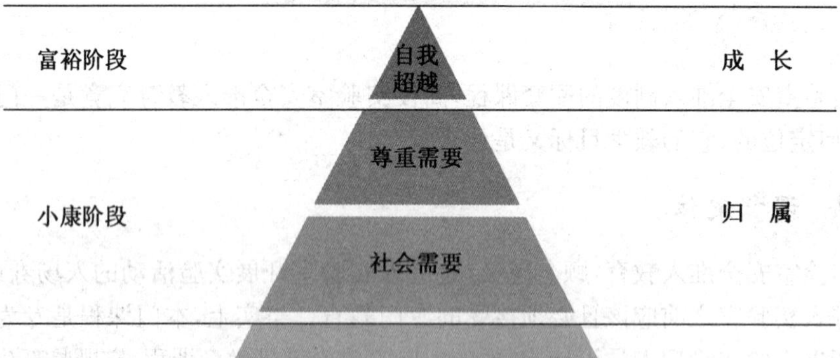

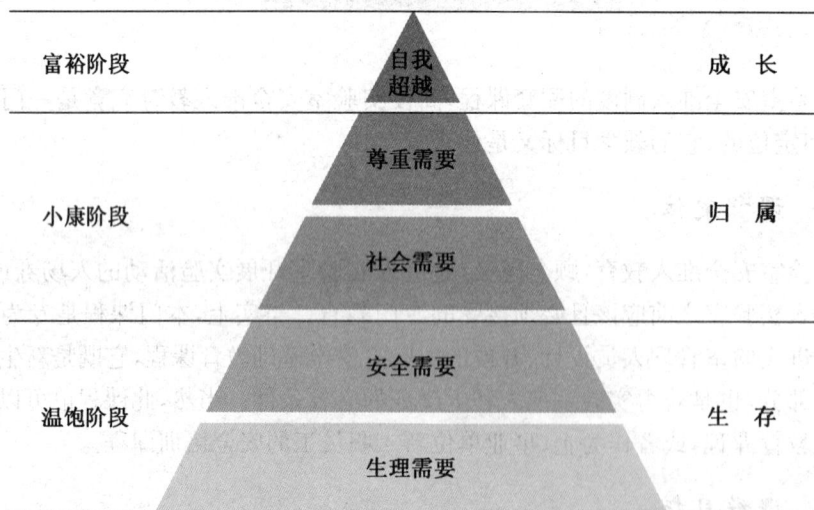

图1-1 马斯洛需求层次理论

1.2.2 从实验室的地位和作用看实验室安全的重要性

历史上大多数的发明创造来自实验科学。从十九世纪爱迪生发明电灯，到屠呦呦发现青蒿素的疟疾治疗功能，再到现在潘建伟发现量子纠缠等等，无不出自实验室。进入二十一世纪以来，实验科学更是方兴未艾，在遍布理工科领域后，现在又大踏步走进人文社会学科，实验室成了知识创新、技术创新和发明创造的摇篮。在高校，实验室更是肩负着科学研究和人才培养的双重使命，既是知识创新和科技发展的重要阵地，也是培养学生实验技能和创新能力，对学生全面实施综合素质教育的必备场所。为确保实验室正常发挥作用，必须拥有安全的实验室条件和环境。安全的本质是保护生命和健康，是一切社会活动顺利进行的前提，没有安全一切都是空谈，更无从谈及科学和教学工作，所以说实验室安全十分重要。

1.2.3 从实验室的特点看实验室安全的重要性

众所周知实验室有两个明显的特点：一是实验室人员密集。高校的实验室除了教师和实验室工作人员，还有本科生、硕士生、博士生等，加上高校实验室资源普遍较为紧张，人员的流动性很大，人员密集问题更为突出；二是仪器设备集聚。随着实验室建设水平的不断提高，仪器设备的价值越来越高，大型仪器设备动辄几十万、上百万，有的甚至上千万。在这样的人员和仪器设备相对集中的场所，一旦发生事故，后果不堪设想。不仅会严重影响正常的教学秩序和科研计划，也会给国家财产带来巨大损失，更为严重的是对师生的健康乃至生命造成重大威胁，所以说实验室安全十分重要。

因此，我们常常讲“实验室安全无小事、安全责任重于泰山！”

1.3 实验室常见安全事故类型及原因分析

高校实验室安全事故类型主要有爆炸、火灾、毒害污染、细菌或病毒感染、机械电气伤人事故等。

1.3.1 爆炸性事故

爆炸性事故多发生在具有易燃易爆化学品或存有压力容器的实验室，主要类型有可燃气体爆炸、化学品爆炸、活泼金属爆炸、高压容器爆炸、粉尘爆炸等。发生的原因有：

(1) 操作不当，引燃易燃蒸气导致爆炸。

(2) 搬运时使爆炸品受热、撞击、摩擦等，从而引起爆炸。

(3) 易燃易爆药品储存不当，造成泄漏引发爆炸。

(4) 高压装置操作不当或使用不合格产品引发物理爆炸。

(5) 在密闭或狭小容器中进行反应，反应产生的热量或大量气体难以释放导致爆炸。

(6) 加错试剂，形成爆炸反应或形成爆炸混合物，引发爆炸。

(7) 用普通冰箱存储闪点低的有机试剂引发冰箱爆炸。

(8) 实验室火灾引发爆炸。

1.3.2 火灾

火灾在高校实验室事故案例中经常出现，主要类型及直接诱因有以下几点：

(1) 电气火灾，占实验室火灾的大多数。过载、短路、设备过热及违规操作是这类火灾发生的主要诱因。

(2) 化学品火灾，主要由化学品使用或存储不当引起。由于许多化学品易燃易爆，一旦发生火灾，火势迅猛，难以控制，危害极大。

(3) 操作不慎或违规吸烟使火源接触易燃物导致的火灾等。

1.3.3 毒害性事故

毒害性事故多发生在涉化类实验室，反应产生有毒物质，或有毒药品的泄漏、外流是引起这类事故的主要原因，有以下几种情况：

(1) 使用有毒试剂时，疏于防护或违规操作造成急性或慢性中毒。

(2) 操作失误造成中毒。

(3) 设备老化、故障及违规操作导致有毒物质泄漏引起中毒污染事故。

(4) 排风不利引起有毒气体中毒污染。

(5) 管理不善引起有毒物质的外流造成污染，或被犯罪分子用于投毒引发毒害事故。

(6) 环保观念淡薄，随意排放实验废液、废气及固体废弃物造成环境污染等。

1.3.4 感染性事故

感染性事故多发生在生物或医药学实验室，主要有细菌或病毒感染、传染事故，外源生物或转基因生物违规释放对生物多样性、生态环境及人体健康产生潜在危害等。这类事故一旦发生，对人类健康及生活环境将产生极大的危害作用。引发这类事故的主要原因是实验人员的疏忽、仪器老化故障以及对实验废弃物处理不当等。

1.3.5 机械电气伤人事故

机械电气伤人事故多发生在有高速旋转或冲击运动的机械实验室，或有带电作业的电气实验室。引发事故原因有操作不当或缺乏防护造成的挤压、甩抛及碰撞伤人；违规操作、设备老化或设备故障造成的触电、漏电等电击电伤事故。

1.3.6 其他实验室安全事故

实验室还可能发生设备使用不当造成损坏的事故、管理不善或违规操作造成辐射或放射性污染的事故、物品失窃、信息资料被盗、网络被黑客攻击等事故。

1.4 实验室安全教育的重要性

实验室安全教育的目的在于通过教育教学手段，提高实验者的安全意识及安全素质，使之掌握必要的安全知识和技能，减少和消除安全隐患及事故，掌握必要的逃生自救常识，一旦发生事故，能及时补救或正确逃生。通过教育也能起到提高管理人员责任感和处理事故能力的作用。其重要性体现在：

1. 实验室安全教育是保障实验室安全的关键措施

实验室的安全风险是客观存在的。不管是什么样的实验室，其内部环境和工作活动或多或少都具有一定的风险，这是由实验室的功能特点决定的，是我们无法回避的事实。

一方面，实验室尤其是化学化工类实验室，使用和存放的物品种类繁多，水、电、气用量大，导致实验室环境复杂、隐患遍布。实验过程中不仅用到易燃、易爆、有毒、有感染性、有腐蚀性甚至是放射性的危险化学品，还使用大量电气设备，并涉及强光、高温、高压、高真空、超低温、辐射、强磁等危险因素，如果不予高度重视，极易引发安全事故，甚至会连锁反应导致灾难。

另一方面，实验室人员密集、空间拥挤、活动频繁、实验工作时间长容易导致疲劳和注意力不集中，这些因素都是激发实验室安全事故的内在风险。

近年来高校实验室安全事故频发，国内高校几乎每年都会发生实验室严重安全事故。2016年上海某高校一位研究生因违规进行实验，导致现场爆炸，致三人死亡，其导师也因此锒铛入狱，教训非常深刻。国外高校也存在类似情况，2008年12月美国加州大学洛杉矶分校(简称UCLA)的一位女生在化学实验过程中被烧伤致死。三年之后(2011年12月27日)，美国洛杉矶地方法院判决她的导师(P. Harran)和UCLA有罪，社会影响非常大。虽然实验室安全事故是小概率事件，但如果我们漠视实验室安全风险的存在，不管在何时何地、国内还是国外，均有酿成悲剧的可能。

调查研究发现，80%的实验室安全事故是人为因素引起的。近年来国内外高校大多数实验室安全事故的根本原因在于实验者安全意识淡薄、思想麻痹大意、缺乏实验室安全必要的知识和技能、甚至进行违规操作。

如果在进入实验室之前对实验者进行严格全面的实验室安全教育，使他们有足够的安全意识，并具备必要的安全知识和技能以及事故防范能力，就能最大限度地避免实验室安全事故发生，保障实验室顺利运行。因此，开展实验室安全教育是确保实验室安全的必要环节和关键措施。

2. 实验室安全教育是提高学生安全素质和构建安全文化的迫切需要

安全素质是学生综合素质的重要组成部分。在我国的高等教育体系中我们一直提倡素质教育，但目前一些学校并没有把提高学生的安全素质列入教学计划，这造成了一个严峻的后果：安全事故中学生缺乏安全逃生、科学施救的知识和技能成为一个普遍性的问题。

近年来发生的各类安全事故严重暴露出我们安全文化教育的缺失。因此，我们有必要、有义务通过开展实验室安全教育，提高学生的安全素养，形成良好的校园安全文化氛围。学生将来走上社会后，会自然而然地把这种安全文化融入社会的安全观念、安全行为、安全管理中，不仅使自己终身受益，同时也促进了社会安全文化的建设。根据《中国青年报》社会调查中心对千名大学生进行的在线调查结果显示，80%以上的受访者认为开设安全教育课程、进行有针对性的突发事件应对演练非常有必要，这反映了大学生对安全教育的迫切需要。安全教育是大学生综合素质养成的必然需求，关系到全民素质的提高。

3. 实验室安全教育是国家法律法规的要求

在“以人为本，安全第一，预防为主”的指导思想下，安全教育已经逐步纳入制度化法制化的轨道。1992年原国家教委颁布的《普通高等学校学生安全教育及管理暂行规定》,已明确指出"高校应把对学生进行安全教育作为一项经常性的工作,列入学校工作的重要议事日程,加强领导。"2002年9月1日实施的教育部12号令《学生伤害事故处理办法》指出:"学校应当对在校学生进行必要的安全教育和自护自救教育。未对学生进行相应的安全教育,并未在可预见的范围内采取必要的安全措施的,学校应当依法承担相应的责任。"

2010年1月1日起实施的教育部《高等学校消防安全管理规定》第三十五条规定:"学校应当将师生员工的消防安全教育和培训纳入学校的消防安全年度计划。"

上述法律法规的陆续施行,表明我国越来越重视高校安全教育工作。作为安全隐患诸多、安全事故多发的场所,实验室的安全教育更是重中之重。

4. 实验室安全教育是新形势下教育国际化的要求

进入新时代,随着高等教育快速发展,高教事业的国际化步伐也在加快,国际交流日益频繁,这些顺应了社会对高等教育日益增长的需求。然而国内高校的实验室安全教育发展滞后于整体发展,尤其是与欧美等发达国家的高校相比较,整体水平存在明显差距。这对我们的学生融入国际社会造成了一定障碍和影响。这要求各高校要加强实验室安全教育,着力构建一个科学的、长效的实验室安全教育体系,以适应教育国际化的趋势和要求。

1.5 课程的基本结构及内容要求

最后,为方便学习,介绍一下本课程的基本结构和内容要求。

1.5.1 课程的基本结构

本课程由通识篇、专项篇和管理篇三大部分组成。通识篇着重介绍实验室安全基础知识、实验室存在的共性安全问题,以及实验室安全事故防范、突发事件应对的措施和技能。具体内容有实验室安全防护装备、实验室消防安全、实验室水电安全、实验室废弃物安全、实验室特种设备安全以及事故急救与应急处理,共六个章节。

专项篇涉及较为专业的安全知识和安全技能,采用模块化设置。目前有化学化工类实验室安全、生物(含医学)类实验室安全、机械(加工制造类)实验室安全以及实验室辐射安全,共四个章节。

管理篇设有实验室安全管理,具体内容有实验室安全管理概述、实验室安全法规与标准、实验室安全通则与职责、实验室安全事故及应急处置。

1.5.2 课程的学习内容和要求

通识篇是共性的、也是最为基础的实验室安全教育,所以是所有学生必修的部分;专项篇专业性比较强,不同专业的学生可根据自身的专业要求或专业兴趣,选择其中之一进行重点学习。整门课程的总学时数为16学时,共计1个学分。为便于巩固所学知识,我们为每个章节设计了相应的作业或测试题。

第一篇

通识篇

第 2 章

实验室安全防护装备

DI ER ZHANG

2.1 引　言

2.1.1 实验室安全事故回顾

1. 卡伦事件

1997 年 1 月的一天，48 岁的女化学家卡伦·韦特豪恩因为平衡感、语言以及身体动作持续退化而进了急症室就医。卡伦一直以来研究的是有毒金属暴露对有机体的毒性，她是这个化学领域有名的教授。大概在 5 个月前，卡伦正在做有关二甲基汞的实验。突然，有 2 滴二甲基汞溶液从移液管里滴了下来，正好滴在了她的乳胶手套上。这个意外发生后，她马上按照程序清理了现场。因此她认为自己应该没有和二甲基汞直接接触。实际上当时大家也不知道，二甲基汞可以穿透各种乳胶手套，她戴的手套形同虚设。二甲基汞的毒性会缓慢发作。1997 年 6 月，卡伦医治无效去世。她的悲剧给他人敲响了警钟，也促使了二甲基汞实验操作的改革。现在那些需要做二甲基汞实验的人要戴 2 副特制的手套。

2. 封管事故

某高校化学实验室的李某在进行实验时，往玻璃封管内加入氨水 20 mL，硫酸亚铁 1 g，原料 4 g，加热温度 160 ℃。当事人在观察油浴温度时，封管突然发生爆炸，整个反应体系被完全炸碎。当事人额头受伤，幸亏当时戴防护眼镜，才使双眼没有受到伤害。

从以上两起事故可以看出，学习实验室安全防护装备的知识是非常有必要的。实验室安全防护装备是指用于防止实验人员受到物理、化学和生物等有害因子伤害的装备和设备。实验室安全防护装备分为实验室个人防护装备和实验室通用防护设备。

2.1.2 实验室个人防护装备

个人防护装备是在工作中从业人员为防御物理、化学、生物等外界因素伤害所穿戴、配备和使用的各种防护装备的总称，也称为个人防护用品、劳动保护装备、劳动防护装备等。个人防护装备在实验室安全管理中具有举足轻重的地位和作用。

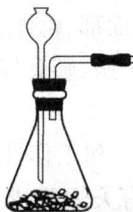

个人防护装备种类很多，按照国家安全生产监督管理总局 2013 年发布的《中华人民共

和国安全生产行业标准化工企业劳动防护用品选用及配备》(AQ/T 3048—2013)的规定，个人防护装备共分为8类：头部防护、呼吸器官防护、眼面部防护、听觉器官防护、手部防护、足部防护、躯干防护和坠落防护。所涉及的防护部位主要包括眼睛、头面部、躯体、手、足、耳及呼吸道，其装备包括护目镜、口罩、面罩、防毒面具、防护帽、手套、防护服、鞋套以及听力保护器等。

个人防护装备选用原则：实验室工作人员应根据不同级别安全水平和工作性质来选用个人防护装备并掌握正确的实验方法。在具体使用时，应根据国家的有关标准、要求以及产品的说明书进行。

2.2 眼部和呼吸防护装备

2.2.1 眼部防护装备：护目镜

为避免眼部受伤或尽可能降低眼部受伤的危害，在化学实验或机械实验过程中实验者都必须佩带防护眼镜，也称护目镜，以防止飞溅的液体、颗粒物及碎屑等对眼部的冲击，以及有毒性气体对眼睛的伤害。护目镜是一种特殊作用的眼镜，使用的场合不同，需求的眼镜也不同。护目镜主要的种类和用途有三种：

(1) 防固体碎屑的护目镜：主要用于防御金属或砂石碎屑等对眼睛的机械损伤。眼镜片和眼镜架应结构坚固，抗打击。框架周围装有遮边，其上应有通风孔。防护镜片可选用钢化玻璃、胶质黏合玻璃或铜丝网防护镜。

(2) 防化学溶液的护目镜：主要用于防御有刺激或腐蚀性的溶液对眼睛的化学损伤。可选用普通平光镜片，镜框应有遮盖，以防溶液溅入。通常用于实验室、医院等场所，一般医用眼镜即可通用。

(3) 防辐射的护目镜：用于防御过强的紫外线等辐射线对眼睛的危害。镜片采用能反射或吸收辐射线，但能透过一定可见光的特殊玻璃制成。镜片镀有光亮的铬、镍、汞或银等金属薄膜，可以反射辐射线；蓝色镜片吸收红外线，黄绿镜片同时吸收紫外线和红外线，无色含铅镜片吸收X射线和γ射线。比如常见的电焊眼镜，对镜片的透光率要求相对很低，所以镜片颜色多以墨色为主；再比如激光防护眼镜，顾名思义，就是能防止激光对眼睛的辐射，所以对镜片要求很高。

图2-1 常见的实验室护目镜

护目镜使用注意事项：

(1) 护目镜要选用经产品检验机构检验合格的产品；

(2) 护目镜的宽窄和大小要适合使用者的脸型；

(3) 镜片磨损或粗糙、镜架损坏，会影响操作人员的视力，应及时更换；

(4) 护目镜要专人使用，防止传染眼病；

(5) 焊接护目镜的滤光片和保护片要按规定作业需要选用和更换；

(6) 防止重摔重压，防止坚硬的物体摩擦镜片和面罩；

(7) 普通的视力校正眼镜不能起到可靠的防护作用，实验过程中应在校正眼镜外另戴护目镜。

2.2.2　呼吸防护装备

1. 按防护原理分类：过滤式和隔绝式

(1) 过滤式呼吸防护装备是依据过滤吸收的原理，利用过滤材料去除空气中的有毒、有害物质，将受污染空气转变为清洁空气，供人员呼吸的一类呼吸防护装备。如防尘口罩、防毒口罩和过滤式防毒面具。

(2) 隔绝式呼吸防护装备是依据隔绝的原理，使人员呼吸器官、眼睛和面部与外界受污染空气隔绝，依靠自身携带的气源或靠导气管引入受污染环境以外的洁净空气为气源供气，保障人员正常呼吸的防护装备，也称为隔绝式防毒面具、生氧式防毒面具、长管呼吸器及潜水面具等。

2. 按供气原理和供气方式分类：自吸式、自给式和动力送风式

(1) 自吸式呼吸防护装备是指靠佩戴者自主呼吸克服部件阻力的呼吸防护装备，如普通的防尘口罩、防毒口罩和过滤式防毒面具。

(2) 自给式呼吸防护装备是指以压缩气瓶为气源供气，保障人员正常呼吸的防护装备，如贮气式防毒面具、贮氧式防毒面具。

(3) 动力送风式呼吸防护装备是指依靠动力克服部件阻力、提供气源，保障人员正常呼吸的防护装备，如军用过滤送风面具、送风式长管呼吸器等。

3. 按防护部位及气源与呼吸器官的连接方式分类：口罩式、面具式和口具式

(1) 口罩式呼吸防护装备主要是指通过保护呼吸器官(口、鼻)来避免有毒、有害物质吸入对人体造成伤害的呼吸防护装备，包括平面式、半立体式和立体式多种，如普通医用口罩、防尘口罩、防毒口罩。

(2) 面具式呼吸防护装备在保护呼吸器官的同时，也保护眼睛和面部，如各种过滤式和隔绝式防毒面具。

(3) 口具式呼吸防护装备通常也称口部呼吸器，与前两者不同之处在于，佩戴这类呼吸防护装备时，鼻子要用鼻夹夹住，必须用口呼吸，外界受污染空气经过滤后直接进入口部。

4. 常用实验室呼吸防护装备：口罩

口罩分为：供气式口罩和空气过滤式口罩。

(1) 供气式口罩是指将与有害物隔离的干净气源通过动力作用如压空机、压缩气瓶装置等，经管及面罩送到人的面部供人呼吸。空气过滤式口罩，是日常工作中使用最广泛的一

大类。

(2) 空气过滤式口罩的结构应分为两大部分,一部分是面罩的主体,可以简单理解为它是一个口罩的架子;另一部分是滤材,包括用于防尘的过滤棉以及防毒用的化学过滤盒等。

常用的实验室口罩有图 2-2 所示三种样式:

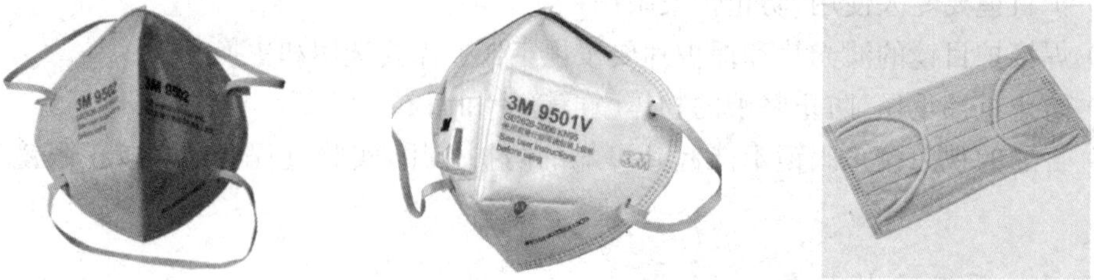

图 2-2　常用实验室口罩样式

5. 实验室另外一种常见呼吸防护装备是防护面具,防护面具分为两类

(1) 过滤式防毒面具,也是防毒面具中最为常见的一种,能够有效地滤除吸入空气中的化学毒气或其他有害物质。过滤式防毒面具主要由面罩主体和滤毒件两部分组成。面罩起到密封并隔绝外部空气和保护口、鼻、面部的作用;滤毒件内部填充以活性炭为主要成分的防毒炭,由于活性炭里有许多形状不同、大小不一的孔隙,可以吸附粉尘,在活性炭的孔隙表面,浸渍了铜、银、铬金属氧化物等化学药剂,以达到吸附毒气后与其反应,并使毒气丧失毒性的作用。在使用这种面具时,由于面具的呼吸阻力、有害空间和面罩的局部作用,对人体的正常生理功能造成不同程度的影响。在平时,健康人员尚可忍受,在一些特殊情况下,就可能会带来一定的恶果。因此,不适合佩戴的人员,应根据自身的情况选择使用,对患有心血管或呼吸系统疾病的,应尽量缩短佩戴时间。

(2) 隔绝式防毒面具,由面具本身提供氧气,主要在高浓度染毒空气中,或在缺氧的高空、水下或密闭舱室等特殊场合下使用。

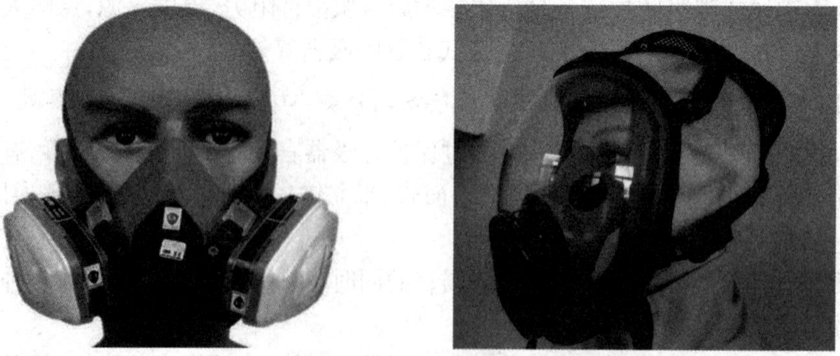

图 2-3　防毒面具

2.3　面部及手足躯干防护装备

2.3.1　面部防护装备：面罩

面部防护装备主要是面罩。前面提到的呼吸防护装备——口罩，在使用时可同时佩戴面罩，以组合使用的方法保护整个面部，面罩可保护实验室工作人员脸部避免碰撞或切割伤，以及感染性材料如血液、体液、分泌液、排泄物或其他感染性物质飞溅或接触脸部、眼睛、鼻及口部带来危害。

常见面罩的样式有如图 2－4 所示的两种：

图 2－4　常见面罩样式

面罩使用注意事项：

(1) 当进行高度危险性的操作，如清理溢出的感染性物质时，若不能安全有效地将气溶胶限定在一定的范围内，应当使用呼吸防护装备。

(2) 根据操作危险程度及操作类型选择正确的防护面具。

(3) 使用防护面罩前，应做个体适应性测试。在选择正确的防护面罩时，要听从专业人员的意见，并按指导书及培训的要求使用。

2.3.2　手部防护装备：手套

据统计，化学实验室工作中，手部尤其是手指是实验人员受伤率最高的部位。手部防护装备就是各类手套，用来防止化学、物理、电等因素对手部的伤害。正确的选择、使用手套是预防手部伤害的重要手段。

手套按具体作用主要分为四类：

(1) 一次性手套，主要保护实验者和被处理的物体。用于对手指的触感要求高的工作，如实验室清洁工作。

(2) 化学防护手套，防止化学渗透。用多种合成材料制成，如乳胶、PVC、橡胶等，其中，丁腈、橡胶手套应用较广。

(3) 织布手套，用于搬运或处理尖锐、易碎物品。

(4) 隔热手套，可隔热，用于高温工作环境，常使用厚皮革、玻璃棉等。

常用的实验室手套样式如图 2-5 所示：

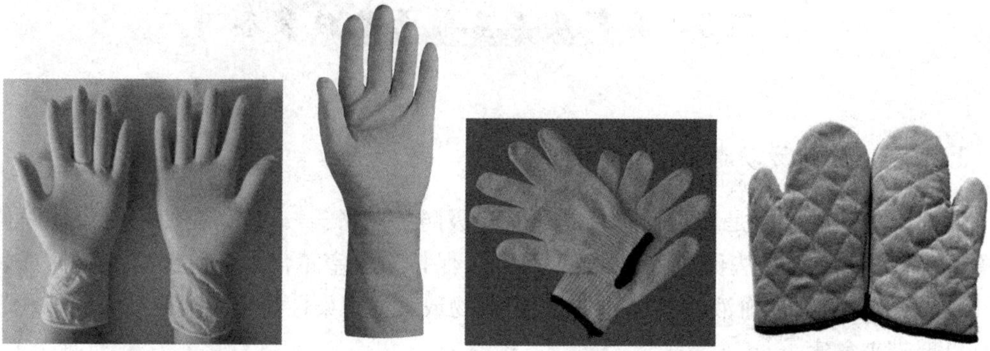

图 2-5 常用实验室手套样式

1. 手套选择与使用注意事项

(1) 手套的选择：实验室一般使用乳胶、橡胶、丁腈类手套，可以用来防护强酸、强碱、有机溶剂和生物危害物质的伤害。在接触强酸、强碱、高温物体、超低温物体等特殊实验材料时，必须选用材质合适的手套。

(2) 手套的检查：在使用手套前应仔细检查手套是否褪色、破损或有裂缝。

(3) 手套的使用：在不同实验室佩戴的手套种类和厚度都不一样。生物实验室根据实验室安全不同的级别需佩戴一副或者两副手套，如果外层手套被污染，应立即将外层手套脱下丢弃并按照规范处理，换戴上新手套继续实验。其他实验室在使用中如果手套被撕破、损坏或被污染应立即更换并按规范处置。一次性手套不得重复使用。不得戴着手套离开实验室。

(4) 注意事项：避免手套"交叉污染"，戴着手套的手避免触摸鼻子、面部、门把手、橱门、开关、电话、键盘、鼠标、仪器和眼镜等其他物品。手套破损更换新手套时，应先对手部进行清洗、去污染后再戴上新的手套。

2. 戴手套和脱手套注意事项

在戴手套前，应选择合适的类型和尺寸的手套；在实验室工作中要根据实验室工作内容，尽可能保持戴手套状态。

脱手套有 6 个步骤：

(1) 用一只手捏起另一只靠近手腕部的手套外缘；

(2) 将手套从手上脱下并将手套外表面翻转入内；

(3) 用戴着手套的手拿住该手套；

(4) 用脱去手套的手指插入另一手套腕部处内面；

(5) 脱下该手套使其内面向外并形成一个由两个手套组成的袋状；

(6) 丢弃的手套根据实验内容采取合适的方式规范处置。

2.3.3 足部防护装备：鞋套、防护鞋

足部防护装备是保护穿用者的小腿及脚部免受物理、化学和生物等外界因素伤害，尤其可防止血液和其他潜在感染性物质喷溅所造成的污染，以及化学品腐蚀危害的防护装备，主

要是各种鞋套、防护鞋、防护靴等。常用的实验室鞋套及防护鞋如图 2－6 所示：

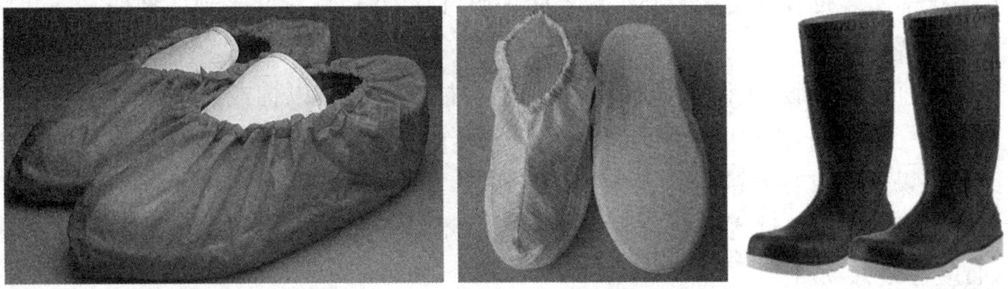

图 2－6　常用足部防护装备

足部防护装备使用注意事项：

(1) 禁止在实验室，尤其是化学、生物和机电类实验室穿凉鞋、拖鞋、高跟鞋、露趾鞋和机织物鞋面的鞋。鞋应该舒适、防滑，推荐使用皮制或合成材料的不渗液体的鞋类。

(2) 鞋套和靴套使用后不得到处走动，以免带来交叉污染，应及时脱掉并规范处置。

(3) 用鞋套套在鞋外，可防止将病原体带离工作地点，扩散到实验室以外的场所。如需加强保护，可采用靴套并将保护衣的裤管套在靴套外，以避免污染物从缝隙溅入脚内。

(4) 鞋套应具备防水及防滑功能，并要合身以免影响步行动作。

2.3.4　躯体防护装备：实验服、隔离衣、连体衣等防护服

躯体防护装备是保护穿用者躯干部位免受物理、化学和生物等有害因素伤害的防护装备，主要有工作服和各种功能的防护服。

防护服包括实验服、隔离衣、连体衣、围裙以及正压防护服。常见的防护服如图 2－7 所示：

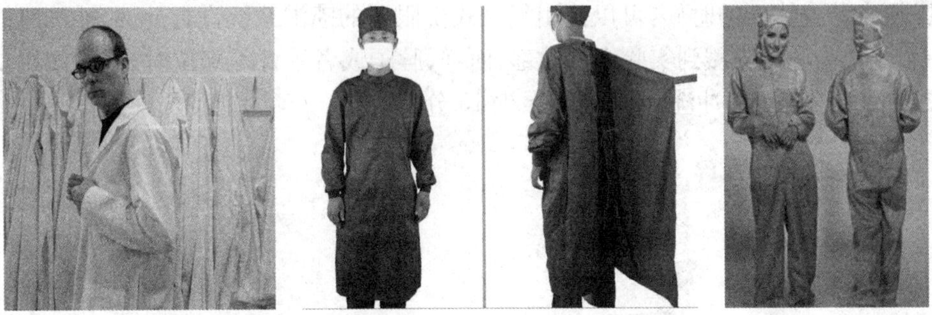

图 2－7　常见防护服装备

防护服使用注意事项：

(1) 禁止在实验室中穿短袖衬衫、短裤或者裙装。

(2) 在实验室的工作人员应该一直或者持续穿着防护服。

(3) 清洁的防护服应该放置在专用存放处，污染的防护服应该放置在有标志的防泄漏的容器中，每隔一定的时间应更换防护服以确保清洁，当知道防护服已被危险物质污染后应立即更换。

(4) 防护服最好能完全扣住。

(5) 化学实验过程中实验者必须穿着防护服,以防止躯体皮肤受到各种伤害,同时保护日常着装不受污染。

(6) 普通的防护服,也称实验服,一般都是长袖、过膝,多以棉或麻作为材料,颜色多为白色。进行一些对身体伤害较大的危险性实验操作时,必须穿着专门的防护服。例如,进行X射线相关操作时宜穿着铅质的X射线防护服。

(7) 离开实验室区域之前应该脱去防护服。不可穿着已污染的防护服进入办公室、会议室、食堂等公共场所。

(8) 防护服的清洗和消毒必须与其他衣物完全分开,避免其他衣物受到污染。实验服应经常清洗,但不应带到普通洗衣店或家中洗涤。

2.4 实验室通用防护装备

实验室通用防护设备的配置可以有效地保证在有安全事故出现时,能及时补救或减少事故对实验人员和实验设备的损害。

2.4.1 洗眼器

当发生有毒有害物质,如化学液体等喷溅到工作人员身体、脸、眼或发生火灾引起工作人员衣物着火时,洗眼器是一种迅速将危害降到最低的、有效的安全防护设备。

1. 洗眼器主要分成五类

(1) 复合式洗眼器:也称为紧急喷淋洗眼器,配备喷淋系统和洗眼系统的紧急救护用品,直接安装在地面上使用。常见的复合式洗眼器如图2-8所示。当化学物质喷溅到实验人员服装或者身体上的时候,可以使用复合式洗眼器的喷淋系统进行冲洗,冲洗时间至少15分钟;当有害物质喷溅到实验人员眼部、面部、脖子或者手臂等部位时,可以使用复合式洗眼器的洗眼系统进行冲洗,冲洗时间至少15分钟。

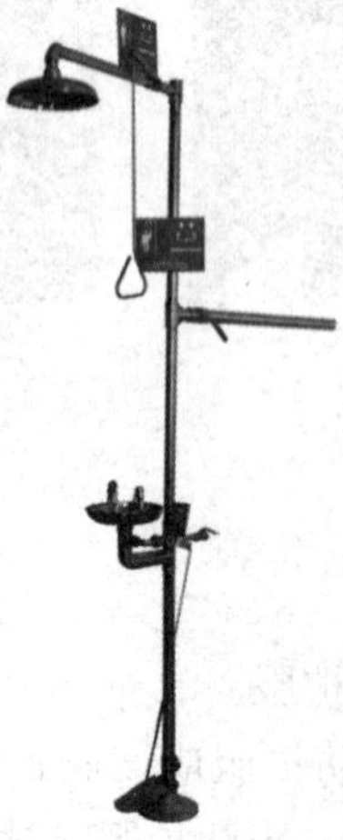

图2-8 常见的复合式洗眼器

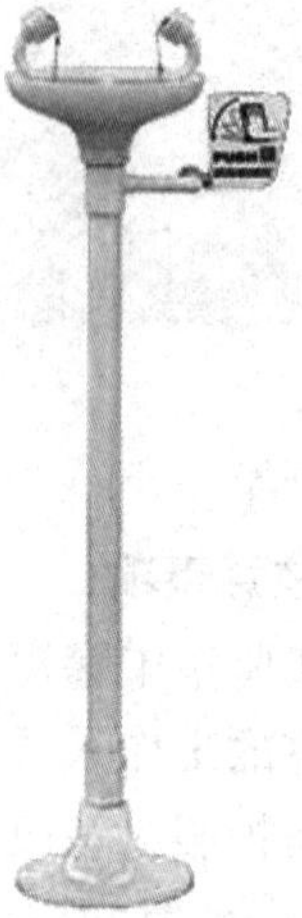

图2-9 常见的立式洗眼器

（2）立式洗眼器：立式洗眼器只有洗眼系统，没有喷淋系统，安装在工作现场的地面上使用。

（3）壁挂式洗眼器：顾名思义，只有洗眼系统，没有喷淋系统，安装在工作现场的墙壁上使用。

（4）便携式洗眼器：适用于无固定水源或者需要经常变动工作环境的地方，可分为普通型便携式洗眼器和压力式便携式洗眼器。

图2－10　常见的壁挂式洗眼器

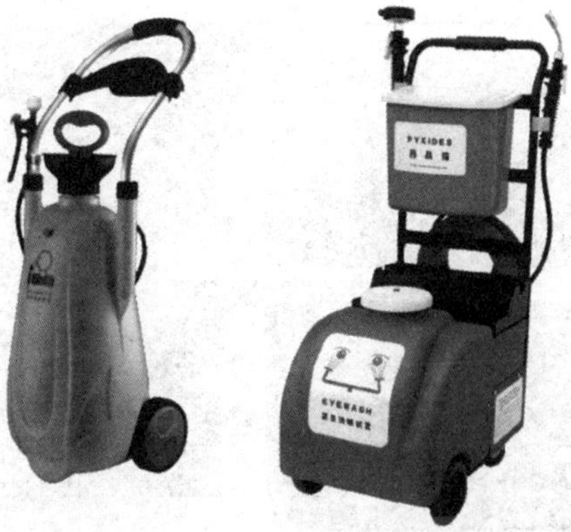

图2－11　常见的便携式洗眼器

（5）实验室台式洗眼器：可以直接安装在工作现场的台面上，只有洗眼系统，只能够对面部、眼部、脖子和手臂等部位进行冲洗。

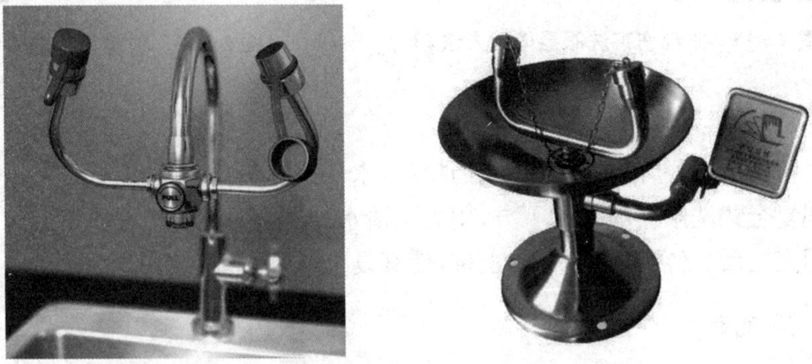

图2－12　常见的实验室台式洗眼器

2. 洗眼器安装注意事项

（1）必须安装在危险工作区域附近，有效救护半径范围为10 m或15 m处。

（2）尽量安装在同一水准面上，最好能够直线到达，避免越层救护。

（3）在洗眼器的1.5 m半径范围之内，不能有电气开关，以免发生电器短路。

（4）必须连接饮用水，严禁使用循环水或工艺水。

（5）进水口管径不小于25 mm，确保出水量。

（6）只作为事故应急使用，严禁在常规情况下使用。

（7）器具放置点旁严禁悬挂、堆放物品。

（8）供水阀必须常开，不得关闭。在安装洗眼器的周围，需要有醒目的标志。清洗营救点必须进行清洁确认，并且清除所有障碍。

3. 眼部伤害洗眼器使用方法

(1) 取下防尘罩，站立好位置，必要时可以请同事协助。

(2) 眼睛靠近出水口，用手指撑开眼帘，用手轻轻推开阀门，清洁的水源就从洗眼器喷头处自动喷出。双眼靠近洗眼器喷头，用大量清水冲洗，冲洗时间建议在15分钟。

(3) 冲洗完后，关闭阀门，盖好防尘罩。然后及时就医接受进一步的检查和治疗。

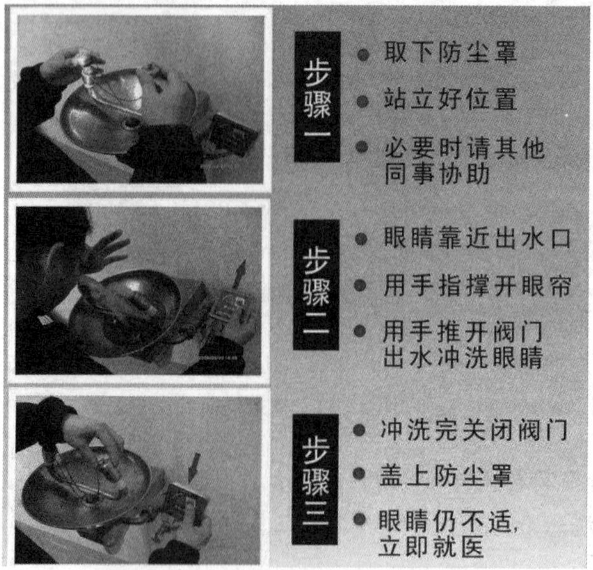

图 2-13　眼部伤害洗眼器使用方法

图 2-14　躯体伤害洗眼器使用方法

4. 躯体伤害洗眼器使用方法

(1) 脱去污染的衣物，用手向下拉阀门拉杆，水从喷淋头自动喷出。

(2) 站到复合式洗眼器喷头的下方，用大量清水冲洗全身。

(3) 使用完之后，必须将手拉杆向上推，使其复位，以便下次使用。

2.4.2　通风柜

通风柜也叫通风橱、排毒柜。通风柜是实验室中最常用的一种局部排风设备，在化学实验室中，实验操作会产生各种有毒、有害气体以及易燃、易爆、腐蚀性物质，为了使实验室工作人员不吸入或咽入一些有毒的、可致病的或毒性不明的化学物质和有机体，实验室中应有良好的通风，污染物质须用通风柜除去。

使用通风柜最大目的是排出实验中产生的有害气体，保护实验人员的健康，也就是说要有高度的安全性和优越的操作性，这就要求通风柜应具有多种功能：

(1) 释放功能：将通风柜内部产生的有害气体，用吸收通风柜外部气体的方式稀释后排出室外。

(2) 不倒流功能：在通风柜内部，由排风机产生的气流不会将有害气体从通风柜内部反向流进室内。

(3) 隔离功能：通风柜前应具有不滑动的玻璃视窗，将通风柜内外进行分隔。

(4) 补充功能:在排出有害气体时,应具有从通风柜外部吸入空气的通道或替代装置。

(5) 控制风速功能:为防止通风柜内有害气体逸出,需要有一定的吸入速度。

(6) 耐热及耐酸碱腐蚀功能:通风柜内有的要安置电炉,有的实验产生大量酸碱等有毒有害气体,具有极强的腐蚀性。通风柜的台面,衬板、侧板及选用的水嘴、气嘴等都应具有防腐功能。在腐蚀性实验中使用硫酸、硝酸、氢氟酸等强酸的场合还要求通风柜的整体材料必须防酸碱,须采用不锈钢或 PVC 材料制造。

通风柜使用注意事项:

(1) 在进行有毒化学品实验时,一定要放在通风柜内进行,实验人员还应穿戴防护手套和护目镜等一些简单的防护用品。待操作完毕后要及时地清理实验台面和仪器。同时实验结束后不能立即关闭通风柜,应保持通风柜持续运行 5 分钟以上,确保柜内残留的有毒气体已经被过滤器全部吸附才可关闭,否则柜内残留的有毒气体会渗透出来,影响实验人员的身体安全。

(2) 当通风柜开始运行时,不能移动,也不能将头探入通风柜内进行实验,操作人员应离通风柜有 15 cm 以上的距离。使用的时候人站在或坐在柜前,将玻璃门尽量放低,手通过门下方伸进柜内进行实验。为确保通风柜能正常运行,排出有毒气体,它的周围也不能有其他仪器设备,同时周围空间要十分宽敞舒适,不能过于拥挤,否则会造成气流不均匀,无法排出有毒气体,室外的新鲜空气也无法进入实验室。

(3) 通风柜可以分为外排型通风柜和无管道通风柜两类。和外排型不同,无管道通风柜是将实验操作产生的有毒有害气体直接用活性炭过滤器吸附,因此在使用一段时间后要定期检查过滤器是否已经饱和,如果饱和应及时联系生产厂家更换过滤器。

(4) 使用无管道通风柜时,还要保持它的亚克力透明板清洁,不要张贴纸等物品,确保视线清晰。使用时一定要按照标注的化学品操作,不能使用没有列出的化学品。一般在没有实验操作时,实验化学试剂要储存在药品柜内,通风柜内是不能放置的。

本章习题及答案

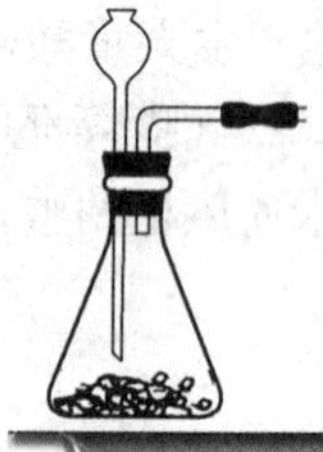

第 3 章 实验室消防安全

DI SAN ZHANG

3.1 引 言

实验室的火灾和爆炸等最为常见的一些事故，常会突然降临，破坏我们美好的生活甚至威胁我们的生命和财产。其中主要原因则是人们缺乏有关防范的基本知识。化学实验室常与一些易燃易爆的化学物质接触，无论是易燃物品的跑、冒、滴、漏，还是反应条件的失控，都会引起火灾和爆炸。所以消防安全是实验室工作的重中之重。学习和掌握易燃物质的性质以及发生燃烧的条件和灭火的方法，你就可在燃烧发生后及时将其扑灭，更能让你在事故中安全地自救和逃生。了解爆炸的知识和类型，以及爆炸发生的条件，就能让你对爆炸防患于未然。

除了学习这些知识外，更要掌握消防器材的使用方法。有一所高校的化学物质废弃场发生火灾，实验室有十几个研究生，每人拎了一个二氧化碳灭火器奔向火场。结果没有一个人能打开灭火器，最后是一位工人师傅用铁锹铲土覆盖将火扑灭。事后这些同学说，从来就没人教过他们如何使用这种灭火器。

新闻链接

北京交通大学实验室爆炸事故

据北京消防报告：12 月 26 日 9 时 34 分，北京交通大学实验室发生爆炸，经核实，北京交通大学市政环境工程系学生在实验室进行垃圾渗滤液污水处理科研实验期间，实验现场发生爆炸，事故造成 3 名参与实验的学生死亡。在高校实验室安全事故发生之后，许多人都会评论“实验员太可怜了，化学实验室太危险了”“做科研真不容易，时时刻刻都要担心自己生命安全”。其实，任何事故都和实验人员没有掌握“实验室消防安全知识”有关。因此，进实验室之前，必须认真学习这些知识！

3.2 燃烧的基本知识

燃烧是一种化学现象，它是可燃物和氧化剂发生剧烈的氧化还原反应，同时释放出光和热的现象。火灾就是一种非正常的燃烧现象。

燃烧要有一定的条件才能发生。根据燃烧的定义，它必须同时具备可燃物和氧化剂，但仅有这两种物质不一定发生燃烧。例如，我们身上穿的衣服是可燃物，空气中的氧气是氧化剂，可它们没有发生燃烧。这是因为，导致燃烧还需要一个十分重要的条件，那就是能够引起可燃物着火的点火源。这是燃烧所必需的三个必要条件。之所以称它们为必要条件是因为要发生燃烧，这三者缺一不可。然而，这三者又不是充要条件。换句话说，具备了这三个条件，燃烧也不见得会发生。可见，每一个条件本身还会有一定的要求。

图 3-1 蜡烛的燃烧

3.2.1 可燃物

可燃物就是能够烧得起来的物质，从化学角度来看，在生活中经常接触到的就是含碳、氢等元素的化合物，特别是富含碳、氢的化合物。例如，衣服和纸张是可燃物，因为它们都是由富含碳和氢的纤维素组成的；又如，汽油和乙醇都是可燃物，因为它们都是富含碳和氢的烃类化合物或含氧有机物。

在特殊的情况下，可燃物还应该包括强还原剂，如金属镁和金属铝，通常用火柴或打火机就可将镁条点燃。过去在焊接铁轨使用的“铝热剂”就是利用金属铝和三氧化二铁中的氧发生燃烧反应来完成铁轨的焊接。节日里孩童们玩耍的“闪光条”，也是利用镁粉在空气中燃烧所发出的耀眼的火花。金属可燃物不仅可以和空气中的氧气发生燃烧反应，还可以从氧化物中夺取氧而发生燃烧，如上述铝热剂就是从三氧化二铁中夺取氧。镁甚至也可以从二氧化碳中夺取氧而继续燃烧：

$$2Mg + CO_2 \longrightarrow 2MgO + C$$

因此，金属铝燃烧是不能使用二氧化碳灭火器灭火的。

小　品

焊铁轨的铝热剂

过去制造的铁轨都是短铁轨，铺设之后必须将它们焊接起来，以避免火车在行进中产生过于频繁的噪声。然而，由于铁轨的导热系数太大，没有焊具能将焊条熔化，于是就产生了使用铝热剂来焊接铁轨的技术。如图3-3所示：

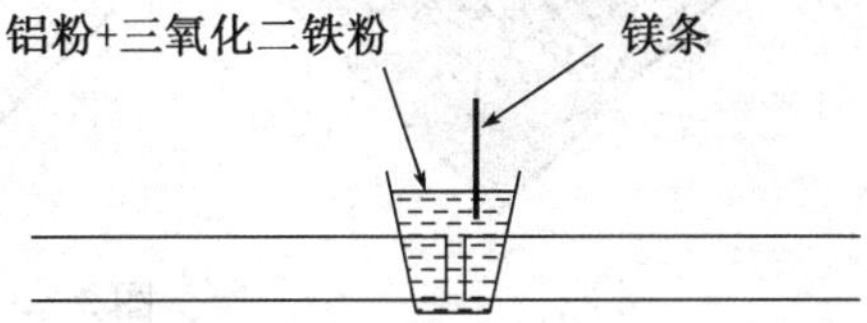

图 3-2 铝热剂示意图

在一个斗型的容器中，装填了混合均匀的铝粉和三氧化二铁的混合物，并在上部插入一根镁条。用火柴或打火机点燃镁条。当镁条燃烧到混合粉末处，其燃烧所产生的热量足以去点燃铝粉的燃烧，燃烧所需的氧是从三氧化二铁中夺过来的，同时将铁还原出来。由于铝的燃烧产生大量的热，温度很高，铁被熔化成铁水，铁轨也就焊接好了。

各种可燃物，它们的易燃程度不一样，因此常用一定的标准将它们划分为几种等级，以便人们在处理、运输或储存过程中，加以特别的注意。

对可燃液体而言，常用"闪点"来表示易燃程度。闪点即明火接近可燃液体的液面上方时，在蒸气中出现一闪一闪却又不能发生连续燃烧现象时的温度。闪点愈低，危险性愈大。

当然，也可以根据可燃物的"燃点"来区分危险程度。燃点即明火接近可燃物能使其着火并继续燃烧的最低温度。燃点通常比闪点高，但它和闪点有一定的联系，闪点高的燃点也高，但闪点愈低，两者的差距愈小。表 3－1 为常见可燃液体的闪点。闪点在 28 ℃以下的均属危险品(表 3－1)。同时要贴有相应的标志图(图 3－3)。

表 3－1　常见可燃液体的闪点

物品	闪点/℃	物品	闪点/℃
汽油	－5.8	甲醇	9.5
丙酮	－17	乙醇	11
苯	－15	煤油	28～45

图 3－3　危险品标志图

人们也会根据可燃物的自燃点来衡量可燃物的危险程度。可燃物不接触明火即会发生燃烧的温度，即其自燃点。显然，自燃点愈低，危险度愈大。白磷就是自燃点很低的可燃物，仅 30 ℃，所以白磷必须保存在水中。即使室温不到 30 ℃，也必须保存在水中(图 3-4)，因为白磷只要暴露在空气中，就会和空气中的氧作用，发生氧化反应，其释放的热量足以将白磷加热到其自燃点以上。

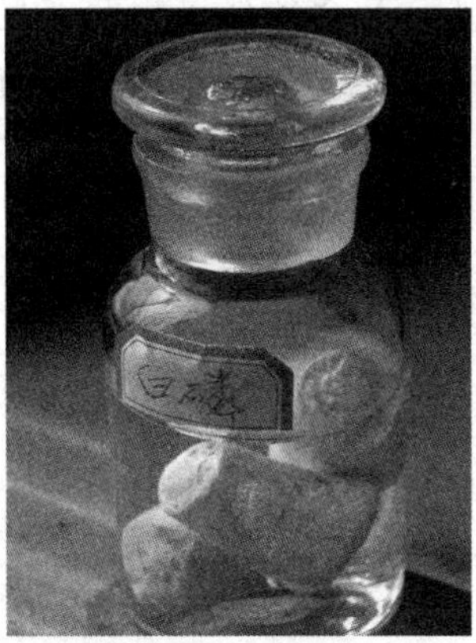

图 3-4　白磷

小　　品

谁放的火？

在一次安全讲座中，主讲人向固定在铁架上的一张滤纸上滴了几滴液体。然后主讲人要求所有的人注视这张滤纸的变化。正当所有的人目不转睛地盯住这张滤纸的时候，突然滤纸自己烧了起来。是谁放的火？

主讲人告诉大家，没人放火，这就是自燃。那么这张滤纸为什么会自己烧起来呢？

原来，滴在滤纸上的液体不是水，而是白磷在有机溶剂二硫化碳中的溶液。当二硫化碳逐渐蒸发之后，溶在其中的白磷就暴露在空气中，它立即和空气中的氧发生氧化还原反应，同时释放出大量的热，使白磷的温度上升到自燃点，从而发生燃烧。

表 3-2　易燃液体危险程度分类

等级	闪点范围/℃	物品实例
易燃液体　一级	＜28	汽油、苯、酒精等
易燃液体　二级	28～45	煤油、松节油等
可燃液体　三级	46～120	重油、苯酚等
可燃液体　四级	＞120	桐油、润滑油等

3.2.2　氧化剂

氧化剂是燃烧过程中的助燃剂，最常见的就是空气中的氧气。大多数的火灾也是发生在有氧的空间。生活的经验告诉我们，任何燃烧一旦在空气中发生，就会连续不断地烧下去，这是因为空气中 21%左右的氧气足以让所有的燃烧得以继续。然而，专家们指出：若空气当中的氧气浓度降低到了 14%以下，则所有的燃烧会由于缺氧而不能继续。为什么？因为化学反应是一个计量反应，在燃烧反应中氧化剂多了，可燃物少了，反应就不能继续，反之亦然。这个数据对我们扑灭火灾特别有用。除空气中的氧之外，许多含氧的化学物质，特别是含氧原子较多的强氧化剂也是燃烧反应中氧的提供者。前面提到的镁和二氧化碳的反应，实际上二氧化碳就是一个氧化剂。此外，高锰酸钾($KMnO_4$)、浓硝酸(HNO_3)、重铬酸钾($K_2Cr_2O_7$)、氯酸钾($KClO_3$)等都是能在燃烧反应中提供氧的氧化剂。

知识链接

黑火药中的氧化剂

我国四大发明之一的黑色火药，是采用硝酸钾(KNO_3)，硫黄粉和木炭组成的，其中硝酸钾就是氧化剂。当黑火药被点燃时，由硝酸钾提供的氧能使木炭和硫黄粉急剧燃烧，产生大量的热和氮及二氧化碳。由于气体体积在瞬间的急剧膨胀(大约每克黑火药产生 70 L 气体，体积增加了 7 000 倍)，于是就产生了爆炸。在黑火药爆炸的同时伴有硫化钾和未燃烧的炭粉的固体产生，所以又有很浓的烟雾冒出，因此而被称之为黑火药，也称有烟火药。现在也可以用氯酸钾代替硝酸钾，常用于烟火中。

图 3-5　烟火中要使用黑火药

3.3.3　点火源

点火源作为燃烧的必要条件之一，它必须具备足够的能量，以使可燃物被加热到燃点或者整个体系被加热到自燃点。最为普通的点火源就是明火，诸如火柴、打火机、煤气灯、未熄灭的烟蒂、通电而裸露的金属丝以及气切割枪焰等都是点火源。此外，还有下列点火源：

(1) 电火花：它也是火灾的罪魁祸首之一，常常由于电路在开闭时产生的电火花引起一场大的灾难。

(2) 雷电：雷雨时的闪电具有极大的能量，也常会点燃可燃物。

图 3-6　雷电也会引燃可燃物

(3) 聚焦的日光：当阳光通过凸透镜时，焦点处的能量极大，温度很高，可以点燃火柴，当然也可以点燃纸张、布料等可燃物。

图 3-7　放大镜能聚焦阳光而点燃可燃物

图 3-8　砂轮磨铁迸出火花

(4) 摩擦：持续而强烈的摩擦会产生高热和火花从而点燃可燃物。

(5) 静电：静电产生的高电压的放电火花也会点燃可燃物。

思考题

马路上奔驰着一辆油槽车，你会看到在车尾挂着一条带状物直拖地面。你知道这带状物是什么？为什么要在油槽车上拖一条带状物到地面？

扫一扫看答案

一些缓慢放热的氧化反应，若不及时散发热量，积聚到一定程度也会引发燃烧，如：干草堆和煤堆。所以你有时会看到在一个大的煤堆上会插着一些镂空的竹编的空心筒。那就是利用它们来散热而防止发生燃烧的。

3.3　灭火原理及方法

根据燃烧的三个必要条件，灭火原理就是简单的把其中的一个条件拿走而达到灭火的目的。

图 3-9　消防员正在灭火

3.3.1 窒息法

窒息法是针对燃烧条件中的氧化剂,不提供氧或降低空气中氧的浓度,强制使燃烧反应停止进行。就像人突然没了氧气要窒息一样。生活中我们常常可以看到这样的现象。例如,炸油条的锅子突然着火了,只见炸油条的师傅从容地回身拿一个锅盖,往油锅上一盖,火立马就熄灭了。这就是窒息法。用土覆盖可燃物扑灭燃烧也是窒息法。

图 3-10 盖锅断氧法

图 3-11 盖土断氧法

图 3-12 家电着火扑灭法

家庭电器的着火,用窒息法灭火也是非常有效的。电器往往带电,不宜用水去灭火,因此,用棉被,毛毯等盖上去,就可将火扑灭。

二氧化碳灭火器也具有窒息功能,二氧化碳灭火器又称干冰灭火器,如图 3-13 所示:

图 3-13 干冰灭火器

二氧化碳气体经加压中间不经过液态,就直接变成固体,所以称为干冰。干冰灭火器有三部分组成,红色的筒身内装固体二氧化碳,筒顶有一个压阀,再有一个喇叭口的喷筒。打开压阀,干冰气化,由喷筒喷出。由于在气化和膨胀过程中会吸热,所以喷出的气体非常冷,可使可燃物降温。同时,二氧化碳使可燃物周围的氧气浓度降低,低到 14%以下即可灭火,所以又有窒息作用。

知识链接

正确使用干冰灭火器

在使用干冰灭火器之前，必须学会正确的使用方法。如图 3－14 所示：这种灭火器的压阀上插有一个销子，使用前必须先拔掉销子，否则压阀不能被压下。而销子上却有一个小小的圆形铅封，将销子锁住。所以在拔销子之前又必须先将铅封拔去。铅封的目的是告诉你这个灭火器是没被使用过。在打开压阀时必须注意，另一个手要握在喇叭口和细管的交接处，切勿握在喇叭口上。这是因为膨胀发生在喇叭口上，气体吸热导致喇叭口温度极低而冻坏你的手掌。

图 3－14　干冰灭火器的使用方法

3.3.2　冷却法

这是针对燃烧条件中的点火源的。众所周知，点火源的作用是将可燃物的温度提高到燃点以上，冷却法则反其道而行之，让可燃物的温度降到燃点以下。在冷却法中用得最多的东西，就是水。因为水的热容量很大，每一克水温度升高一摄氏度，就要吸收一卡热量，试想那么大量的水射到可燃物上，温度要上升几十度，甚至还会汽化，当然还要吸收蒸发热，一下子就可让可燃物的温度降下来。除水之外，二氧化碳灭火器也有冷却作用。

图 3－15　消防员用水灭火

小　品

曾经使用过的酸碱灭火器

当我们一旦发现火灾时，首先想到的就是用水去扑灭它，于是立马用盛了水的脸盆或水桶泼向可燃物。但是人的力量有限，泼的距离不远，同时方向性也差。于是就有了酸碱灭火器的出现(图 3－16)。

筒体内装满了碳酸氢钠(小苏打)的水溶液，上部架子上有一瓶不加盖的硫酸。使用时将筒体颠倒过来，硫酸泼洒在小苏打溶液里，如上式所示，产生大量二氧化碳，由此而产生的压力会将溶液压出，只要对准可燃物，就能起到降温而灭火的效果。

$$2NaHCO_3 + H_2SO_4 \longrightarrow Na_2SO_4 + 2H_2CO_3$$

$$2H_2CO_3 \longrightarrow 2H_2O + 2CO_2$$

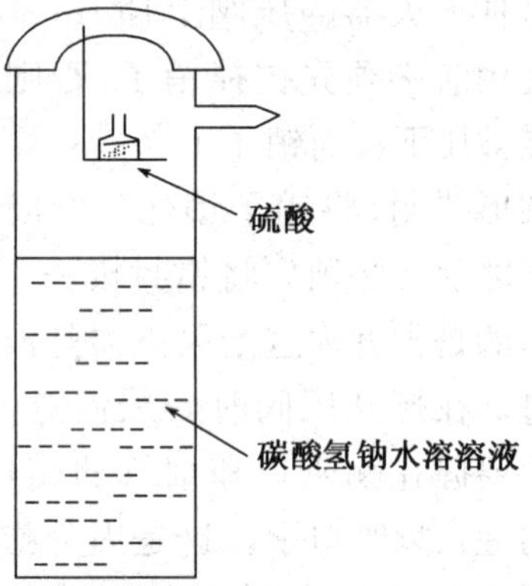

图 3－16　酸碱灭火器

然而，这种灭火器材有很大的局限性，如不能扑灭油品和电器的燃烧，更不能扑灭贵重物品，文物，档案和图书等，加上喷射的时间较短，所以已经被淘汰。曾经还被改装成泡沫灭火器，那就是在水溶液中加上发泡剂，于是喷射出去的不是水柱，而是泡沫注，除降温外还有窒息作用。这种筒状的泡沫灭火器也已少见。

3.3.3　疏散隔离法

这是针对燃烧条件中的可燃物的。我国有句成语曰：釜底抽薪，就是疏散隔离法，把可以燃烧的东西都拿走，当然就烧不起来了。

森林火灾是很难扑灭的，为了有效地扑灭它，消防队员常常会在火焰蔓延的前方，挖一条深沟或砍倒一片树木，待火焰蔓延到此，就再也没有东西可烧了，这就是隔离法。

这种方法的一个要点是“断源”。例如，厨房发生火灾常由煤气引起，此时首先要把煤气阀门关闭。若是液化石油气，则要把液化石油气罐搬离现场。

图 3－17　可燃物必须搬离现场

3.3.4 化学抑制法

化学家们在研究燃烧反应的机理中得知，燃烧之所以传播得如此迅速，是因为在反应中产生一种叫“自由基”的东西。这是一种化学活性极强的物种，若能将它除去，燃烧反应也就停止了。人们终于找到消灭这种自由基的克星——卤素（氟，氯，溴，碘）自由基。卤素自由基会和反应中产生的自由基结合成非自由基物种，从而使燃烧反应戛然而止。1211 灭火器就是根据这个原理推出的新型灭火器材。其中的灭火材料为二氟一氯一溴甲烷。在燃烧的高温下会分解出卤素自由基。

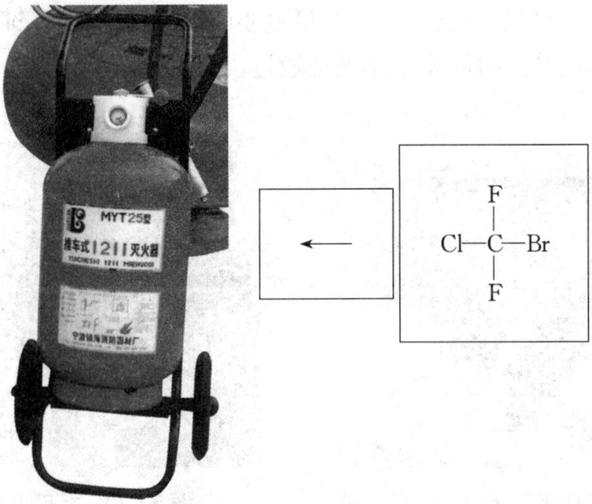

图 3 - 18　1211 灭火器

知识链接

干粉灭火器

干粉灭火器内充装的是干粉。干粉灭火剂是干燥且易于流动的微细粉末，由具有灭火效能的无机盐和少量的添加剂经干燥、粉碎、混合而成微细固体粉末组成。它是一种在消防中得到广泛应用的灭火剂。如碳酸氢钠干粉、改性钠盐干粉、钾盐干粉、磷酸干粉和氨基干粉等。干粉灭火剂主要通过在加压气体作用下喷出的粉雾与火焰接触、一是干粉中的无机盐的挥发性分解物，与燃烧过程中燃料所产生的自由基或活性基团发生化学抑制和副催化作用，使燃烧的链反应中断而灭火；二是干粉的粉末落在可燃物表面外，发生化学反应，并在高温作用下形成一层玻璃状覆盖层，从而隔绝氧，进而窒息灭火。另外，还有部分稀释氧气浓度和冷却作用。

3.4 发生火灾时的逃生原则

发生火灾时自救逃生是第一要素!

一旦火灾降临,在浓烟毒气和烈焰包围下,不少人葬身火海,也有人死里逃生幸免于难。面对滚滚浓烟和熊熊烈焰,只要冷静机智运用火场自救与逃生知识,就有极大可能拯救自己。

1. 通道出口,畅通无阻

楼梯、通道、安全出口等是火灾发生时最重要的逃生之路,应保证畅通无阻,切不可堆放杂物或设闸上锁,以便紧急时能安全迅速地通过。

图 3-19 通道出口,畅通无阻

图 3-20 扑灭小火,惠及他人

2. 扑灭小火,惠及他人

当发生火灾时,如果发现火势并不大,且尚未对人造成很大威胁时,应奋力将小火控制、扑灭;千万不要惊慌失措地乱叫乱窜,置小火于不顾而酿成大灾。请记住:争分夺秒扑灭"初期火灾"。

3. 明辨方向,迅速撤离

遇火灾,面对浓烟和烈火,首先要强令自己保持镇静,迅速判断危险地点和安全地点,决定逃生的办法,尽快撤离险地。朝明亮处或外面空旷地方跑。

图 3-21 明辨方向,迅速撤离

图 3-22 不入险地,不贪财物

4. 不入险地，不贪财物

在火场中，人的生命是最重要的。身处险境，应尽快撤离，不要因害羞或顾及贵重物品，而把宝贵的逃生时间浪费在穿衣或寻找、搬离贵重物品上。已经逃离险境的人员，切莫重返险地，自投罗网。

请记住：留得青山在，不怕没柴烧。

5. 简易防护，蒙鼻匍匐

逃生时经过充满烟雾的路线，要防止烟雾中毒、预防窒息。可采用湿毛巾、湿口罩蒙嘴鼻，匍匐撤离的办法。

图 3－23　简易防护，蒙鼻匍匐

图 3－24　选择通道，莫入电梯

6. 选择通道，莫入电梯

7. 身上着火，切勿惊跑

要就地打滚，压灭身上火苗。同伴身上着火，可用衣、被等物覆盖灭火或用水浇灭火苗。

图 3－25　身上着火，切勿惊跑

图 3－26　想方设法，离开火场

8. 想方设法，离开火场

可利用阳台，排水管逃生；或将床单连成绳索，固定好，顺绳滑下。

9. 利用水源，积极自救

10. 引人注意，等待救援

大声疾呼，挥舞手中亮丽的东西引起别人注意，等待救援。

图 3－27 利用水源，积极自救

图 3－28 引人注意，等待救援

3.5 爆炸的基本知识

爆炸是指物质由一种状态迅速转变为另一种状态，并在极短的时间内以机械功的形式，放出巨大的能量，或者是气体在极短的时间内发生剧烈膨胀，而后压力迅速降到常压的现象称之为爆炸。爆炸分为两类：物理爆炸和化学爆炸。

物理爆炸——这是由于容器承受不住容器内部的压强而发生的爆炸。例如，锅炉爆炸就是物理爆炸。

化学爆炸——和燃烧属于同一个化学现象，只是爆炸的反应速度更快，若以线性速度来比较，燃烧反应为几十 m/s，而爆炸反应为几百 m/s，甚至几千 m/s。例如火药的爆炸。此外，爆炸还会让自身的体积瞬间扩大几千倍，所以破坏力极大。两者还有一个重要的区别是，燃烧发生后是可以去扑灭的，而爆炸一旦发生是无法挽回的。为此，我们必须了解发生爆炸的原因，把爆炸扼杀在发生之前。生活中发生的爆炸事故中，以可燃性气体和可燃性蒸汽的爆炸为最多。

图 3－29 爆炸瞬间

在化学爆炸中，最常见的是可燃性气体或可燃性蒸汽与空气中的氧混合均匀后，其浓度达到一定范围，一经点火所产生的爆炸，这个浓度范围被称之为爆炸极限。它有一个下限和一个上限，通常用体积分数来表示。例如：氢气的爆炸极限为 4.00%～74.20%。这就意味着当空气中的氢浓度超过 4%，那么只要一个小小的火花就能引发巨大的爆炸，而当空气中氢浓度超过 74.20%时，即使点火也不会爆炸。表 3－2 为部分可燃性气体和蒸气的爆炸极限值。

表 3-2　爆炸极限值

物品	爆炸极限/%	物品	爆炸极限/%
氢气	4.0～74.20	一氧化碳	12.5～74.2
甲烷	5.0～15.00	汽油蒸汽	2.6～6.0

在爆炸事故中，可燃气体或蒸汽达到爆炸极限而引发的事故占了绝大多数。例如，有一个实验室，在进行大扫除的时候，使用汽油作为溶剂去清除油污。结果因为挥发出了大量汽油蒸汽，导致空气中的汽油蒸汽达到了爆炸极限。此时正好有人推了一辆带有铁轮的小车进屋，铁轮与门槛上的铁条相碰，迸出了一个小火花。于是一场巨大的爆炸就发生了。

又如，一艘满载万吨原油的轮船，在目的地的港口卸下了所有的原油。按照惯例，轮船开进了修理厂进行维修。正当一名电焊工要焊接舱底一块钢板时，发生了巨大的爆炸。将一艘万吨轮炸为两段，沉入江底。原因则是船舱虽已出空，但船舱内部空间里存有大量的油蒸汽，它们的浓度已达到了爆炸极限，一遇明火当然就炸。

除了可燃性气体及蒸汽造成爆炸之外，可燃性粉尘也会构成爆炸极限，例如面粉，糖粉，塑料粉尘等。糖粉的爆炸下限为 12.5 $g \cdot m^{-3}$。因此凡有这些粉尘的地方都要严禁明火。

要防止这种事故的发生，特别要注意那些沸点较低和极易挥发的可燃液体所造成的可燃蒸气的产生。一旦挥发过度而达到爆炸极限，只要一个小火花就可能会酿成大事故。

3.6　爆炸的预防

小　品

冰箱会爆炸吗?

你听到过冰箱会爆炸吗？这是真的！

20 世纪 60 年代，当时还没有空调设备，但上海夏天的气温可达 35 ℃以上。如果你走进化学实验室，就会看到低沸点试剂瓶在“冒烟”，其实这是温度太高，溶剂大量蒸发所致。为了安全，使用低沸点溶剂较多的实验室会配备一个冰箱，在不使用溶剂时，可将他们放在冰箱内。上海某化学研究所，使用溶剂较多，也配备了冰箱。某日，下班前，实验室的工作人员把所有的试剂放入冰箱，然后下班回家。第二天，当他们上班时，突然发现，冰箱的门不见了！

再一看，冰箱门已嵌入对面的墙内，冰箱内也一片狼藉。显然昨天夜里发生了冰箱爆炸。

原来，在他们把溶剂瓶放入冰箱时，忘了把瓶盖旋紧，即使在冰箱的温度下，这些溶剂也会蒸发出来，而冰箱的空间又是很小，很快就达到了爆炸极限。那么，又是谁点的火呢？是冰箱自己！因为冰箱是自动控温的，温度到达所控温度，制冷机自动关闭，温度不够冷时制冷机启动。无论关闭还是启动，继电器的触点在接触或断开时，都有火花产生。就是这个火花引爆了已达到爆炸极限的空间，造成冰箱门被炸到对面墙上的后果。试想，如果爆炸发生在白天，而冰箱前正好有一个人，后果不堪设想！

之后，类似的事故又发生了好几起，所以使用冰箱来存放化学物品，一定要小心。好在现在已经有了一种防爆冰箱，那就是把产生火花的继电器封闭起来。通常实验室里使用的冰箱都应该是防爆冰箱。

若干年前在上海长宁区安顺路发生过一起煤气爆炸事故。一天早上一位老人起身后闻到了一股浓烈的煤气味道，然而她依然点火烧开水，结果发生了巨大的爆炸。楼板被炸坍，将两个尚未起床的人压死。这是一起本可避免的事故，由于老人缺乏有关的知识而酿成了悲剧。

最初城市管道煤气的主要成分为一氧化碳和氢气的混合气。它来自煤干馏所得的焦煤气或煤在高温下与水蒸气反应所产生的水煤气。后来，发达国家采用以甲烷为主的燃气系统，他们先将一氧化碳和氢气在镍催化剂的帮助下合成甲烷，再配置成燃气送到千家万户。上海也正在逐步过渡到以甲烷为主的燃气系统。浦东地区早在多年前已全部使用东海气田的天然气。浦西地区也从 2004 年开始逐步用上了四川西气东输的天然气，现已基本天然气化。天然气的主要成分是甲烷（CH_4），甲烷是最短和最轻的烃分子。它也可能会含有一些较重的氢分子，例如乙烷（C_2H_6）、丙烷（C_3H_8）和丁烷（C_4H_{10}）。那么，为什么说以甲烷为主的燃气是较为先进的燃气系统呢？

首先，同样体积的燃气甲烷为主的燃烧热值要比混合气高出 2.2～2.5 倍。可以看出无论是运输，储存还是使用都提高了效率，非常直观的就是烧一壶开水的时间就缩短了。

其次，如若发生煤气泄漏，甲烷是不会使人中毒的，而混合气中的一氧化碳是会让人中毒的，所以它更安全。

当然，甲烷也是可燃性气体，一旦泄露仍有爆炸的危险，所以仍需提高警惕。

煤气本应无气味，但为什么一旦煤气泄漏，我们就能闻到它的特殊气味？原来，无论是混合气还是天然气配置成管道煤气时，总有一些有气味的杂质存在。如若这种气味不够浓烈，煤气厂还会人为加入的一些恶臭物质（如硫醇）。目的是让人们能警觉到煤气的泄漏。否则，因泄漏而造成空气中可燃气的浓度达到爆炸极限的话，一遇明火就会发生爆炸。此外，如果是混合气的话，煤气的泄漏还存在一氧化碳使人中毒的危害。

小　品

警惕煤气味！

当你闻到一股浓重的煤气味道时，此时你应该意识到，煤气发生了泄漏。你该怎么办？首先，你必须立即检查煤气阀门关了没有？连接煤气的橡皮管有没有脱落？然后，打开所有的门窗，强制通风，以降低可燃气体的浓度，使其跌出爆炸极限的下限。此时千万不能做的事情就是动用明火以及不能打开任何电器（包括手机）。

思考题——爆炸原因？

据新民晚报 2010 年 8 月 12 日的报道："昨天晚上长宁区福泉路 450 弄 301 室，灯暗无人。晚上 9 时许，男主人回到家中，打开房门进入室内，突然发生爆炸并引发大火。"请分析造成这次事故的各种可能性，并指出最可能的原因是什么。

扫一扫看答案

3.7　防止化学自燃引发爆炸

有人以为没有明火就不会有燃烧和爆炸的危险，其实不然，看了下面的小品你就明白为什么了。

小　　品

没有明火的爆炸

上海某化工厂的一个废氨水储罐曾发生过一次严重的爆炸事故，储罐的顶盖以及在顶盖上的一个操作工被掀到 10 米以外。爆炸的原因当然是废氨水储罐内液面上方挥发出来的可燃气氨和空气中的氧已达到了氨的爆炸极限。问题是谁点的火？让我们来看一看当时的操作过程。

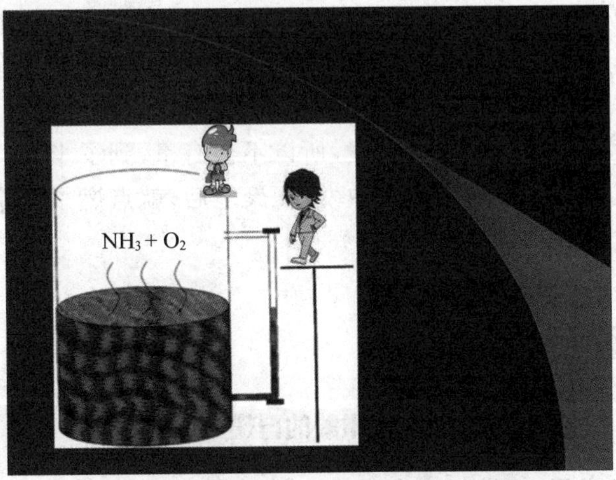

图 3－30　某化工厂的废氨水储罐爆炸事故

废氨水储罐的外部有一个类似连通器的装置——玻璃管。管内液面高度，就是罐内的液面高度。通过这根玻璃管就可以观察罐内的液面的玻璃管。由于废氨水内有很多脏兮兮的杂质，当液面上上下下的次数多了，玻璃管的管壁上就沾上了一些黏糊糊的铁锈状的东西，影响了液面的观察。通常可以用倒入稀盐酸（HCl）的办法来清洗掉。贮罐内部的上方是废液中挥发出来的氨气和空气的混合物。氨气是可燃物其浓度也早已达到氨气的爆炸极限。因为没人会去点火，所以一般是不会爆炸的。某一天正值需要清洗时，操作工发现盐酸没有了，就到附近的实验室随便拿了一瓶硝酸来清洗。他们不知道，硝酸是强氧化剂，一旦进入玻璃管内就会和沾在管壁上的一些有机物发生强烈的氧化还原反应，也可能和玻璃管内的橡皮垫圈等有机物作用。这些反应所产生的大量热量在这么狭小的玻璃管内是不可能被散发的，热量一旦积累到能去点燃玻璃壁上的易燃有机物的话，就有了明火，顺着连通器点燃储罐上方的爆炸体系时，爆炸就发生了。

氧化剂，特别是强氧化剂，遇到还原剂就会发生强烈的氧化还原反应，往往都伴随着释放大量的热，当这个热量积聚到一定程度，就有可能点燃易燃的有机物。

为此，化学领域里有一个强制性的规定，无论是生产场地，储存仓库，运输工具，实验室以及化学物品垃圾场等处，氧化剂和还原剂都不能放在一起。以防万一外包装破损而导致事故。有一个大学化学系的垃圾场，就是因为一个外来人员为了捡拾玻璃瓶，把残存药品倒在一起而导致一场大火。

强氧化剂通常在分子式中会有多个氧原子，如硝酸（HNO_3），三氧化铬（CrO_3），高锰酸钾（K_2MnO_4），过氧化氢（H_2O_2）等。在使用和处理这些强氧化剂时，必须小心谨慎。

生活当中也常常用到一些强氧化剂，如高锰酸钾。人们会用它来洗涤水果，以达到消毒杀菌的目的。有时买回来一串漂亮的葡萄，但如何将它洗干净却成了问题。用水冲洗，缝隙中不一定洗得干净，掰开来洗又破坏了它的美感。此时你只要在一盆清水中放入几粒高锰酸钾的晶体，然后将葡萄放入这盆紫红色的清水中，过没多久，水的颜色就成了淡棕色，这是因为高价锰离子在变为低价时，起到了氧化作用，将细菌杀死。而就是这个东西，处理不当也会引发不可收拾的事故。上海有一家生产酒精的工厂，采购员买回来二公斤高锰酸钾，回到厂里因时间已晚，无法入库，于是就寄放在车间里，由于寄放的位置正好是一个阀门的下面，而这个阀门是漏的。起先滴在高锰酸钾上的酒精虽与它会发生反应，但其产生的热量在表面会散发，所以不会有事，到了半夜，滴漏的酒精渗透到高锰酸钾内部后，反应产生的热量无法散发，积聚之后，就点燃了酒精，引发可一场特大的火灾，整个厂付之一炬。

小　品

魔术般的自燃

一个铁架搁在桌子上，铁架上有一个双腿分开的塑料娃娃。当把这个娃娃旋转180°而使娃娃的头向下的时候，只见从娃娃的头部开始燃起了熊熊大火，一会儿娃娃就被烧光了。这是魔术？不！

原来，这是消防知识讲座中的一个示范实验，要演示的是化学物质的自燃作用。在化学物质中，强氧化剂和强还原剂相遇时，常会发生剧烈的氧化还原反应，反应所释放的热量足以去点燃其中的可燃物而引起燃烧，这就是化学自燃。在这个演示实验中，娃娃的一条腿中放入了酒精（可燃物），另一条腿中放入了三氧化铬（强氧化剂）。由于两腿是分开的，这两个物质不会相遇。但是，当你把娃娃旋转 180°后，酒精和三氧化铬同时都落到了头部，两物相遇立即发生剧烈的氧化还原反应，并由释放出来的热量把酒精给点燃，从而引起了娃娃的燃烧。

在化学物品中，还有一些物品也能在化学反应的同时发生自燃现象。

（1）遇水自燃——金属钾、金属钠等。因此这些化学物品要保存在煤油里。

（2）遇空气自燃——白磷，硫化铁等。所以白磷必须保存在水中。处理硫化铁时必须将它埋入土中。

3.8　熟悉消防标志图

熟悉消防标识，增强消防意识，这些标识在关键时候能救你一命！

(a)　(b)　(c)　(d)

(e)　(f)

(g) 当心火灾　(h) 禁止放置易燃物　(i) 禁止乱动消防器材

(j) 禁止燃放鞭炮　(k) 禁止烟火　(l) 禁止锁闭

图 3－31　消防标志图

(m) 禁止烟火　(n) 禁止携带火种　(o) 禁止阻塞

(p) 禁止通行　(q) 禁止跨越　(r) 禁止攀登

图 3－31　消防标志图

本章习题及答案

第 4 章

实验室水电安全

DI SI ZHANG

4.1 实验室用水安全

4.1.1 实验室用水分级

(1) 三级水。用于一般化学分析实验，可用蒸馏或离子交换等方法制取；

(2) 二级水。用于微生物培养、滴定实验，水质分析实验、化学合成实验室等；可通过多次蒸馏或离子交换制得；

(3) 一级水。用于仪器分析实验：液相色谱/质谱、原子吸收、离子色谱；生命科学实验：细胞培养、流式细胞仪、分子生物学实验用水等，可用二级水经过石英设备蒸馏水或离子交换混合窗处理后，再通过 0.2 纳米微孔滤膜过滤来制取。

4.1.2 实验室用水分类

(1) 自来水。自来水是实验室用得最多的水，一般器皿的清洗、真空泵用水、冷却水都是用自来水。

(2) 蒸馏水。实验室最常用的一种纯水，虽然设备便宜，但极其耗能和费水，而且速度慢，应用会逐渐减少。蒸馏水能去除自来水内，大部分的污染物，但挥发性的杂质无法去除，如二氧化碳、氨、二氧化硅以及一些有机物。新鲜的蒸馏水是无菌的，但储存后细菌易繁殖；此外，储存的容器也很讲究，若是非惰性的物质，离子和容器的塑形物质会析出造成二次污染。

(3) 去离子水。应用离子交换树脂去除水中的阴离子和阳离子，但水中仍然存在可溶性的有机物，可以污染离子交换柱从而降低其功效，去离子水存放后也容易引起细菌的繁殖。

(4) 反渗水。其生成的原理是水分子在压力的作用下，通过反渗透膜成为纯水，水中的杂质被反渗透膜截留排出。

(5) 超纯水。其标准是水电阻率为 18.2 MΩ·cm。水越纯，电阻率越大，如图 4－1 所示。超纯水在总有机物、细菌、内毒素等指标方面并不相同，要根据实验的具体要求来确定。

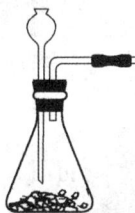

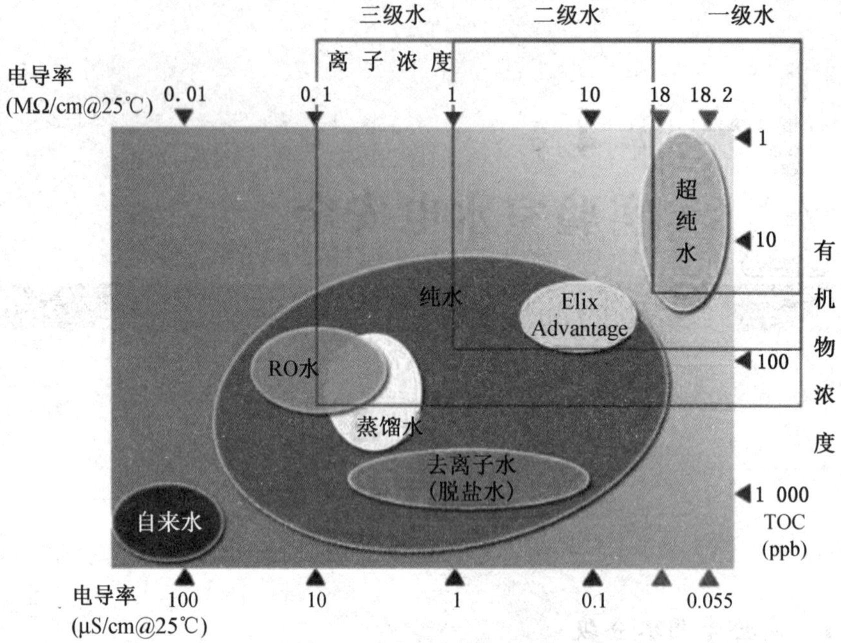

图 4-1　实验室用水分类

4.1.3　实验室用水注意事项

(1) 水龙头、阀门要做到不滴、不漏、不冒、不放任自流，下水道堵塞及时疏通、发现问题及时修理。发现小问题不去理会的话，久而久之就会发展成大问题，甚至发生严重的水患。

(2) 停水后，要检查水龙头是否都拧紧。开水龙头发现停水，要随即关上水龙头，发现停水就要把所有水龙头都检查一遍，确保都是关闭的状态。以免来水的时候人不在，引发水患。

(3) 用水设备的防冻保暖，一些老的实验大楼可能部分水管裸露在室外，到了冬天容易冻住，室外水管、水龙头的防冻可用麻织物或绳子进行包扎。对于已冰冻的水龙头、水表和水管，不能用滚烫的水来浇，以免引起水管爆裂，应先用热毛巾包裹水龙头，然后浇温水，使水龙头解冻，再拧开龙头，用温水沿自来水龙头慢慢向管子浇洒，使水管解冻。切忌用火烧烤。

图 4-2　用水设备防冻保暖示意图

(4) 实验室水患多半由冷凝装置胶管的老化、滑脱引起，因此，这些胶管一般采用厚壁橡胶管。胶管用久了也会老化、开裂，使用频繁的胶管 1 到 2 个月就应更换一次。冷凝装置用水的流量要适合，防止压力过高导致胶管脱落。晚上离开实验室时原则上应关闭冷凝水。

图 4-3　冷凝装置

(5) 实验室在建设时需要安装地漏。地漏是连接排水管道和室内地面的重要接口，如果实验室安装了地漏，即使发生水患，水流到了地面，也会经过地漏排出，不会在室内越积越多，从而引发更大的损失。所以实验室安装地漏非常有必要。如果没有安装地漏，也应安装漏水报警器。此外，实验室人员应了解实验室自来水阀门的位置，当发生水患时立即关闭总阀门。

4.2　实验室用电安全

实验室是从事实验教学、科学研究、社会服务的重要场所。随着实验室仪器设备日益增多，用电安全问题越来越被关注。掌握安全用电知识能预防触电、火灾等用电事故的发生，保障人生命和财产的安全，具有重大意义。

安全用电常识：

(1) 实验室内电气设备及线路设施必须严格按照安全用电规程和设备的要求实施，不能乱接电线、乱拉电线，随意改线。

(2) 在实验室使用大功率设备时必须专线专用，比如空调和一些大功率的加热设备如水浴锅、干燥箱等，都应该采取专线专用。使用多种电气设备时，其总用电量和分线用电量均应小于设计容量，不得随意用接线板，拉接电源。如果随意用接线板拉接电源，容易造成接线板负荷超过量程，引起线路过烫，可能引发火灾。

(3) 严禁使用破损的插头、插座或接线板，不使用两插的接线板，发现插座松动，接线板电线裸露应及时更换。不得购买和使用质量低劣的接线板，一定要选用有国家认证标志的合格电器产品。插头松动、破损、电线裸露都会有安全隐患，电线有破损裸露的情况应立即停止使用。接线板若只有两插，不带地线的话，是不符合国家标准的，应购买符合国家标准带 3C 认证的产品。

(4) 不要用潮湿的手接触仪器设备，也不要用湿毛巾擦拭仪器。仪器发生过热、报警、看到起烟、闻到焦味等异常现象要立即切断电源。一般事故的发生都是有苗头的，我们要提高警惕，当仪器发生异常现象要立即切断电源，防止引起大的安全事故。仪器不用的时候也应切断电源。遇雷雨天气，应尽量关闭仪器，拔掉插头。防止引雷入室，损坏仪器设备。

(5) 为防止触电、电击，所有仪器的金属外壳必须接地。如图 4-4 所示，地线通常是用黄绿线接地。

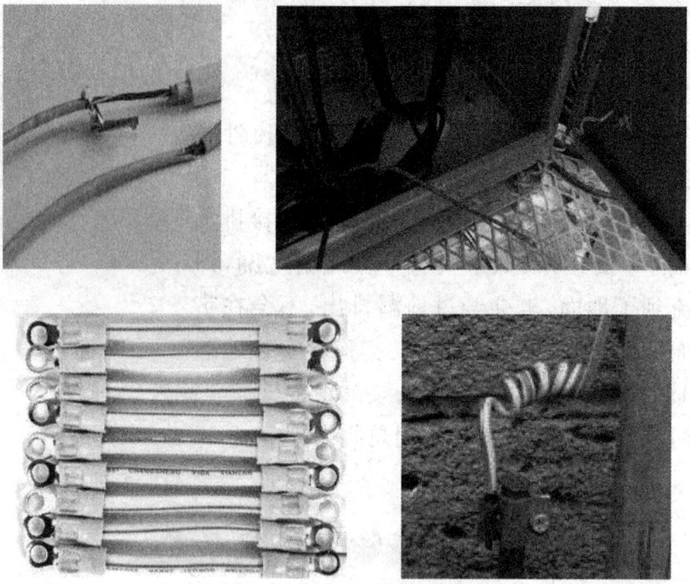

图 4-4　设备接地示意图

(6) 仪器拆装维护或安装耗材时要先断电再操作，不能在带电的情况下进行仪器的拆装维护，在缺乏技术指导的时候不应私自拆卸修理。电气设备在未验明无电时，一律认为有电，不能盲目触及。一些技术性要求较高的操作，尽量让专业人员来做。

(7) 仪器及相关线缆不要被水浸湿，仪器的放置环境应保持干燥，防止受潮潮湿的环境对仪器的正常使用、寿命都会有影响，仪器受潮还会产生故障，引发安全隐患。一些老旧的实验大楼，特别是一楼容易产生潮湿的问题，解决方法是经常开空调或者除湿机。另外仪器周围不宜堆放文件书籍等易燃物品。实验室中随意堆放钢瓶、试剂、纸箱，有非常严重的安全隐患。作为实验室管理人员应该定期检查，督促实验室做好相关物品存放的工作。

(8) 实验前先检查用电设备，再接通电源；实验结束后，先关仪器设备，再关闭电源；工作人员离开实验室或遇突然断电的情况，应关闭电源，尤其要关闭加热电器的电源开关。

(9) 在电气类开放性实验或科研实验室，必须两人以上方可开展实验。严禁任何人在实验室过夜，确因工作原因需过夜的，需要过夜加热的，必须有人负责管理，杜绝夜间加热装置出现问题。开放性实验不确定性强、偶然性大、持续时间也长，容易带来安全问题，因此往往需要两人以上开展实验。由于实验工作者在凌晨容易出现精力不够集中，为防止操作失误，实验室严禁通宵实验，特别是加热等操作安全隐患极大的实验。

(10) 使用高压段电源时，如电击穿实验，要按规定穿好绝缘鞋，戴好绝缘手套，做好相关防护工作。站在硅胶绝缘垫上，用专业工具进行操作。在保障生命安全的前提下开展实验。

4.3　触电的安全防范

4.3.1　什么是触电?

触电是指人体接触带电体时,电流以很快的速度提高通过人体的过程。微弱电流通过人体时,就会引起触电,当电压超过安全电压时,可能会导致死亡。安全电压是指不会引起生命危险的电压。安全电压不是绝对的,是根据人、地和环境条件不同而规定的。各国安全电压的规定也不完全相同。例如,我国规定安全电压为 36 伏;美国规定为 40 伏;法国规定安全交流电压为 24 伏,安全直流电压为 50 伏。需要注意的是:即使在安全电压范围内,如果周围环境条件发生变化,安全电压也可能变为危险电压,导致触电事故的发生。由于人体是导体,所以当人体接触带电部位而构成电流的回路时,就会有电流流过人体。

4.3.2　触电对人体的伤害

(1) 电伤。电伤是指电流对人体外部造成的局部伤害,它是由于电流的热效应、化学效应、机械效应及电流本身的作用,使熔化和蒸发的金属微粒侵入人体,皮肤局部受到灼伤、烙伤和皮肤金属化的损伤,严重的也能致人死亡。

(2) 电击。电击是指电流通过人体,使人体内部组织受到损伤,这种伤害会造成全身发热、发麻、肌肉抽搐、神经麻痹、也会引起室颤、昏迷,以致呼吸窒息,心脏停止跳动而死亡。

无论是电伤还是电击都会对人体造成伤害,我们在实验室中应谨防触电。

4.3.3　触电的预防

触电大多是因为实验人员不懂安全用电常识、不遵守安全用电操作规程以及违规操作、电器设备安装不规范;或者线路断裂、损坏及设备本身存在缺陷、绝缘体破损等原因引发的。所以预防触电首先应加强安全用电教育,掌握基本用电常识:

(1) 不能用潮湿的手接触电器、灯头、插头等;

(2) 所有电源的裸露部分都应有绝缘装置,电器外壳应接地、接零;

(3) 已损坏的接头、插座、插头或绝缘不良的电线应及时更换;

(4) 安装漏电保护装置,小型电器设备采用安全电压;

(5) 维修或安装电器设备时,必须先切断电源。

4.3.4　触电的急救措施

触电事故在极短暂的时间内,就会酿成严重的后果,所以一旦发生触电事故,必须施行抢救。据有关资料记载,触电后 1 分钟内开始抢救,有 90%救活的可能;触电后 6 分钟才救治的,仅有 10%的生机;如果在触电后 12 分钟才救治,那么救活的概率就很少了。所以及时对触电者进行抢救非常重要。

第一,脱离电源。遇到有人触电,首先要做的就是使伤者脱离电源。当找不到闸刀或来不及找的情况下,用身边的绝缘物,如木棒、塑料管等,拨开或移开电源线。脱离电源这一步有两个关键点，一是要快，时间就是生命，触电时间越长，抢救回来的希望就越小。二是不能让自己触电。很多的触电事件就是救人者徒手去拉，结果两人同时被电倒。

第二，现场急救。当触电者脱离电源以后，如果神志清醒，呼吸正常，皮肤也未灼伤，只需安排其到空气清新的地方休息，令其平躺，不要行走，防止突然惊厥狂奔，体力衰竭而死亡。

如果触电者神志不清，呼吸困难或停止，必须立即把他移到附近空气清新的地方，及时进行人工呼吸，并请医务人员前来抢救。如果心脏停止跳动，则需立即进行胸外按压抢救，并拨打 120 急救电话，在救护车赶到现场之前不断按压。

如果触电极其严重，呼吸心跳全无，这就需要人工呼吸和胸外按压同时或交替进行抢救。

需要注意的是，对触电者实施抢救，往往需要较长的时间，所以必须耐心，不间断的抢救。急救中严禁用不科学的方法，如摇晃身体、掐人中、用水泼、盲目打强心针等错误方法。因为这样只会使奄奄一息或处于假死状态的触电者，呼吸更加困难，体温加速下降，从而加速其死亡。

(a)

(b)

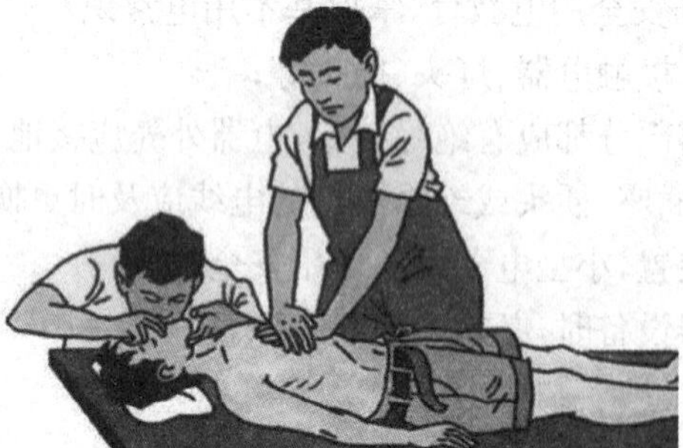
(c)

图 4-5　触电急救措施示意图

4.4　电气火灾风险及防范

4.4.1　什么是电气火灾？

电气线路及设备因发热或电火花放电而引燃可燃物造成的火灾，称为电气火灾。据统计，2011 年至 2016 年，全国共发生电气火灾 52.4 万起，占全国火灾总量的 30%以上，造成 3 261 人死亡，2 063 人受伤，伤亡数占全国火灾伤亡数的 33%以上。值得注意的是，在总共的 24 起重特大火灾中就有 17 起为电气火灾，占到总数的 70%。

4.4.2　发生电气火灾的原因及防范

过载、短路、接触不良、漏电等都是引发电气火灾发生的原因。

(1) 过载。过载是指电气设备或导线的负荷超过其额定输出功率，长时间过载会产生高热，引起火灾。造成过载的主要原因主要有 3 个：① 导线截面大小选择不当，实际负荷超过了导线的安全载流量；② 设备或导线随意装接增加负荷，造成超载运行；③ 设备检修、维护不及时，长期处于带病运行状态。

过载防范：

首先，插座和接线板要选用符合国家标准的产品，使用插座和接线板时不要超过它们的载荷量，其次，安装过载保护装置。

(2) 短路。短路就是电器设备或导线由于各种原因相接或相碰，致使电流突然增大的现象。短路时，由于电流突然增大，其瞬间的发热量也很大，大大超过了线路正常工作时的发热量，且在短路点易产生强烈的火花和电弧，不但能使绝缘层迅速燃烧，而且会使金属熔化，引起附近的易燃可燃物燃烧，造成火灾。

短路防范：

首先，仪器安装修理应指派专业技术人员操作；其次，仪器存放环境应避免潮湿、高温；第三，线路上应安装熔断保护装置。

(3) 接触不良。接触不良指的是线路与线路连接时，由于接头处理不当或松动，使接头的接触电阻过大的现象，接触电阻过大会使接头附近产生极大的热量，容易引发火灾。

接触不良防范：

首先，安装、连接导线时接头部分要牢固可靠；其次，定期检查接头是否松动或局部过热。

(4) 漏电。所谓漏电，就是线路的某一个地方因为某种原因，自然原因或人为原因，如风吹雨打、潮湿、高温、碰压、划破、摩擦、腐蚀等，使电线的绝缘或支架材料的绝缘能力下降，导致导线与导线之间、导线与大地之间有一部分电流通过，这种现象就是漏电。当漏电发生时，漏泄的电流在流入大地途中，如果遇电阻较大的部位时，会产生局部高温，致使附近的可燃物着火，从而引起火灾。此外，在漏电点产生的漏电火花，同样也会引起火灾。

漏电防范：

首先，在潮湿、高温、腐蚀场所内，严禁绝缘导线明敷，应使用套管布线；多尘场所，要经常打扫线路。第二，要尽量避免线路损伤，注意导线连接质量；活动电器设备的移动线路应采用铝装套管保护，经常受压的地方用钢管暗敷。第三，要安装漏电保护器并经常检查线路的绝缘情况。

图 4-7　漏电预防检查

4.4.3　电器火灾的应急处理

(1) 先断电（在不造成更大危害的前提下），立即使用灭火器扑救；

首先要断电，这是防止扩大火灾范围和避免发生触电事故的重要措施。实验室发生火灾时，应弄清楚室内有无人员和火灾原因，若是电器火灾的，应关闭电源后拔掉电源插头，并用湿毯子或湿棉被盖住电器，这样能有效阻止烟火蔓延，一旦发生爆炸也能挡住爆破物碎片飞出伤人，若室内有易燃易爆物品，应将危险品抢运转移出火场，并立即组织人员逃生。

(2) 组织人员逃生疏散；

(3) 使用消火栓灭火，同时将周围化学品清理掉（转移掉）；

(4) 报告火警，向 119 报警。

4.5　静电的危害与防护

静电是处于静止状态的电荷，或者说是不流动的电荷（流动的电荷即电流）。当电荷聚集在某个物体的某些区域或其表面上时就形成了静电，当带静电物体接触零电位物体（接地物体）或与其有电位差的物体时，就会发生电荷转移，也就是我们常见的静电放电现象。静电的电量不高，能量不大，不会直接使人致命。但是，静电电压可高达数万乃至数十万伏。例如，人在地毯或沙发上立起时，人体电压可超过 1 万伏；而橡胶和塑料薄膜行业的静电可高达 10 万伏。高的电压使静电放电时能够干扰电子设备的正常运行或对其造成损害，而且很容易产生放电火花引起火灾和爆炸事故。

4.5.1　静电的特性和危害

1. 静电的产生

任何两个不同材质的物体接触后再分离，即可产生静电，也就是摩擦生电现象。我们在地板上走动、从包装箱上拿走泡沫、旋转转椅、推拉抽屉、拿取纸笔、移动鼠标等动作都会产生静电，使物体和人体带上静电荷。材料的绝缘性越好，越容易产生静电；湿度越低，越容易产生静电。另一种产生静电的方式是感应起电，即当带电物体接近不带电物体时会在不带电的导体两端分别感应出正电和负电。

2. 静电及其放电的特性

(1) 静电放电电流的上升时间很短，如常见的人体放电，其电流上升时间短于 10 ns。

(2) 静电放电时释放的能量较低，典型值在几十到几百微焦耳。

(3) 静电放电持续时间短，多数只有几百纳秒。

(4) 静电的电压较高，至少都有几百伏，典型值在几千伏，最高可达数十万伏。

(5) 静电放电脉冲所导致的辐射波长从几厘米到几百米，频谱范围非常宽，能量上限频率可达 5 GHz，容易对电流路径上的天线产生激励，形成场的辐射发射。

3. 静电的危害

静电危害发生的主要原因是静电放电，此外静电引力也会对工作、实验造成危害。在发生静电火花放电时，静电能量瞬时集中释放，形成瞬时大电流，在存有易燃易爆品或粉尘、油雾的场所极易引起爆炸和火灾；静电放电过程产生强烈的电磁辐射可对一些敏感的电子器件和设备造成干扰和损坏；另外，高压静电放电造成电击，危及人身安全；静电引力会使元器件吸附灰尘，造成污染；使胶卷、薄膜、纸张收卷不齐，影响精密实验过程的测量结果等。

4.5.2 静电防护措施

静电防护原则主要围绕抑制静电的产生、加速静电泄漏、进行静电中和三方面进行，具体措施如下：

1. 接地

接地是加速静电泄漏的最简单常用的方法，即将金属导体与大地(接地装置)进行电气上的连接，以便将电荷泄漏到大地。此法适合于消除导体上的静电，而不宜用来消除绝缘体上的静电，因为绝缘体的接地容易发生火花放电，引起易燃易爆液体、气体的点燃或造成对电子设施的干扰。

2. 增湿

可采用喷雾、洒水等方法增加室内湿度，随着湿度的增加绝缘体表面上结成薄薄的水膜能使其表面电阻大大降低，可加速静电的泄漏。从消除静电危害角度考虑，一般保持相对湿度在 70%以上较为合适。

3. 控制物体接触方式

要抑制静电的产生，需要缩小物体间的接触面积和压力，降低温度，减少接触次数和分离速度，避免接触状态急剧变化。如：化学实验中将苯倒入容器中，需要缓慢倒入，且倒完应将液体静置一定时间，待静电消散后再进行其他操作。

4. 中和

这种方法是采用静电中和器或其他方式产生与原有静电极性相反的电荷，使已产生的静电得到中和而消除，避免静电积累。常用的中和器有离子风机、离子风枪。

5. 使材料带电序列相互接近

抑制静电产生需使相互接触的物体在带电序列中所处的位置尽量接近。对于各种材质，其摩擦带电序列依次由正电荷到负电荷为：(+)玻璃、有机玻璃、尼龙、羊毛、丝绸、赛璐珞、棉织品、纸、金属、黑橡胶、涤纶、维尼纶、聚苯乙烯、聚丙烯、聚乙烯、聚氯乙烯、聚四氟乙烯(一)。材料带电序列远离，则容易产生静电。

6. 屏蔽

用接地的金属线或金属网等将带电的物体表面进行包覆，从而将静电危害限制到不致发生的程度，屏蔽措施还可防止电子设施受到静电的干扰。如可采用防静电袋、导电箱盒等包覆物体。

7. 佩戴个人防护用品

穿戴防静电无尘衣帽和导电鞋，佩戴静电手套、指套、腕带等消除或泄漏所带的静电。

8. 使用抗静电材料

在特殊的实验室可采用抗静电材料进行装修，如使用防静电地板、导电地板、防静电桌垫、防静电椅、导电椅等。

本章习题及答案

第 5 章

实验室废弃物安全

DI WU ZHANG

5.1 实验室废弃物基本常识

实验室作为人类日常研究和相关活动的场所，会产生各种生活垃圾和实验室废弃物。实验室产生的生活垃圾与实验研究无关，需按一般性垃圾分类处理。实验室废弃物是指实验过程中产生的三废物质，即废气、废液、废渣，此外还包括实验用剧毒物品残留物、放射性实验废弃物和实验动物尸体及器官等，内容广泛，种类繁多。实验室废弃物应按严格要求分类处理。

实验室废弃物有以下几个特性：① 种类繁多，包括各种不同理化性质的废弃物，如生物性、化学性和放射性废弃物等。② 量少，相对于一般性垃圾，实验室废弃物的产量较少。③ 形态复杂，包括固体、液体和气体类。④ 某些废弃物具有危险性，如毒性、腐蚀性或者爆炸性，具有这类特性者多为化学性实验废弃物。⑤ 某些废弃物具有感染性，如致病微生物实验研究产生的废弃物、临床研究的传染病患者的样品（如艾滋病患者的血液、分泌物等），具有这类特性者多为生物性实验废弃物。⑥ 有些废弃物具有尖端性及前瞻性，如基因工程研究产生的废弃物。

5.1.1 实验室废弃物的分类

实验室废弃物的分类方法有很多种，最常见的分类方式有以下两种：

1. 按实验室废弃物的性质分类

（1）化学性实验废弃物

化学性实验废弃物包括无机废弃物和有机废弃物。无机废弃物含有各种无机化学品，有强酸、强碱、各种盐类、重金属、氰化物等。其中汞、砷、铅、镉、铬等重金属不仅毒性强，且在人体中有蓄积性。有机废弃物含有各种有机化学品，包括油脂类（油漆、松节油等）、有机溶剂（氯仿、二甲基亚砜等）、有毒化合物（农药和毒鼠强等）。

（2）生物性实验废弃物

生物性实验废弃物包括检验或实验的废弃标本，如各种动物（包括人类）的组织、血液、组织液、排泄物（大小便）、分泌物、腹泻和呕吐物等；检验用品如被生物样本污染的实验耗材、细胞培养基和细菌培养液等。开展生物性研究的实验室会产生大量含有害微生物的实验废弃物，如未经恰当的灭菌处理而直接外排，会造成环境污染甚至人体健康的损害等严重后果。生物实验室的通风设备设计不完善或实验过程个人安全防护不到位，也会使致病微生物或生物毒素通过空气扩散传播，带来污染，造成严重不良后果。2003 年“非典”流行后，许多生物实验室加强了对生物安全的控制，据报道“非典”感染者中，有科研工作者在实验室研究时因不当操作而被感染的。

（3）放射性实验废弃物

放射性实验废弃物包括放射性标记物、放射性标准溶液、放射性实验的废液和被放射性物质沾染的实验材料等，如^{131}I，废弃的钴-60（^{60}Co）。

2. 按实验室污染物的形态分类

（1）废气

实验室产生的废气包括试剂和样品的挥发物、实验过程的中间产物、泄漏和排空的标准气和载气等。通常实验室中直接产生有毒、有害气体的实验都要求在通风橱内进行，这固然是保证实验室内空气质量、保护实验人员健康安全的有效措施，但是通风橱排风口若无专业过滤回收装置，会造成大气环境的污染和破坏。实验室废气包括甲醛、苯系物、酸雾、有机溶剂等常见污染物和汞蒸汽、光气等较少见的污染物。

依据其对人体危害的不同，可以将废气分为两类：第一类是刺激性的有毒气体，它们通常对人的眼睛和呼吸道黏膜有很强的刺激作用，比如氯气、氨气、二氧化硫及氟氧化物等等；第二类是可以直接造成人体缺氧性休克的窒息性气体，例如一氧化碳、硫化氢、甲烷、乙烯等。每次实验所产生的废气量不大，因此始终未能引起公众足够的重视，通常这些废气不经吸收和处理就被直接排入空气中，造成较大的社会公害。

（2）废液

实验室产生的废液包括多余的样品、标准曲线制作及样品分析残液、失效的贮藏液和洗液、大量洗涤水等。几乎所有的实验室常规分析项目都不同程度存在着产生废液的问题。这些废液中成分包罗万象，包括最常见的无机物、有机物、重金属离子、有害微生物和细胞培养基等及相对少见的氰化物、细菌毒素、各种药物残留等。

（3）废渣

实验室产生的废渣包括多余的固体样品、实验产物、消耗或破损的实验用品（如玻璃器皿、纱布和样品管）、残留或失效的化学试剂等。这些固体废弃物成分复杂，涵盖各类化学、生物废弃物，尤其是一些过期失效的化学试剂，若处理不慎，很容易导致严重的污染事故。

5.1.2 实验室一般性垃圾的分类处置

1. 可回收垃圾

主要包括废纸、金属、塑料、玻璃和布料五大类。废纸：主要包括报纸、图书、杂志、各种包装纸、办公用纸、纸箱等，但要注意纸巾和厕所纸由于水溶性太强不可回收。金属物：主要包括易拉罐、罐头盒、废弃的仪器零件等。塑料：主要包括各种塑料袋、塑料包装物、一次性塑料餐具、饮料瓶等。玻璃：主要包括各种玻璃瓶（生活用，试剂瓶除外）、灯泡、暖瓶、门窗玻璃、镜子等。布料：主要包括废弃的工作服、毛巾、桌布、布包、鞋等。

2. 厨余垃圾

剩饭、剩菜、果皮、果核和过期食品等，可经生物技术堆肥处理，生产有机肥料。

3. 有害垃圾

废旧电池、废日光灯管和紫外灯管等，这些垃圾需要特殊安全处理。

4. 其他垃圾

包括除上述几类垃圾之外的砖瓦陶瓷、渣土、卫生间废纸、纸巾等难以回收的废弃物，采取卫生填埋可有效减少对地表水、地下水、空气及土壤的污染。

5.1.3　实验室废弃物管理中存在的问题

各高等院校或研究机构因教学科研的需要，实验研究过程中会产生各种实验室废弃物，若处置不当，会造成空气、土壤和地下水的污染，破坏环境。进入生态环境的各类有害实验室废弃物会直接或间接威胁人体健康及其生存状态。

尽管近年我国加强了对实验室废弃物的管理，但仍有相对多的单位对实验室废弃物的处置不重视，缺乏切实可行的具体操作规范和规程；部分科研人员和学生对实验室废弃物危害的认识不足，一些单位缺乏对事故责任人和主管人员的惩处措施，贪图方便，混合堆放，随意丢弃，致使实验室废弃物造成污染环境和危害人体健康的事故时有发生。

因此，为了改变这种状态，必须高度重视对实验室废弃物的合理处置问题，让每一个接触和使用实验用品的人员都及时、正确地对实验室废弃物进行分类收集，并送有关专业部门集中处理。

实验室废弃物常见标识

5.2　实验室废弃物处理的相关法律规范

5.2.1　实验室废弃物处理的相关法律法规

1.《中华人民共和国环境保护法》

由全国人民代表大会常务委员会制定，为保护和改善环境，防治污染和其他公害，保障公众健康，推进生态文明建设，促进经济社会可持续发展，制定该法。

2.《中华人民共和国传染病防治法》

由全国人民代表大会常务委员会制定，为了预防、控制和消除传染病的发生与流行，保障人体健康和公共卫生，制定该法。

3.《中华人民共和国固体废物污染环境防治法》

由全国人民代表大会常务委员会制定，是为了防治固体废弃物污染环境，保障人体健康，维护生态安全，促进经济社会可持续发展而制定的法规。

4.《危险化学品安全管理条例》

由中华人民共和国国务院制定，为了加强危险化学品的安全管理，预防和减少危险化学品事故，保障人民群众生命财产安全，保护环境，制定该条例。

5.《放射性废物安全管理条例》

由中华人民共和国国务院制定,为了加强对放射性废弃物的安全管理,保护环境,保障人体健康,根据《中华人民共和国放射性污染防治法》,制定该条例。

6.《医疗废物管理条例》

由中华人民共和国国务院制定,为加强医疗废弃物的安全管理,防止疾病传播,保护环境,保障人体健康,根据《中华人民共和国传染病防治法》和《中华人民共和国固体废物污染环境防治法》制定。

7.《废弃危险化学品污染环境防治办法》

由国家环境保护总局制定,为了防治废弃危险化学品污染环境,根据《固体废物污染环境防治法》、《危险化学品安全管理条例》和有关法律、法规,制定该办法。

8.《医疗废物专用包装物、容器标准和警示标识规定》

由国家环境保护总局制定,为贯彻执行《中华人民共和国固体废物污染环境防治法》、《中华人民共和国传染病防治法》和《医疗废物管理条例》,防治医疗废弃物污染环境,保障人体健康,而批准发布《医疗废物专用包装物、容器标准和警示标识规定》。

9.《医疗卫生机构医疗废物管理办法》

由中华人民共和国卫生部制定,为规范医疗卫生机构对医疗废弃物的管理,有效预防和控制医疗废弃物对人体健康和环境产生危害,根据《医疗废物管理条例》,制定本办法。

还有很多地方性法规,比如《上海市危险化学品安全管理办法》《上海市环境保护条例》《上海市医疗废物处理环境污染防治规定》《江苏省危险废物管理暂行办法》《江苏省固体废物污染环境防治条例》《江苏省环境保护条例》《重庆市环境保护条例》等等,都是为了防止有害废弃物扩散,保护环境而制定的一系列规定。

5.2.2　实验室废弃物处理的使用规范

1.《实验室生物安全通用要求》(GB19489—2008)

这是一种国家标准,本标准规定了对不同生物安全防护级别实验室的设施、设备和安全管理的基本要求。包括废弃物处置,规定了实验室危险废弃物处理和处置的管理应符合国家或地方法规和标准的要求,应征询相关主管部门的意见和建议。

2.《临床实验室废物处理原则》(WS/T 249—2005)

是中华人民共和国卫生行业标准,该标准对临床实验室产生的废弃物提出了分类和处理原则,本该标准适用于临床实验室。

类似的使用规范还有《浙江大学实验废弃物处置办事流程/须知》《西南大学实验室废弃物处置管理办法》《四川大学实验室危险废弃物管理办法》《复旦大学化学废弃物管理暂行办法》《北京大学实验室危险化学废物处理实施细则》《南开大学生命科学学院关于实验废弃物处理的规定》等等,是不同行业单位根据国家和地方相关法律法规制定的本行业本单位的废弃物处理规定。

5.3　化学性实验废弃物分类与处置

5.3.1　化学性实验废弃物及其容器

对化学性实验废弃物的科学分类是其后续有效处理的前提,化学品使用单位提供合适的容器是对化学性实验废弃物进行合理收集的有效保障。

1. 化学性实验废弃物的分类

根据化学性实验废弃物的理化性质,可将其分为有害废弃物(危险化学物质)、废气、有机废液、无机废液、有机固体废弃物及无机固体废弃物等。

有害废弃物是指具有以下特性的废弃物:① 易燃性:闪点在 60 ℃以下的物质,如氢气。② 腐蚀性:强酸、强碱,认定标准为 pH 大于 12.5 或小于 2.0 的物质。③ 毒性:如含铅、汞、镉、铬、铊、砷、氰的化合物、石棉、有机氯溶剂等。④ 反应性:强酸、强碱、强氧化剂、强还原剂。⑤ 放射性:具有放射性的物质,如钴-60。对于这类有害废弃物必须分别收集贮存于专门的容器中,并粘贴上醒目的标签,置于指定地点,及时处理,不可长时间存放,否则可能成为安全隐患。

化学性实验废弃物按其危险性还可分为两大类:

第Ⅰ类:① 特别危险的废弃物;② 在废弃物集中地需要进一步处理的废弃物;③ 危险药物;④ 危险物品,如压缩性气体、水反应性材料(如电石、金属钠)、可自燃的物质(如镁合金、白磷或黄磷)、环氧联苯、农药类、二噁英类和各种其他毒物。

第Ⅱ类:涉及多数化学性废弃物,如常用的酸、碱、有机溶剂、有毒金属、矿物油。危险物品包括腐蚀性废料(如乙酸等)、可燃气体(如乙炔、硫化氢等)、助燃剂(如氯酸钾、硝酸钾等)、易燃物品(如薄膜、乌洛托品等)、毒性物质(如水合肼、四氯化碳等)、其他物品(如过氧化苯酰、硝化棉等)。

2. 化学性实验废弃物的容器

迄今为止,我国多数教学科研机构并未对化学性实验废弃物进行严格细致的分类,目前可提供的废弃物容器类型和规格均较少,这方面的工作有待加强,以循环经济和绿色化学的理念为方向。政府有关部门正在着手制定一系列规程,以指导和规范各类机构对化学性实验废弃物的收集及处置行为。

目前,国外高校均设有化学品管理办公室,为各种化学性实验废弃物的收集提供容器。这些化学性实验废弃物包括油脂类(松节油、润滑油、重油等)、含卤素有机溶剂、不含卤素有机溶剂、酸碱废液、金属离子溶液、氰化物、胶片定影剂和显影剂,以及凝胶废弃物。化学品管理办公室根据要求提供不同类型的化学性实验废弃物容器,常用的是 25L 规格,其制作材料有塑料、碳钢及塑料衬里金属。

标准化学性实验废弃物容器应符合以下要求:① 坚固;② 内壁材料不能与化学性实验废弃物反应;③ 每一个化学性实验废弃物容器的外表面都贴有两个标签,分别标明化学性实验废弃物的“名称”和“危险性”。实验人员须确保两份标签不脱落遗失。必须将一个塑料制的化学性实验废弃物日志夹与化学性实验废弃物容器附带在一起，并同时移交给专业的化学性实验废弃物处理部门。

标准化学性实验废弃物容器须由化学品管理办公室提供。如有需求，随时联系该办公室，索取废弃物容器。化学性实验废弃物处理机构只直接接受收集在标准化学性实验废弃物容器中的化学性实验废弃物。对于体积较小的化学性实验废弃物(如数量<4 L/月)，化学性实验废弃物容器要专门安排。化学品管理办公室将按要求将标准化学性实验废弃物容器交付给化学性实验废弃物制造者。依照以下信息进行交接手续的办理：姓名、系别、废弃物类型、所需废弃物容器数目、地点及联系电话。

盛装化学性实验废弃物的容器应置于实验室内的合适位置，不得随意堆放在走廊或实验室门口，以免发生意外事故。当化学性实验废弃物容器装满四分之三时就应与化学品管理办公室联系，及时运走。若化学性实验废弃物容器运送到无人值班的库房，应先与化学品管理办公室取得联系，及时获得可用库房。

5.3.2 化学性实验废弃物收集和储放

由于化学性实验废弃物的性状和危险性不同，数量不等，其收集和储放应遵循一些基本原则，以防止在这两个环节发生安全事故。

1. 化学性实验废弃物收集原则

为防止化学性实验废弃物对实验室和室外环境的污染，化学性实验废弃物的一般收集原则是：分类收集，妥善存放；定期交由专业机构分别集中处理(无害化或回收有价物质)。在实际工作中，应选择合适的方法检测，尽可能减少化学性实验废弃物量及其污染。化学性实验废弃物排放应符合国家有关环境排放标准。

2. 化学性实验废弃物收集和储存方法

化学性实验废弃物处置不当，不仅会污染环境，而且可能造成危险。因此，操作人员需了解一些常见化学性实验废弃物的收集和存放方法。

根据性状，化学性实验废弃物可分为固体废弃物、液体废弃物和气体废弃物。固体废弃物可用塑料瓶、塑料袋、塑料桶或纸箱密封保存；液体废弃物可收集于塑料桶、无色或棕色玻璃瓶中密封保存；气体废弃物可吸收至合适的溶剂中，用棕色玻璃瓶密封保存，在通风管道的终端安装吸附材料，禁止有毒有害气体直接排放到大气。盛装废弃物的容器应存放于通风、避光、低温、干燥的专用房间或仓库。

化学性实验废弃物容器外壁应牢固粘贴含有废弃物名称、浓度、产生时间和产生该物的实验者姓名及其联系方式等信息的清晰可读的标签；实验者有责任对其制造的化学性实验废弃物进行组成检测，提供明确的信息。若有不明废弃物，实验室负责人应及时与所在单位的职能部门联系，寻求更专业的帮助。

目前，国内多数机构实验室化学性实验废弃物的收集比较粗略，不利于其后续处理。以下主要介绍国外高校化学性实验废弃物容器及其收集方法。

(1) 酸类废弃物容器。无机酸类废弃物容器用于盛放无机酸，有机酸应装进有机酸废弃物容器中，如有机酸的产量较低(<4 L/月)，则可收集在“非卤溶剂或卤代溶剂”废弃物容器中。

(2) 碱类废弃物容器。贮存氢氧化钠、氢氧化钾、氨水等碱性废弃物。

(3) 金属溶液类废弃物容器。含金属(离子或沉淀)的溶液,应当在此容器中处理,但汞、六价铬、硼除外。含汞、六价铬、硼的废弃物应单独收集,化学性实验废弃物处理机构将为盛放这些金属溶液的废弃物容器提供专门的流程。如金属离子溶液中此类金属的含量低(无机汞<100 mg/L,有机汞<50 mg/L),可不予分离。酸碱中金属离子或沉淀都可在此容器中进行处理。金属汞不能收集在此废弃物容器中,须打电话至化学品管理办公室,请求对汞进行专门收集。

(4) 氢氟酸类废弃物容器。若现场没有此类容器,且此废料量又少(小于无机酸废料总体积的30%),那么可在无机酸废弃物容器中处理。

(5) 含有硼和六价铬的溶液。对于含有硼和六价铬的废液,一定要放入特定的容器中,而且实验室要为它们设计专用的排放管道。

(6) 氰化物类废弃物容器。此类容器中的废弃物务必保存在强碱性条件下,以免有氢氰酸气体溢出。

(7) 油脂类废弃物容器。贮存泵油、润滑油、液态烷烃、矿物油等废弃物。

(8) 卤代溶剂类废弃物容器。含卤的有机溶剂(如氯仿、苯甲氯、二氢甲烷等)和其他含卤的有机化合物都应收集在这种容器内。

(9) 非卤代溶剂类废弃物容器。非卤代溶剂类是指不含卤的有机溶剂和其他化合物,如丙酮、烷烃、石油醚等,它们需要用此类容器收集。

(10) 废胶片定影剂废弃物容器。贮存电影胶片和照相胶片生产及使用处理过程中所用定影剂而产生的废弃物。

(11) 胶片显影剂类废弃物容器。胶片显影剂类废弃物容器用于胶片处理过程中产生的显影剂废弃物。

(12) 凝胶状废弃物容器。这种容器用来盛装凝胶废弃物,如聚丙烯酰胺或琼脂糖凝胶。另外也可以用来盛装少量的其他已污染的原料和生化药品。

3. 化学性实验废弃物的混合

化学性实验废弃物的混合需按其主要成分分门别类,遵循以下原则:

(1) 含氰化物的废弃物要严格控制,全部倒入指定的废弃物容器中。

(2) 含有硼、汞和六价铬的废液也要全部倒入指定的废弃物容器中。如含有1 mol/L的镍、1 mol/L的银和0.5 mol/L的汞的水溶液必须倒入指定的汞废弃物容器中。

(3) 对于沉淀或含金属元素溶液的废弃物,应根据不同的pH倒入专用的酸或碱的废弃物容器中。对于pH为中性的废料,则应倒入相应的碱性废弃物容器中。

(4) 对于含有卤代物的废弃物,即使只含有少量的卤代物,也须全部倒入专用的卤代物废弃物容器中。

(5) 若一周内废弃的定影剂、显影剂和冲印剂不超过5 L,则可以将所有废料倒入"冲印剂"废弃物容器中。

(6) 测试兼容性的步骤。不同化学性实验废弃物收集于同一容器前,须做兼容性测试,同时应遵循以下步骤:

① 测试兼容性必须由有经验的实验员在通风橱中完成。

② 必须保证通风橱能顺利通风,通风橱的窗框高度至少应低于肩的水平。

③ 吸取 50 mL 化学性实验废弃物样品到大口的烧杯中。

④ 将一支温度计插入大口烧杯中。

⑤ 缓慢加入新的化学性实验废弃物，容积比例应控制在指定的比例范围内。

⑥ 如在 5 min 内有气泡产生、冒烟或有明显的升温(超过 10 ℃)，应立即停止混合。这些实验现象都表明化学性实验废弃物之间不相互兼容。必须将化学性实验废弃物倒入不同的容器中，并且应该将其不兼容的情况记录在“化学性实验废弃物日志”中。

⑦ 若 5～10 min 内观测不到反应现象，就说明化学性实验废弃物能共存(兼容)，可以将新产生的化学性实验废弃物倒入相应的化学性实验废弃物容器中。

⑧ 其他情况。对于可以明显区分的液相，如水相与有机相，则应该分别倒入相应的或是相近的化学性实验废弃物容器中。

⑨ 液体废弃物的混合可参考图 5 - 6“实验废液相容图”。

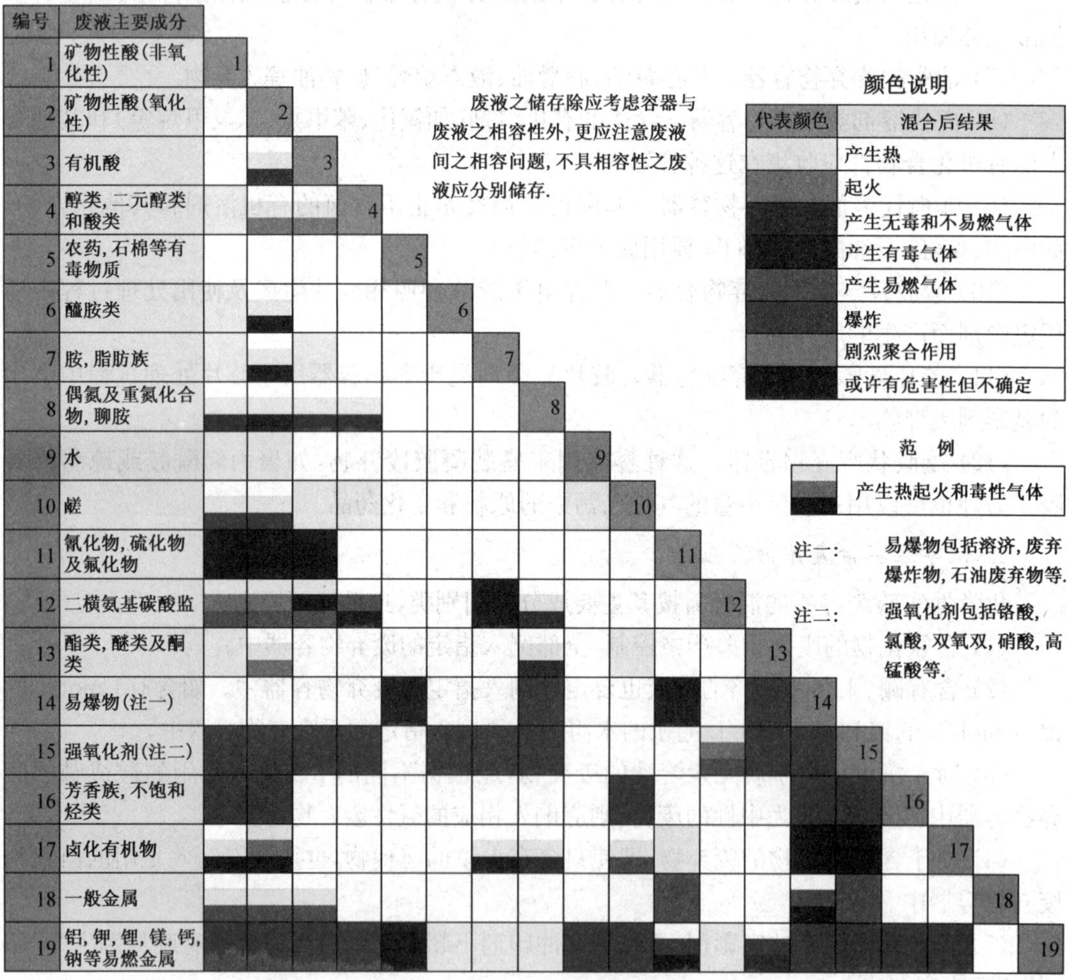
编号
废液主要成分
1 矿物性酸(非氧化性)
2 矿物性酸(氧化性)
3 有机酸
4 醇类，二元醇类和酸类
5 农药，石棉等有毒物质
6 醯胺类
7 胺，脂肪族
8 偶氮及重氮化合物，聊胺
9 水
10 醚
11 氰化物，硫化物及氟化物
12 二横氨基碳酸监
13 酯类，醚类及酮类
14 易爆物(注一)
15 强氧化剂(注二)
16 芳香族，不饱和烃类
17 卤化有机物
18 一般金属
19 铝，钾，锂，镁，钙，钠等易燃金属
废液之储存除应考虑容器与废液之相容性外，更应注意废液间之相容问题，不具相容性之废液应分别储存.
颜色说明
代表颜色
混合后结果
产生热
起火
产生无毒和不易燃气体
产生有毒气体
产生易燃气体
爆炸
剧烈聚合作用
或许有危害性但不确定
范 例
产生热起火和毒性气体
注一：
易爆物包括溶济，废弃爆炸物，石油废弃物等.
注二：
强氧化剂包括铬酸，氯酸，双氧双，硝酸，高锰酸等.

图 5 - 6　实验室废液相容图

4. 化学性实验废弃物收集和储存注意事项

除遵守以上化学性实验废弃物分类收集和储存的规程外，还需注意以下事项。

(1) 若用旧试剂瓶收集液体废弃物，旧试剂瓶中的残余试剂不得与化学性实验废弃物发生化学反应。下列废液不得相互混合：① 过氧化物与有机物；② 氰化物、硫化物、次氯酸盐与酸；③ 盐酸、氢氟酸等挥发性酸与非挥发性酸；④ 浓硫酸、磺酸、羟基酸、聚磷酸等酸类与其他的酸；⑤ 铵盐、挥发性胺与碱。

(2) 化学性实验废弃物容器应有外包装箱；盛有化学性实验液体废弃物的玻璃容器应避免相互碰撞，否则可能破损，造成液体泄漏事故。

(3) 酸存放时，应远离活泼金属(如钠、钾、镁等)、氧化性酸或易燃有机物、相混后会产生有毒气体的物质(如氰化物、硫化物等)；碱存放时，应远离酸及一些性质活泼的物质；易燃物应避光保存，并远离一切有氧化作用的酸，或能产生火花火焰的物质，且储存量不可太多，需及时处理。

(4) 化学性实验废弃物不得储放在通风橱、试剂柜、实验室内的过道旁或烘箱附近、走廊等处；不得随意丢弃于垃圾桶；储放化学性实验废弃物的地点不得对周围环境有影响或成为安全隐患。

(5) 在实验室内，化学性实验废弃物不宜储放时间过长，尽可能在一或两周内处理；特殊废弃物应立即处理。对于毒性大的废液，如硫醇、胺等能发出臭味的废液，能产生氰、硫化氢、磷化氢等有毒气体的废液，燃烧性强的二硫化碳、乙醚之类的废液等，必须及时、妥善处置。

(6) 化学性实验废弃物搬运时应轻拿轻放；尤其是对于含有过氧化物、硝酸甘油、已过氧化的乙醚之类的爆炸性物质的废液，须更加谨慎。

5.3.3 化学性实验废弃物处置要求

化学性实验废弃物处置是实验人员日常工作的重要内容，必须高度重视，切实按照有关规程进行并落实到位。

1. 化学性实验废弃物产生者的责任

产生化学性实验废弃物的实验人员应向化学品管理办公室索取合适的废弃物容器，将废弃物安全地盛放于废弃物容器中。应及时、准确地填写“化学性实验废弃物日志”。在实验室中将化学性实验废弃物分门别类，存放于不同化学性实验废弃物容器中。将收集的化学性实验废弃物及时送至化学品管理办公室指定的地点。

2. 一般化学性实验废弃物的处置

实验室一般不对化学性实验废弃物进行现场的无害化处理。实验人员应根据前述的化学性实验废弃物的分类、收集原则和储放方法做好实验室每天所产生的化学性实验废弃物的清理工作，定期交由专业部门做后续的无害化处理。在实验室处置化学性实验废弃物的过程中，须遵守以下要求：① 在搬运包装前务必要做化学性实验废弃物之间的兼容性测试。② 在通过兼容性测试后，任何一种新的化学性实验废弃物都应该放入相应的容器中。③ 为防止溢漏，每次装入新的化学性实验废弃物前都应该检查容器内的液面高度，并且在送至化学品管理办公室前都不可装满，只能盛装容器容积的70%～80%。④ 应用漏斗和碟子盛装容器，以防止溢出。⑤ 每装入一种新的化学性实验废弃物，都应该立即在“化学性实验废弃物日志”中标明。

对于化学性实验废弃物中含有高反应活性化合物、能与水反应的化合物以及具有强氧化还原性的物质时，它们不得与其他任何化学性实验废弃物相混合。这类化学性实验废弃物必须用不同的容器分类且密闭存放，并采用专门程序进行处理，详见下面要介绍的“特殊化学性实验废弃物及其处置”。

3. 特殊化学性实验废弃物及其处置

1）特殊化学性实验废弃物的类型

一般实验活动涉及的特殊化学性实验废弃物包括以下几类：① 反应活性较高的化学品；② 遇水反应的化学品；③ 不能通过兼容性测试的废弃物；④ 废弃的化学品；⑤ 过期的化学品。所收集废弃物的物理状态可以是液体、固体和废渣。

2）特殊化学性实验废弃物的处置

尽可能将化学品存放在原容器中，若原容器不足，则可把其封装在塑料袋或能与之兼容的坚固容器中。处理封装好容器后，每个容器(内装按规定收集的特殊化学性实验废弃物)都必须附带一个“特殊化学性实验废弃物复核身份证明表”。填写时一定要用永久性不褪色黑笔。

可能发生爆炸的化学品的处置：当不正确储存或超过储存期限时，许多普通的化学品或混合物也可能变得易爆或对撞击敏感。这些材料或化学品须采用特殊的搬运方法，且一般不与其他化学性实验废弃物一起收集。当不正确搬运这些化学品时，它们易变得不稳定。在这种情况下，这些化学品将对所在单位构成相当大的威胁。

为了确保这些化学品所固有的威胁得到有效控制，所在单位化学品管理人应要求各部门认真审查并严格遵守这些规程。

(1) 可过氧化的化学品。当多种化学品暴露在空气中时，它们能够形成具有强爆炸性的过氧化的化合物。过氧化物对热、摩擦、撞击和光均相当敏感，属于实验室内很危险的化学品。这种问题在乙醚中普遍存在，也发生在许多其他有机化合物以及某些碱性和氨基化合物中。许多重大的实验室爆炸事故是由于搬运老化过期的乙醚导致的。因此，必须小心谨慎，防止在这些化学品中形成过氧化物。

防止过氧化物的形成取决于仔细、分类地控制可过氧化的化学品。大多数可过氧化的化学品中添加有抑制剂，以延缓过氧化物的形成。通常，这些抑制剂一直有效，直到第一次打开容器为止。建议处置一年后未开封的乙醚。

为预防可过氧化的化合物中生成过氧化物的风险，须采取以下两个步骤：

① 注明日期：给以下所列的可过氧化的化学品注明接收日期和第一次开瓶日期；可过氧化的化合物名称；接收日期；开瓶日期；开瓶后 6 个月内处置或测试。

② 处置已开瓶的可过氧化的化学品：通过化学性实验废弃物管理部门，在以下所列的时限内处置已开瓶的可过氧化的化学品：

a. 有严重危害的过氧化物须在 3 个月内处置，包括二异丙醚、二乙烯基乙炔、钾金属、钾酰胺(氨基钾)、氨基钠、1,1-二氯乙烯等。b. 高危害的过氧化物须在 6 个月内处置，包括异丙基苯、环己胺、环戊烷、乙醚、二氧杂环乙烷、2-乙氧基乙醇、甘醇二甲醚、呋喃、甲基异丁酮、四氢呋喃、乙烯醚等。

以上所列可过氧化的化学品的种类并不齐全，生产商一般会注明可过氧化的化学品的危害性，实验人员须注意生产商提供的生产日期和推荐的有效期限，以提高警惕。

过氧化物形成的一个明显标志就是液体中的结晶现象。然而，在没有明显结晶的情况下，危险的过氧化物也具有危害性。在容器瓶盖和螺纹处可形成过氧化物结晶体。这些化学品应尽可能通过化学性实验废弃物管理部门进行统一处置。

(2) 苦味酸和其他多硝基化合物。苦味酸是实验室一种常用试剂，是一种相对安全的化合物。为了使其保持稳定，通常市售的苦味酸中添加了10%的水。当苦味酸失水干透或形成某些金属盐时，它会变得易爆。为了安全地储存苦味酸，应采取下列步骤：

① 不得将苦味酸储存在带金属盖的容器中或与任何金属接触。

② 经常检查苦味酸，以确保它保持湿润。根据需要加水；储存在阴凉处；不得将苦味酸放置在干燥器中。

③ 不要试图打开旧的或干的苦味酸的瓶子。尽可能将这些化学品送化学性实验废弃物管理部门。对于使用其他多硝基化合物，实验人员须了解有关搬运和储存这种化合物的详细信息，必要时应向化学性实验废弃物管理机构做专门咨询。

(3) 叠氮类化合物。包括叠氮钠、叠氮钾、叠氮有机物等，其使用和废弃处置须特别谨慎。如叠氮钠尽管不存在内在的不稳定性，但若受到污染或不正确使用时，也可形成极易爆炸的叠氮重金属。如果通过下水道排放叠氮钠溶液，则可在管道内形成叠氮铅或铜。请注意，不得将叠氮钠迅速加热或储存在有金属化合物的容器内。

现在国家已经对易制毒易制爆化学品实行严格的审批登记制度，若涉及这一类废弃物数量较多时，应特别注意遵守相关规章制度。对于民爆品如实验室常用的苦味酸、叠氮类和多硝基化合物，没有资质的实验室不允许使用，也就不存在处置问题。

5.3.4　特殊化学性实验废弃物复核身份证明表的处理

对于特殊化学性实验废弃物信息的记录，实验人员应做好以下工作：

(1) 与化学品管理办公室联系。

① 填写特殊化学性实验废弃物[(废弃的或过期的)登记表]，此表系那些废弃的或过期的化学药品所专用。

② 填写特殊化学性实验废弃物[(非兼容性的废弃物)登记表]，此表专用于那些反应活性较高、水反应性的、无兼容性的化学性实验废弃物。

(2) 将填好的表送至化学品管理办公室。

(3) 化学品管理办公室复阅已有的档案资料，并向"危险废弃物处理公司"提供信息。对于以特殊化学性实验废弃物方式处置花费较大的废弃物，环保部门将单独安排处理。

(4) 依照环保部门的建议，危险废弃物处理公司将通知化学品管理办公室，由其制定待处理特殊化学性实验废弃物收集计划，并通知特殊化学性实验废弃物产生者。

(5) 特殊化学性实验废弃物复核身份证明表可向化学品管理办公室索取，或从所在单位职能部门的网站下载。

可以通过标准的化学性实验废弃物容器进行安全处置的化学性实验废弃物，不能以特殊化学性实验废弃物服务方式处理，这些废弃物类别列于"一般化学性实验废弃物的处置"规程中。

5.4 生物性实验废弃物分类与处置

生物性实验废弃物是生物实验过程中产生的废弃物，包括使用过不能再用的、过期的、淘汰的、变质的、被污染的生物样品（制品）、培养基、生化（诊断指示）试剂、标准溶液以及试剂盒等。按类别可以分为生物实验危险废弃物、临床实验废弃物和动物实验废弃物，动物尸体、已感染的组织、血液和培养液等是生物性实验废弃物中的高危废弃物，它们必须先经冷冻、灭菌、灭活、消毒等方式处理后，再转移到相关专业公司进行无害化处理。

5.4.1 生物实验危险废弃物

生物实验危险废弃物，主要是涉及病原微生物和高致病性病原微生物的实验研究，为危险废弃物。废弃物中病原体的培养基、标本和菌种、毒种保存液等高危险废弃物，应当首先在产生地点进行高压蒸汽灭菌或者化学消毒处理，然后按废弃物的不同分类进行收集处理。

生物实验危险废弃物的处置原则：① 将操作、收集、运输、处理及处置生物实验危险废弃物的危险减至最低；② 将其对环境的有害作用减至最小；③ 只可使用被承认的技术和方法处理和处置生物实验危险废弃物；④ 排放符合国家或地方规定和标准的要求。

生物实验危险废弃物处置办法：

(1) 应有措施和能力安全处理和处置生物实验危险废弃物。

(2) 应有对生物实验危险废弃物处理和处置的政策和程序，包括对排放标准及监测的规定。

(3) 应评估和避免生物实验危险废弃物处理和处置方法本身的风险。

(4) 应根据生物实验危险废弃物的性质和危险性按相关标准分类处理和处置废弃物。

(5) 生物实验危险废弃物应弃置于专门设计的、专用的和有标识的用于处置生物实验危险废弃物的容器内，装量不能超过建议的装载容量。

(6) 锐器应直接弃置于耐扎的容器内。

(7) 应由经过培训的人员处理生物实验危险废弃物，并应穿戴适当的个人防护装备。

(8) 不应积存一般垃圾和实验室废弃物。

(9) 在消毒灭菌或最终处置之前，应存放在指定的安全地方。

(10) 不应从实验室取走或排放不符合相关运输或排放要求的实验室废弃物。

(11) 应在实验室内消毒灭菌含活性高致病性生物因子的废弃物。

(12) 如果法规许可，只要包装和运输方式符合危险废弃物的运输要求，可以运送未处理的危险废弃物到指定机构处理。

下面介绍一种比较特殊的例子——基因工程废弃物。基因工程废弃物有别于其他废弃物，因为它除了有直接的污染作用外，还可能产生潜在的危害。另外，基因工程废弃物中还可能存在生物，它们可以自我繁殖，因此，对于基因工程生物废弃物的管理首先要符合国家和有关部门的相关要求，且还需要加以特别的注意。对于不同安全等级的废弃物，处理应采用相应的防污处置操作。

基因工程生物废弃物应先经灭菌后才能进一步处理。例如，在实验室中制造的转基因植物或细菌，需要将其先杀死，因为生物会自行生长和繁殖，一旦这样的生物体释放到环境中，追回非常不易甚至无法追回，可能对环境造成不可预料的影响。

实验室不允许长时间搁置基因工程生物及其废弃物，应及时处理，否则就容易造成基因工程体的扩散甚至发生基因的转移，如基因工程操作过的真菌孢子在简易条件下就可能会迅速繁殖并扩散到空气或水体中。

在基因工程实验过程中若使用放射性核素，使用结束后应将其废弃物放入塑料袋并密封（标注放射性核素的种类、使用日期和使用人姓名），然后放入废弃箱中；放射性核素污染废液应倒入指定的收集容器。无放射性污染的废弃物另行收集，不得与放射性废弃物混放。若遇到突发事故，应按以下操作进行处置：① 如遇基因工程生物意外扩散，应立即封闭事故现场，查清事故原因，迅速采取有效措施防止基因工程生物继续扩散，并上报有关部门；② 对已造成不良影响的扩散区，应暂时将区域内人员进行隔离和医疗监护，并设立明显标志；③ 对扩散区应进行跟踪监测，直到危险解除；④ 对于蓄意将基因工程生物扩散的，一旦发现应立即上报主管单位，并追踪基因工程生物的去向和其后的跟踪处理。对有严重危害的基因工程生物的扩散事件，应立即报告公安机关。

5.4.2　临床实验废弃物

我国《临床实验室废弃物处理原则》（WS/T 249—2005）对临床实验室产生的废弃物提出了分类和处理原则，对临床实验室中产生的一些重要有害废弃物提供了处理技术和丢弃方法，以保证临床实验室检测工作的安全性，减小对工作人员及环境的生物学污染。中华人民共和国国务院令第 380 号公布的《医疗废弃物管理条例》和中华人民共和国卫生部令第 36 号发布的《医疗卫生机构医疗废弃物管理办法》也适用于临床实验室，在实施时，临床实验室还应参考相应的技术操作规范。

临床实验废弃物可以分为化学废弃物、感染性废弃物、锐利物和无害废弃物。

1. 化学废弃物的安全处理

（见 5.3 化学性实验废弃物分类与处置）

2. 感染性废弃物的安全处理

感染性废弃物是指能传播感染性疾病的废弃物，包括被污染的纱布、棉球、棉签、病原体的培养基、标本、菌种、毒种保存液、各种废弃的医学标本、血液及其制品、大小便、痰、呕吐物以及使用过的一次性毛细管和手套等，是医疗卫生机构在医疗、预防、保健以及其他相关活动中产生的具有直接或者间接感染性、毒性以及其他危害性的废弃物。感染性废弃物一般具有以下特点：① 含有足够致病能力的病原体；② 病原体有进入体内的途径；③ 有易感宿主。感染性废弃物是医务工作人员和废弃物处理人员的重要职业性有害物质。

（1）临床实验室应按以下内容制定感染性废弃物的管理程序：

① 指定专人负责和协调感染性废弃物的管理；② 建立有关减少废弃物产生的文件；③ 确定感染性废弃物的产生地、成分及数量；④ 制定相关操作要求的规范性文件和记录表，并及时记录；⑤ 建立隔离、包装、转运、保存和处置等一系列程序；⑥ 建立审核及质量保证程序；⑦ 建立感染性废弃物管理培训、紧急情况处理和安全操作等的程序及相应文件。

（2）感染性废弃物的处理。操作感染性废弃物或任何有潜在危害的废弃物时，必须穿戴防护服、口罩和手套。对有多种成分混和的临床实验废弃物，应按危害等级较高者处理。处理含有锐利物品的感染性废弃物时应使用防刺破手套。

(3) 感染性废弃物的隔离。有关单位必须对临床实验室可能产生的感染性废弃物加以确定，并采取安全、有效、经济的隔离和处理方法。必须由专业人员严格区分感染性和非感染性废弃物，一旦分开后，感染性废弃物必须加以隔离。

(4) 标签。已经明确的感染性废弃物应分类丢入垃圾袋，所有收集感染性废弃物的容器都应有“生物危害”标志，或使用“医疗废弃物”容器。装有锐利物品的容器在任何时候都应有“生物危害”标志。所有运输未经处理的感染性废料的容器上都应有“生物危害”标志。

(5) 包装。所有的感染性废弃物都必须依据废弃物的性质及数量选用适合的包装材料，进行专门的包装。应使用红色或橘黄色聚乙烯或聚丙烯包装袋，并应标记有感染性废弃物。有液体的感染性废弃物时，应确保容器无泄漏。

(6) 处置。感染性废弃物的处置即减少或消除其潜在致病性的过程，最常用的处置方法有灭菌和焚烧。处置的主要目的是消除污染，使病原体数量减少到致病水平以下。常见的消毒灭菌方法：

① 高压蒸汽灭菌：感染性实验废弃物、设备和耗材均可通过高压蒸汽灭菌去除污染。至少每月应使用一次生物指示剂(如嗜热脂肪芽孢杆菌)监测处理效果。处理过程应保证在121 ℃进行(被处理物中心温度不低于115 ℃)，时间不少于20 min(60～90 min)。

② 干热处理：由于不使用蒸汽，干热处理需要更高的温度和更长的加热时间以达到去除污染的目的。为了适应不同物体的导热特性，必须对未处理的感染性实验废弃物进行标准化分类。

③ 气体灭菌：使用环氧乙烷等化学蒸汽也可达到灭菌效果，但费用较高，常用于不可进行压力消毒的器械或物品，并应确保感染性废弃物能充分暴露于化学蒸汽中，且持续一定的时间。

④ 化学消毒：适用于处理物体表面和液体废弃物，对表面无孔和无吸附作用的感染性废弃物，化学消毒效果较好。常用的化学消毒剂含氯消毒剂、碘类消毒剂、氧化消毒剂、醛类消毒剂、杂环类气体消毒剂、醇类消毒剂、酚类消毒剂、季胺类消毒剂等。消毒方法应根据污染物种类、污染程度、蛋白含量等确定使用化学消毒剂的种类、浓度及消毒时间。

(7) 贮存。感染性废弃物的贮存地点应有“生物危险”标志和进行管理限制，且应位于产生感染性废弃物的实验室附近。感染性废弃物的贮存还应满足以下要求：① 贮存地不得对公众开放；② 贮存地及包装应确保内容物不成为鼠类或其他生物的食物来源；③ 保存温度及时间应确保保存物不会发生腐败，必要时，可用低温保存，以防微生物生长和产生异味；④ 保证包装内容物不暴露于空气和受潮。

(8) 转运。运输工具应有明显的标记和防泄漏设备。在处理、运输、装卸过程中应确保感染性废弃物的包装完好，一般不得使用机械进行装卸。长途运输应请专业人员进行操作。

(9) 处理。① 焚烧：可使生物活性灭活90%以上，可用于所有种类的感染性废弃物。对空气的污染指标应符合环保有关规定。② 填埋：需在指定的地点进行。③ 卫生间下水道：得到有关部门许可后，对少量血液或体液废弃物可注入卫生间下水道，同时放水冲洗。处理大量废弃物时，工作人员应有防护措施。倾倒感染性废弃物的下水道不得用于洗手。

微生物培养基不得倒入卫生间下水道。

(10) 紧急情况的处理。实验室应有针对工作人员受伤、感染物泄漏及处理过程故障的应急预案。

① 人员受伤：实验室应有书面文件包括紧急处理、通知程序、体检和随访程序，规定工作人员受伤或受污染时的处理办法。应使所有工作人员知道在受伤或受污染后的处理程序。

② 泄漏或溢出：对泄漏物去除污染的方法应该在工作台边可以查到，且应包含以下内容：a. 对有致命微生物和剧毒材料的实验室，应设紧急疏散出口和必要的医疗救护设施；b. 泄漏物性质和范围的评估；c. 为去除污染的工作人员提供防护装备；d. 完善的去污染工作程序及消毒剂选择程序；e. 洗手及其他卫生防护程序。

③ 处理过程故障：实验室应对其用于处理感染性废弃物的设备及地点进行备份，即准备双份设备、废弃物贮存备用地点等。

3. 锐利废弃物

锐利废弃物指所有能穿透皮肤的物品，包括注射器、针、手术刀和锯、毛细管、破损的玻璃器皿等，是一种损伤性废弃物，它们也可分为感染性废弃物、限制性医学废弃物、固体废弃物或有害化学废弃物。锐利物为机械危险废弃物，可造成刺破或划破伤。

对锐利废弃物的管理应遵循以下要求：① 防止穿刺或划伤；② 减少传染疾病的可能性；③ 确保锐利物被彻底破坏。所有锐利物都必须放置在容器内，并与其他废弃物分别存放。容器必须是硬质、防漏、防刺破的。

(1) 针。使用时应注意以下几点：① 废弃的针具必须丢入硬质、防刺破的容器内；② 尽量减少对针具的操作；③ 不要试图用手去改变针具的外形及破坏其与附属物的连接。如果连接针的附属物(如输液管、注射器、血袋)内有 20 mL 以上的液体，应在处理前排净；④ 不要将针形废弃物直接丢入生物危险袋中，也不要与其他废弃物混合丢弃。

(2) 其他锐利废弃物。所有锐利废弃物都必须单独存放，并统一按医疗废弃物处理。

(3) 包装。包裹锐利废弃物必须使用硬质、防漏、防刺破材料。

(4) 标签。应根据需要贴有“感染性废弃物”“医疗废弃物”“生物危险”标识或使用“红色”包装袋。对锐利废弃物的贮存要求与对感染性废弃物的相同。

5.4.3　动物实验废弃物

动物实验废弃物可对人和周围环境造成严重的生物危害，可按《医疗废弃物分类目录》进行相应分类，并严格按照《医疗废弃物管理条例》的规定进行处置。

1. 动物实验废弃物的分类

根据动物实验废弃物的特征可分为感染性废弃物、病理性废弃物、损伤性废弃物、药物性废弃物和化学性废弃物(表 5-1)。

表 5-1 动物实验废弃物的分类

类别	主要种类
感染性废弃物	废弃的动物血液、血清、血浆、体液;被动物组织、血液、体液、排泄物污染的物品,包括:纱布、棉球、棉签、引流棉条及其他各种敷料等;使用后的一次性用品和器械
病理性废弃物	实验动物的组织、器官、尸体;病理切片后废弃的动物组织、病理蜡块等
损伤性废弃物	各类锐利物,包括:动物实验用解剖刀、手术刀、备皮刀、手术锯、针头、缝合针等;载玻片、毛细管、玻璃试管、安瓿瓶等
药物性废弃物	废弃的一般性动物实验药品;废弃的疫苗、血液制品;废弃的细胞毒性药物和遗传毒性药物等
化学性废弃物	动物实验废弃的化学试剂;废弃的过氧乙酸、戊二醛等化学消毒剂;废弃的汞血压计、汞温度计等

2. *动物实验废弃物的收集*

动物实验的废弃物处置包括废弃物的收集、储存、运送、处理等,但一般动物实验单位主要涉及动物实验废弃物的收集工作,动物实验废弃物的运送、储存、处理由专业的动物实验废弃物处理部门按照《医疗废弃物管理条例》进行处置。

动物实验废弃物的收集包括以下部分:

(1) 根据动物实验废弃物的类别,将动物实验废弃物分置于符合《动物废弃物专用包装物、容器的标准和警示标识的规定》的包装物或者容器内。

(2) 在盛装动物实验废弃物前,应当对动物实验废弃物包装物或者容器进行认真检查,确保无破损、渗漏和其他缺陷。

(3) 盛装动物实验废弃物的每个容器、包装物外表面应当有警示标识,在每个容器、包装物上应当系标签,标签的内容应当有动物实验废弃物产生单位、产生日期、类别及需要的特别说明等信息。

(4) 盛装的动物实验废弃物达到包装物或者容器的 3/4 时,应当使用有效的封口方式,使包装物或者容器的封口紧密严实;放入包装物或者容器内的所有动物实验废弃物不得取出。

(5) 容器或者包装物的外表面被感染性废弃物污染时,应当对被污染处进行消毒处理或者增加一层包装。

(6) 感染性废弃物、病理性废弃物、损伤性废弃物、药物性废弃物及化学性废弃物不能混合收集。

(7) 损伤性废弃物应收集在带盖的不易刺破的一次性容器内。

(8) 废弃物经包装、密封后存放于暂时贮存设施内,不得露天存放动物实验废弃物;动物实验废弃物暂时贮存的时间不得超过 2 天。

(9) 废弃的麻醉、精神类、放射性、毒性等药品及其相关的废弃物的管理,依照有关法律、行政法规和其他有关规定、标准执行,具体办法参见化学性实验废弃物和放射性实验废弃物的处置部分。

(10) 化学性废弃物中批量的废化学试剂、废消毒剂应当交由专门机构处置,具体办法参见化学性实验废弃物的处置部分。

3. 对开展动物实验单位的要求

为确保动物实验废弃物的无害化处理，应严格按规定进行动物实验废弃物的收集，开展动物实验的单位应满足下列要求：

(1) 开展动物实验单位应制定严格的动物实验废弃物处理细则并严格监督实施。

(2) 开展动物实验的单位应定期对从事动物实验的技术人员和管理人员，进行动物实验废弃物相关法律和专业技术、安全防护以及紧急处理等知识的培训。

(3) 开展动物实验的单位应具有动物实验废弃物暂时贮存设施并达到以下要求：

① 远离人员活动区和生活垃圾存放场所，方便动物实验废弃物运送人员及运送工具、车辆的出入。

② 有严密的封闭措施，设专(兼)职人员管理，防止非工作人员接触动物废弃物。

③ 有防雨、防渗漏、防蚊虫、防日晒、防盗以及防止儿童接触等安全措施。

④ 如需暂时贮存病理性废弃物，则应当具备低温贮存设施或者防腐条件。

⑤ 易于消毒和清洁处理。

⑥ 设有明显的动物废弃物警示标识和“禁止吸烟、饮食”的警示标识。

4. 动物实验废弃物的交接登记

动物实验废弃物产生单位与动物实验废弃物暂存处建立动物实验废弃物交接登记制度，登记内容包括动物实验废弃物的种类、数量、交接时间以及经办人双方签字等项目。登记资料至少保存三年。

5.5　放射性实验室废弃物分类及处置

为了保护人类健康和环境安全，放射性实验废弃物需严格按规程进行处置，使其重量、体积以及所含的放射性核素合理地达到安全化和最少化，消除对环境的潜在危害。在放射性实验室工作中，需要处置的放射性实验废弃物主要包括废液、固体废弃物和气载废弃物。应根据放射性实验废弃物的体积、性状、毒性以及所含核素的种类、比活度、半衰期等选择相应的处理方式，使其不会在工作场所造成污染和不必要的电离辐射伤害，排放到环境后不致造成环境污染和人体健康损害。

5.5.1　放射性核素的毒性分类

(1) 低毒组　如^{112}In、^{38}Cl 及气态核素如^{3}H、^{39}Ar。

(2) 中毒组　如^{47}Ca、^{83}Sr、^{33}P、^{131}I 及气态核素如^{14}C、^{193}Hg。

(3) 高毒组　如^{10}Be、^{60}Co。

(4) 极毒组　如^{210}Po、^{225}Ra。

5.5.2　放射性废弃物的分类及处置

在放射性实验室工作中，需要处置的放射性废弃物分为废液、固体废弃物和气载废弃物。为了减少不必要的电离辐射伤害，不致造成环境污染，根据废弃物的性状、体积、毒性以及所含核素的种类、比活度和半衰期等选择相应处置方法。

放射性废弃物处置有三个基本途径：① 稀释排放，使废弃物的放射性水平降低到安全容许水平以下，排入环境而得以消散。② 放置衰变，在不造成环境公害的前提下，为放射性核衰变提供足够的时间(一般放置 10 个半衰期后择机排放)。③ 浓缩贮存(也称为永久处置)，使废弃物与环境隔绝起来。

1. 放射性实验废液

处置一般分两类：一类是不能与水混匀的有机溶液，另一类是水溶液或能与水互相混匀的有机溶液，两者处置方法不同，必须分别收集，放置于周围加有屏蔽的容器内，不可与非放射性废弃物混在一起。容器应有外防护层和电离辐射标记，放置点应避开工作人员作业和经常走动的地方，存放时在废液容器显著位置标上放射性实验废液类型、核素种类、比活度范围和存放日期等。短半衰期核素废液以放置法为主；长半衰期核素废液以焚烧法加埋存法为主。短半衰期核素排入水中放射性浓度不得超过 1×10^{4} Bq/L，仅含有浓度不超过 1×10^{5} Bq/L 的 ^{3}H 或 ^{14}C 的废闪烁液目前可以不按放射性废液处置，但由于废闪烁液含有化学致癌物，须按特殊化学废液处置。废液处置方法主要有稀释排放、放置衰变及浓缩贮存。

2. 固体放射性实验废弃物

固体放射性实验废弃物包括带放射性核素的试纸、废器械、安瓿瓶、敷料、碎玻璃、实验动物尸体及其排泄物等，放置于周围加有屏蔽的污物桶内，不可与非放射性实验废弃物混在一起。固体放射性实验废弃物处置方法基本与放射性实验废液相同。短半衰期核素固体放射性实验废弃物主要用放置衰变法处理，比活度降低到 7.4×10^{4} Bq/kg 以下后即可作非放射性实验废弃物处置。长半衰期核素以焚烧法加埋存法。

3. 气载放射性实验废弃物

包括放射性气体、放射性微尘和放射性气溶胶。为了去除或减少气载放射性实验废弃物的污染，必须在通风橱内操作。与固体、液体放射性实验废弃物相比，气载放射性实验废弃物排放可能造成的污染范围很大，对环境的影响更能预测和控制，因此其净化处理和排放控制更应引起足够重视。

4. 医用放射性实验废弃物的处置

医用放射性实验废弃物多数为非密封放射性核素和它的污染物等，如沾染的玻璃器皿和手术器械，仪器、仪表，沾染的劳保用品或擦纸，有机闪烁液或废液，动物尸体、排泄物，洗涤废弃液或废过滤器，患者的放射性污染物品或废弃物等，医用放射性实验废弃物与核燃料循环过程中形成的废弃物有很大差别，这类废弃物的处置可以大致分为两类，一类是将废弃物浓缩收集，对浓缩物再做进一步处置；第二类是在控制条件下贮存起来，待衰变到允许水平后再做一般废弃物排放或掩埋处置。

5. 放射性废弃物处置指标

(1) 体积浓缩倍数(CF)

$$CF=\frac{\text{处置前废弃物的体积}}{\text{浓缩物的体积}}$$

(2) 去污效率(K)

$$K=\frac{\text{处置过程中去除的放射性}}{\text{处置前废弃物所含的放射性}}\times 100\%$$

(3) 去污比(净化系数)(DF)

$$DF=\frac{\text{处置前废弃物的放射水平}}{\text{处置后废弃物的放射水平}}$$

5.6　无害废弃物

无害废弃物是指已知其本质无害、且无潜在危害的废弃物，它们可以分为固体、液体和气体。

(1) 大约 80％的固体无害废弃物可通过填埋处理。在实际工作中应注意以下几点：① 尽量减少固体无害废弃物的产生；② 焚烧可减少平均 90％的固体无害废弃物体积和杀灭大量感染因子，但必须在指定的地点进行；③ 与日常废弃物一起丢弃时应符合有关规定。

(2) 液体无害废弃物可直接排入市政废水处理系统或使用专用贮藏系统。

(3) 气体无害废弃物一般可直接排入大气中。

本章习题及答案

第 6 章 实验室特种设备安全

DI LIU ZHANG

6.1 特种设备基本概念

6.1.1 特种设备

《中华人民共和国特种设备安全法》中规定，特种设备是指对人身和财产安全有较大危险性的锅炉、压力容器（含气瓶）、压力管道、电梯、起重机械、客运索道、大型游乐设施、场（厂）内专用机动车辆，以及法规规定的其他特种设备。特种设备分为承压类特种设备及机电类特种设备，如锅炉、压力容器、气瓶、压力管道等属于承压类特种设备，其在使用过程或未使用状态下承载一定的压力、具有一定体积的设备，有物理爆炸或化学爆炸等危险的设备；电梯、起重机械、客运索道、大型游乐设备及场（厂）内机动车辆等属于机电类特种设备，其在使用过程中若操作、保养不当，极易发生事故，危害使用者及周围人群的生命安全。实验室中比较常见的特种设备有电梯、蒸汽灭菌器、高压反应釜、气体钢瓶、场（厂）内机动车辆等。

图 6-1　特种设备

6.1.2　特种设备使用单位

国家《特种设备使用管理规则》中对特种设备使用单位进行了明确的定义，其中，高校作为机关事业单位、申请购买并使用特种设备的教职工作为具有完全民事行为能力的自然人均属于特种设备使用单位；《特种设备安全法》第十三条规定，特种设备使用单位对使用的特种设备安全负责，即申购使用特种设备的高校及教职工对特种设备的安全负责。

气体钢瓶的使用单位一般是指充装单位，但实验室在租用气体钢瓶的租用期中，实验室是气体钢瓶的使用单位。

6.1.3　特种设备安全管理机构的设置

使用三十台及以上电梯的，或使用总量五十台及以上特种设备的高校，应建立特种设备安全管理机构；高校的主要负责人对校内使用的特种设备安全节能负总责；特种设备安全管理负责人是指主管校内特种设备使用安全的主管校领导；高校还应根据本校特种设备使用的具体情况设置特种设备安全管理员。需要注意的是，特种设备安全管理负责人及安全管理员需要取得相应的特种设备安全管理人员资格证书。

6.1.4　实验室使用的特种设备定义

国家《特种设备安全监察条例》对特种设备的定义进行了明确说明，其中，实验室内使用的特种设备定义如下：

(1) 锅炉，是指利用各种燃料、电或者其他能源，将所盛装的液体加热到一定的参数，并对外输出热能的设备，其范围规定为容积大于或者等于 30 L 的承压蒸汽锅炉；出口水压大于或者等于 0.1 MPa(表压)，且额定功率大于或者等于 0.1 MW 的承压热水锅炉；有机热载体锅炉。

(2) 压力容器，是指盛装气体或者液体、承载一定压力的密闭设备，其范围包括最高工作压力大于或者等于 0.1 MPa(表压)、且压力与容积的乘积大于或者等于 2.5 MPa·L 的气体、液化气体和最高工作温度高于或者等于标准沸点的液体的固定式容器和移动式容器；盛装公称工作压力大于或者等于 0.2 MPa(表压)，且压力与容积的乘积大于或者等于 1.0 MPa·L 的气体、液化气体和标准沸点等于或者低于 60 ℃液体的气瓶；氧舱等。

(3) 简单压力容器，是指结构简单、危险性较小的压力容器，在压力容器出厂资料中，会明确注明该压力容器属于简单压力容器。简单压力容器具有介质无危害、爆炸危险小、壁薄结构典型、量大价廉、流动性大等特点。简单压力容器应根据所在地市场监管部门要求办理相关登记及检验。

(4) 压力管道，是指利用一定的压力，用于输送气体或者液体的管状设备，其范围规定为最高工作压力大于或者等于 0.1 MPa(表压)的气体、液化气体、蒸汽介质或者可燃、易爆、有毒、有腐蚀性、最高工作温度高于或者等于标准沸点的液体介质，且公称直径大于 25 mm 的管道。

(5) 电梯，是指动力驱动，利用沿刚性导轨运行的箱体或者沿固定线路运行的梯级(踏步)，进行升降或者平行运送人、货物的机电设备，包括载人(货)电梯、自动扶梯、自动人行道等。

(6) 起重机械,是指用于垂直升降或者垂直升降并水平移动重物的机电设备,其范围规定为额定起重量大于或者等于 0.5 t 的升降机;额定起重量大于或者等于 1 t,且提升高度大于或者等于 2 m 的起重机和承重形式固定的电动葫芦等。

(7) 场(厂)内专用机动车辆,是指除道路交通、农用车辆以外仅在工厂厂区、旅游景区、游乐场所等特定区域使用的专用机动车辆。

其中,特种设备所用的材料、附属的安全附件、安全保护装置和与安全保护装置相关的设施亦包括其中。

6.2 压力容器简介

在实验室使用的特种设备种类中,使用最为广泛的是电梯、压力容器、简单压力容器及气体钢瓶,电梯设置在实验楼公共区域中,由专人负责管理,师生只涉及日常使用;压力容器及简单压力容器是实验室中使用最多的固定式压力容器,固定式压力容器有固定安装和使用地点,工艺条件和使用操作人员相对固定,如反应器、反应釜、蒸汽灭菌器等;气体钢瓶是实验室中使用最多的移动式压力容器,用于盛装各类实验用气体,如氢气钢瓶、氧气钢瓶等。从安全角度来看,压力容器最主要的参数是压力、容积、温度及介质特性。

6.2.1 压力容器的压力

1. 表压与绝对压力

压力容器内部产生压力的主要原因主要有三点:容器内介质的聚集状态发生改变,最常见的就是水受热蒸发为水蒸气使容器内压力增加;气体介质在容器内受热导致气体压力增加;容器内介质发生体积增大的化学反应使介质压力增加。压力容器的压力是指表压,即压力容器上安装的压力表指示的压力,并非是指压力容器的绝对压力,而是容器内压力高于大气压力的部分,容器内部的绝对压力是压力表显示的表压与大气压力之和,为统一标准,一般以表压来表示压力容器的压力。

2. 工作压力与最大工作压力

工作压力是指容器在正常工作状态时容器顶部的压力,工作压力不包括液体静压力;最高工作压力是指容器在工作状态时可能产生的最大压力。根据工作压力与大气压力之差,压力容器分为内压容器和真空容器,工作压力大于大气压力的压力容器为内压容器,工作压力小于大气压力的压力容器为真空容器,其工作压力及最大工作压力用真空度表示。

3. 设计压力

设计压力是指设定的容器顶部的最高压力,设计压力应高于最高工作压力或安全附件的动作压力。

6.2.2 压力容器的容积

压力容器的容积是指压力容器能够容纳的体积。形状规则的压力容器容积按照压力容器的形状体积确定;形状不规则的压力容器容积不能准确计算,则通过水进行计量,称为水容积；对于换热压力容器，则以换热面积为单位；对于有保温层或绝热层的压力容器，容积为容器内部的体积。

6.2.3　压力容器的温度

1. 介质温度

介质温度是指容器内工作介质的温度，可以用测温仪表测得，实验室使用的压力容器上的温度测量装置测得的就是介质温度，介质温度直接反映了压力容器工作时需要达到的预定温度。

2. 设计温度

设计温度是指容器在正常工作情况下，设定的元件金属温度。设计温度与介质温度不同，设计温度的前提是容器的正常工作状态，且测定的不是介质的温度，而是设定的元件金属温度，设计温度根据压力容器不同的工作部位而不同。

3. 试验温度

试验温度是指进行耐压试验或泄漏试验时容器壳体的金属温度。

6.2.4　压力容器的介质

压力容器的介质是指系统用于传递热量、力、载荷等的媒介物，介质一般来讲是压力容器在工作过程中不介入反应的一种消耗品，实验室中常见的介质有气体、液化气体以及最高温度高于或等于标准沸点的液体，其物理与化学性质对压力容器的危险性判定有很重要的意义。

6.2.5　压力容器的分类

了解了压力容器的主要参数，基本上就掌握了压力容器的危险性。压力容器根据不同的标准可划分为不同的种类，如按照生产工艺过程中的作用原理可分为反应容器(R)、换热容器(E)、分类容器(S)以及储存容器(C，球罐 B)，其中，实验室中的高压反应釜、立式蒸汽压力灭菌器等就是典型的反应容器，前者通过达到一定的压力促使化学反应进行，得到预期的产物，后者通过高温蒸汽达到灭菌的效果。除上述分类标准以外，根据压力、温度、介质危险性等还可进行不同种类的分类如下：

表 6-1　实验室压力容器分类

分类标准	分类	划分标准
压力	低压容器	$0.1\ \text{MPa} \leqslant p < 1.6\ \text{MPa}$
	中压容器	$1.6\ \text{MPa} \leqslant p < 10\ \text{MPa}$
	高压容器	$10\ \text{MPa} \leqslant p < 100\ \text{MPa}$
	超高压容器	$p \geqslant 100\ \text{MPa}$

(续表)

分类标准	分类	划分标准
设计温度	低温容器	$t \leqslant -20$ ℃
	常温容器	-20 ℃$<t<450$ ℃
	高温容器	$t \geqslant 450$ ℃
介质最高容许浓度	极度危害(Ⅰ)级	$MAC<0.1$ mg/m^3
	高度危害(Ⅱ)级	$0.1 \leqslant MAC<1.0$ mg/m^3
	中毒危害(Ⅲ)级	$1.0 \leqslant MAC<10$ mg/m^3
	轻度危害(Ⅳ)级	$MAC \geqslant 10$ mg/m^3

6.2.6 压力容器的基本结构

压力容器由壳体、连接件、密封元件、支座、开孔和接管等组成。

(1) 壳体。壳体是组成压力容器的主体部件,也是压力容器的主要工作部件,壳体为介质、物料的反应提供密闭的压力空间。

(2) 连接件和开孔。连接件是连接壳体与外部管道的可拆卸部件,开孔是在壳体上开的用于物料进出、参数测量和安全附件安装的孔,连接件和开孔用于满足实验、安装、维修及保养的需求。

(3) 密封元件。密封元件主要用于压力容器中可拆连接结构中,借助紧固件的压紧力起到密封作用的元件,密封元件应具备良好的弹性、回弹性、机械强度、稳定性、加工性以及不污染介质等特性。比较典型的密封元件就是立式蒸汽压力灭菌器的密封圈,密封圈对安全使用灭菌器有重要的作用,若平时使用、保养不当,会造成密封圈老化,在灭菌器使用时密封圈由于承受不住压力而导致蒸汽泄漏,造成人员伤害。

(4) 支座和接管。支座是支撑、固定压力容器的附件;接管是用于将压力容器与需要连接的设备等连接起来的部件。

6.2.7 压力容器的安全附件

由于压力容器是承压的密闭容器,在其工作时需要使用测量仪表对其工艺参数进行测量,如介质温度、工作压力等,还需要根据反馈的参数调整工艺;同时,如果遇到工作压力超过压力容器设计压力时,安全附件能够及时启动,确保不发生压力容器安全事故,所以,安全附件是压力容器安全运行不可或缺的重要部件。压力容器的安全附件主要包括安全阀、爆破片、压力表、液面计、温度计等。

(1) 安全阀。安全阀作为超压防护装置,是压力容器上应用最为普遍的重要安全附件,当压力容器内的压力超过安全阀的设定动作值时,安全阀就自动开启迅速将容器内过压气体排放到外部,并发出声响,警告操作人员采取降压措施;当压力降低到设定动作值时,安全阀自动关闭,确保容器内的压力始终在安全范围之内,避免发生压力容器爆炸事故。安全阀只排出压力容器内高于设定动作值的压力,在压力容器内的压力降低以后自动关闭,不会造成实验中断和介质浪费,且安全阀的结构简单,安装和调整比较容易;安全阀的缺点在于其密封性较差，且阀门开启有滞后现象，造成泄压反应滞后，此外，安全阀对压力容器的介质选择性较高，当介质不洁净时，安全阀的阀芯和阀座会粘连，导致压力达到设定动作值以后不能正常打开，容器内超压酿成事故；粘连还会降低安全阀的密封性能造成介质泄漏。安全阀应当具备产品型号、适用介质、工作温度、工作压力级别、排放量等信息。安全阀应与压力容器的工作压力、工作温度相匹配，根据压力容器工作时的状态、介质的危险程度、压力容器的安全泄放量选择合适的结构、合适的公称压力的安全阀，应避免将公称压力很低的安全阀用在压力很高的容器上，同时，也避免将公称压力很高的安全阀用在压力很低的容器上。安全阀的制造单位必须是国家定点的厂家及取得响应类别制造许可证的单位，且产品出厂时必须有合格证和技术文件。安全阀每年至少检验一次。安全阀在使用过程中可能出现阀门泄漏、震荡、启闭不灵活、动作压力偏差、开启高度不够、排放管道震动等故障，应及时排除，确保安全。

图 6－2　安全阀

图 6－3　爆破片

(2) 爆破片。爆破片是一种断裂型的泄压装置，在容器内的压力达到膜片动作压力时，膜片断裂泄压，因为爆破片是通过自身破坏的方式来泄放容器内的压力，所以爆破片又称防爆片，爆破片的关键部件是一块很薄的膜片，所以又称为防爆膜。爆破片与安全阀相比，有惯性小、动作快、严密性强、规格型号多及便于维护和更换等优点；同时，爆破片适用于浆状、有黏性、腐蚀性、毒性介质等不适合设置安全阀的压力容器。爆破片不宜用于经常超压的场合。选用爆破片时必须选用具有制造许可证的单位生产的合格产品；其动作压力必须符合压力容器的设计需求；使用易燃、毒性介质压力容器的爆破片排出口必须装设导管，将泄放介质引至回收、处置设施进行安全处理，严禁直接排入大气，避免污染环境；爆破片必须定期更换，一般情况下，爆破片应每年更换，严苛条件下使用的爆破片应根据实际情况确定更换周期以确保压力容器正常工作；爆破片需要定期检查以确保完整、有效，主要检查爆破片及其固定装置表面有无伤痕、腐蚀、变形及异物附着，泄放管道是否畅通、牢固，回收、处置设施是否工况良好。

(3) 压力表。压力容器上安装的压力表是将容器内介质的压力反馈给操作人员，操作人员根据容器内压力进行操作，将压力控制在设定范围内。如果压力表不准或失灵，极易造成压力容器失控，同时，若安全阀、爆破片等安全泄放装置同时失灵，则会导致压力容器爆炸事故，所以，从安全的角度考虑，所有压力容器及需要对压力进行控制、监视的设备都必须安装压力表，其中，单弹簧管式压力表具有结构坚固、不易泄漏、准确度较高、安装使用方便、测量范围宽、价格低廉等优点而广泛使用，实验室中压力容器使用的压力表大部分都是单弹簧管式压力表。选用压力表必须要选择量程与容器的工作压力相适应的压力表，一般以压力表的最大量程是容器工作压力2倍为宜，即最大工作压力不超过压力表刻度极限的70%，压力表的量程为容器工作压力的1.5～3倍，最大量程太小易造成压力表弹簧弯管经常处于极大的变形状态产生永久变形而导致压力表误差增大，同时，最大量程太小，在容器压力超过压力表最大量程无法读出实际压力而导致压力表损坏或容器爆炸；除了量程以外，压力表的精度也需要与容器的工作压力相适应，精确度是指压力表允许误差与刻度极限值的百分比，一般来说，高压容器应选用1级、中压容器不应低于1.6级、低压容器不应低于2.5级；压力表的表盘直径应根据安装位置选择，以便于清晰观察，一般不小于100 mm，观察距离越远，应选择直径更大的表盘；压力表的材质不能与压力容器内介质发生反应。选用的压力表必须法定校验合格，有检定合格证书，铅封完好且注明下次校验日期，压力表一般半年应校验一次。压力表表盘上应有红色警戒线，且每一只压力表固定使用位置。压力表在无压力时指针不能回归零位置或限止钉、表盘破损或刻度模糊不清、超限未检、弹簧泄漏或指针松动的情况下，需要停止使用并更换。

图6-4　压力表

(4) 液位计。液位计又叫液面计，是用于显示容器内液态介质液位、流量、投料量等参数的计量仪表，操作人员根据液位计的指示调节介质的量，使介质在工作中始终处于正常范围之内，不会出现介质量过少导致“干烧”，也不会发生介质超量导致“溢出”，液位计主要有玻璃管式液位计、玻璃板式液位计、浮球液位计、滑管式液位计、旋转管式液位计，其中，玻璃管式液位计结构简单、安装维修方便，普遍用于工作压力0.6 MPa以下且介质为非易燃易爆或无毒的容器中；玻璃板式液位计结构比玻璃管式液位计复杂且安装检修难度较大，但读数直观、结构相对简单、价格便宜、安全性能好、耐压性较强，用于介质是易燃、剧毒、有毒、压力和温度较高的容器；浮球液位计以浮球为感受元件使隔离的刻度盘显示容器的充装量，耐振动、耐腐蚀、耐高温、密封性好，多用于移动压力容器上。在选用液位计时，应根据压力容器的介质、最高工作压力和温度选择合适的型号；盛装零度以下介质的压力容器应选用防霜液面计；介质易燃、有毒的压力容器的液面计还需要具有防漏保护装置且满足防爆要求。操作人员应根据实际情况确定液位计的检修周期，但不得超过压力容器的检修周期。液位计出现玻璃件有破损、阀件固死、出现假液位或液面指示不清等情况时，应更换。

图6-5　液位计

(5) 温度计。温度对容器介质的状态、反应速率、产物纯度等影响很大，操作人员需要根据温度计反映的容器介质温度来控制容器的工况，以达到预期效果。温度计主要分为玻璃温度计、压力式温度计、热电偶温度计、热电阻温度计等。玻璃温度计利用液体的热胀冷缩原理显示介质温度，精确度高、结构简单、价格便宜、测量范围广，但易碎且只能近距离观察读数；压力式温度计利用液体或气体受热造成的压力改变显示介质温度，温度指示可以离开测点，使用方便，但精确度较差且易损坏；热电偶温度计利用两种不同金属导体的接点受热后产生不同的热电势显示介质温度，灵敏度高、测量范围大、可以远距离测量，但费用较高。在选用温度计时，应选择设计温度在温度计量程范围内、能够满足工作要求的温度计，温度计应设置在能够准确测量介质、不受振动、碰撞影响的部位，且便于读数，部分温度计需要安装金属保护套。

6.3　实验室特种设备管理

国家对实验室使用的特种设备从设计、制造、安装、修理、改造、使用、检验及报废实行全生命周期监管，各阶段均需要相应的资质方可从事相关内容的工作。

6.3.1　实验室特种设备设计、制造单位的选择

特种设备的特性决定了特种设备的生产实行许可制度，即特种设备的生产单位必须具备国家规定的相关条件，并经负责特种设备安全监督管理的部门许可，方可合法生产相应类别的特种设备，实验室在选购特种设备时，必须选择具有相关设计、制造资质的厂家，严禁选择无相关资质或无资质的厂家生产的特种设备。进口的特种设备应当符合我国安全技术规范的要求，并经检验合格，需要取得我国特种设备生产许可的，还需取得许可。

6.3.2　实验室特种设备销售厂家的选择

合法销售的特种设备，符合安全技术规范及相关标准的要求，其设计文件、产品质量合格证明、安装及使用维护保养说明、监督检验证明等相关技术资料和文件齐全。特种设备销售单位应当能够提供上述证明材料。

6.3.3　实验室特种设备的使用

1. 建立特种设备实验室安全责任制

实验室特种设备必须专人管理、专人使用，建立学校—学院—(系、所、中心)—实验室的三(四)级特种设备实验室安全管理体系，学校统一监管、学院全面负责、实验室主体责任、师生依规使用。

2. 特种设备的登记

实验室特种设备投入使用前或投入使用后三十日内，必须向市场监管局办理使用登记，取得使用登记证书和登记标志，登记标志应置于该特种设备的显著位置，使用登记证书及登记标志应向学校内特种设备安全管理机构备案。不需要向市场监管局办理使用登记的压力容器，学校应建立内部管理登记制度，由学校内特种设备安全管理机构备案。

3. 建立特种设备安全技术档案

特种设备安全技术档案应一设备一档案，主要包括以下内容：特种设备的设计文件、产品质量合格证明、安装及使用维护保养说明、监督检验证明等相关技术资料和文件；特种设备的定期检验和定期自行检查记录；特种设备的日常使用状况记录；特种设备及其附属仪器仪表的维护保养记录；特种设备的运行故障和事故记录。

图 6－6　特种设备安全检验合格标志

4. 特种设备及其安全附件的年检

使用特种设备的实验室应定期请具备相关资质的单位对所使用的特种设备及其安全附件、安全保护装置进行定期检验、定期校验、检修，未经定期检验或者检验不合格的特种设备，不得继续使用。

5. 特种设备变更使用登记

特种设备改造、修理按照规定需要变更使用登记的，应当办理变更登记。

6. 人员持证上岗

实验室内使用锅炉、压力容器（灭菌器、高压反应釜等）、起重机械、场（厂）内专用机动车辆，特种设备的作业人员及其相关管理人员，应当按照国家有关规定经特种设备安全监督管理部门考核合格，取得国家统一格式的特种作业人员证书，方可从事相应的作业或者管理工作，做到持证上岗。

7. 特种设备安全管理制度及操作规程

使用特种设备的实验室，应当根据国家相关法律法规、规范以及校级特种设备安全管理制度、实验室内特种设备的实际情况、危险性等内容建立该实验室特则设备安全管理制度及操作规程，并张贴于该实验室的醒目位置。

8. 特种设备的报废

特种设备存在严重事故隐患，无改造、维修价值，或者超过安全技术规范规定使用年限，使用特种设备的实验室应当及时予以报废，并及时上报校内特种设备安全管理机构备案，需要向市场监管局办理注销的特种设备还需办理注销后方可按照相关规定进行后续的报废程序。

9. 特种设备的使用

特种设备的安全使用应注意：在操作过程中，保持压力容器的工作压力、工作温度等参数相对稳定，避免频繁波动，以避免对容器的抗疲劳破坏性能不利；时刻保证容器的工况在范围之内，避免超温、超压情况带来的容器破裂、爆炸的危险；在操作时若发现异状，应根据操作流程马上采取紧急措施，停止运行，由专业人员排除故障、确定可以安全使用后方可使用。

6.3.4　实验室特种设备的保养

实验室的特种设备因在工作状态时具有一定的危险性，其日常的维护和保养工作必须严格执行，确保设备完好、安全附件有效，以确保安全。

(1) 防腐蚀。工作介质若对容器有腐蚀作用，则需要保持防腐层的完好，一旦发现防腐层损坏，应对防腐层进行妥善处理后再继续使用；对于只在某种特定条件下才会对容器产生腐蚀的工作介质，则应采取相应措施消除产生腐蚀的因素。

(2) 防渗漏。特种设备必须保持完好的状态，杜绝任何的跑、冒、滴、漏，以防止压力容器在工作状态时，跑、冒、滴、漏部位承受不住工作压力造成事故；压力容器的安全阀、压力表、温度计等安全附件及传感器必须保持工况良好，按期检验，使其始终保持灵敏、准确、有效。

(3) 防停坏。实验室暂停使用特种设备必须加强停用期间的维护与保养，停用特种设备必须办理停用登记，并在停用后将内部介质排除干净，保持特种设备的干燥、清洁，防止介质积存在特种设备的死角造成腐蚀。实验室启用已经停用的特种设备之前，必须重新办理使用登记后方可开启使用。

6.3.5　特种设备的修理与改造

特种设备的修理与改造必须由取得相应制造资格的单位或主管部门审查批准的单位进行，且上报备案，修理与改造记录应归入特种设备安全技术档案。严禁私自对特种设备进行修理与改造。

6.3.6　特种设备的报废

特种设备报废必须向市场监管局办理注销登记。

6.4　实验室气体钢瓶管理

6.4.1　气体钢瓶的定义

气体钢瓶是指正常环境温度（－40～60 ℃）下使用、公称工作压力（表压）大于等于 0.2 MPa 且压力与溶剂的乘积大于等于 1.0 MPa・L 的盛装永久气体、液化气体和标准沸点小于等于 60 ℃液体的移动式压力容器。

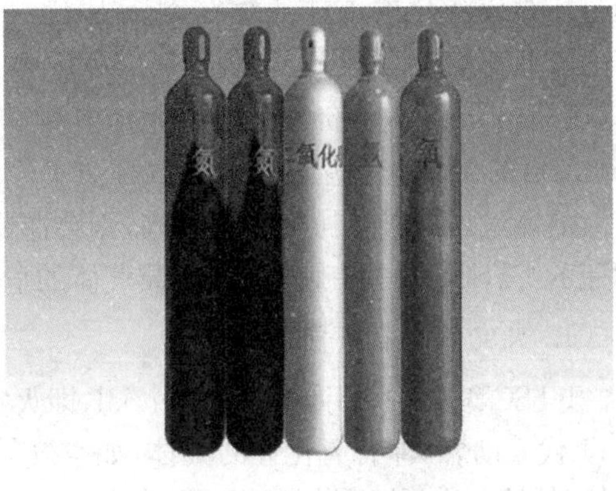

图 6－7　气体钢瓶

气体钢瓶根据盛装气体的临界温度不同可分为压缩气体、液化气体和溶解气体三类。压缩气体是指临界温度小于－50 ℃的气体，此类气体在常温下无法通过加压变成液态，需要通过降温至其临界温度以下方可液化，如氮气、氧气、甲烷等。液化气体是指临界温度大于−50 ℃的气体，其中，临界温度小于等于 65 ℃的气体称为高压液化气体，如二氧化碳、乙烷等，大于 65 ℃的气体称为低压液化气体，如液化石油气等。溶解气体是指在加压下溶解于气瓶内溶剂中的气体，如乙炔。

6.4.2　气体钢瓶的主要技术参数

1. 公称压力

实验室作为气体钢瓶的使用单位，主要掌握气体钢瓶的公称压力与容积，做到安全使用即可。一般来讲，盛装永久气体及高压液化气体的钢瓶公称压力均大于等于 8 MPa，如盛装空气、氧气、氢气、氮气、氩气、氦气、甲烷、煤气、天然气、二氧化碳、乙烷、乙烯等永久气体的气体钢瓶，属于高压气瓶，高压气瓶一般使用无缝气瓶；盛装低压液化气体的钢瓶公称压力小于 8 MPa，如盛装硫化氢、氯气、二氧化硫、氨气等低压液化气体的气体钢瓶，属于低压气瓶，低压气瓶一般使用焊接气瓶。

2. 公称容积

公称容积是指气瓶的容积等级，以容积单位升(L)的整数值划分等级，公称容积小于等于 12 L 的气瓶为小容积气瓶；公称容积大于 12 L 且小于等于 100 L 的气瓶为中容积气瓶，实验室中最常见的盛装氢气、氧气、氮气、二氧化碳的气瓶容积为 40 L，属于中容积的高压气瓶；公称容积大于 100 L 的气瓶为大容积气瓶，大容积气瓶为焊接气瓶，只能盛装低压液化气体或溶解乙炔。

3. 杜瓦瓶

杜瓦瓶是焊接绝热气瓶的俗称，主要用于储存和使用低温液化永久气体，比如实验室中最普遍使用的液氮，杜瓦瓶具有工作压力低、安全性能好等优点，但是在使用杜瓦瓶时，需注意防止冻伤。

图 6-8　杜瓦瓶

6.4.3　气体钢瓶的危险性

根据定义可看出，气体钢瓶是将气体通过压缩或液化的方式压缩在钢瓶内，当普通气瓶充装至其设计压力即 16.5 MPa 时，气瓶内充装了标准大气压下瓶体容量 160 余倍的气体，这些压缩了的气体含有巨大的能量，若使用、搬运过程不当，则会造成能量的意外释放，导致事故发生。此外，气体钢瓶的 FTSC 编码明确了瓶内盛装气体的危险性特性，用阿拉伯数字表示不同的分类。

1. 火灾的潜在可能性(F)

FTSC 编码中，F 为 Fire Potential，即火灾的潜在可能性，0 代表不燃，如氮气、二氧化碳等；1 代表助燃，即有氧化性的气体，如空气等；2 代表可燃，在空气中爆炸下限小于 10%的气体(体积分数)为可燃气体甲类，如氢气、甲烷等，在空气中爆炸下限大于等于 10%的气体

(体积分数)为可燃气体乙类,如一氧化碳、氨气等;3代表自燃,即气体在空气中的自燃温度小于100 ℃,如硅烷等;4代表强氧化性,如氧气、氯气等;5代表易分解或聚合的可燃性气体,如乙炔、氯乙烯等。

2. 毒性(T)

T为Toxicity,即吸入半数致死量浓度LC_{50}/h,1代表无毒,如空气、甲烷、二氧化碳等;2代表毒,如氯化氢、氨气、硫化氢等;3代表剧毒,如五氟化磷、磷烷等。

3. 气体状态(S)

S为State of Gas,即标示气体钢瓶内气体的状态,1代表低压液化气体,如氯气、丙烷、液化石油气等;2代表高压液化气体,如乙烷、乙烯等;3代表溶解气体,如乙炔;4代表压缩气体(1),如空气、氢气、甲烷等;5代表压缩气体(2),适用于氟、二氟化氧;6代表低温液化气体(深冷型)如液化空气等各类液化气体。

4. 腐蚀性(C)

C为Corrosiveness,即表示气体的腐蚀性,0代表无腐蚀性,如空气、氮气、一氧化碳、氢气等;1代表不形成氢卤酸的酸性腐蚀,如一氧化氮、二氧化硫、硫化氢等;2代表碱性腐蚀,如氨气、甲胺、乙胺等;3代表形成氢卤酸的酸性腐蚀,如氯气等。

5. 气体FTSC应用举例

熟悉并掌握实验室常用气体及特定气体的FTSC信息对师生了解气体的危险性信息、安全使用气体钢瓶有重要的意义,如空气的FTSC编码为1140,代表空气属于助燃性、无毒、无腐蚀的压缩气体,在实验室中使用空气时,需注意将空气与可燃物分别存放、防止气体钢瓶意外倾倒、远离热源等;氢气的FTSC编码为2140,代表氢气属于甲类易燃、无毒、无腐蚀的压缩气体,在实验室中使用氢气时,需注意将氢气与助燃物分别存放,远离热源、防止气体钢瓶意外倾倒,设置可燃气体报警器等;氨气的FTSC编码为2212,代表氨气属于乙类易燃、毒、碱性腐蚀性的低压液化气体,在实验室中使用氨气时,需注意氨气的易燃性及毒性,设置氨气泄漏报警器,与助燃物分别存放,远离热源、防止气体钢瓶意外倾倒等;二氧化碳的FTSC编码为0120,代表二氧化碳属于不燃、无毒、无腐蚀的高压液化气体,在实验室中使用二氧化碳时,需注意二氧化碳的窒息性,保持实验室通风,远离热源、防止气体钢瓶意外倾倒等。

6.4.4　实验室常用气体的特性

1. 氧气(O_2)

氧气是一种无色、无味的气体,对空气的相对密度为1.10,常温下与很多化学物质不反应,但在高温下能够与多种化学物质直接反应,有氧化性,助燃,是一种常见的氧化剂。氧气本身虽不可燃,但氧气的危险性不可小觑,如果使用不当,氧气会在输送管道中直接引发爆炸。众所周知,物质燃烧的三要素是可燃物、助燃物及引火源,一般的易燃气体在管路中,只有可燃物一种要素,而氧气管路系统则具备了可燃物与助燃物两种要素,可燃物即高分子材料或金属材料材质的气体管路本身,助燃物则是气体管路内的氧气,唯一缺少的就是点火源,而点火源也很容易获得,管路内杂质与管壁的一次小擦碰产生的火化、氧气在管道中流速过快导致的氧气绝热压缩、管路内混有油脂导致油脂升温等因素，都能导致氧气管路爆炸，氧气管路着火爆炸可能是限制在管路内部的，也可能穿透管路，特点是燃烧很剧烈，但几乎是燃烧后立即停止，造成伤害的过程非常快。过快地开启阀门会使管路内氧气绝热压缩、温度升高，导致火灾；未使用氧气管路专用阀门以及未使用合适材料制成的管路也会导致管路事故，比如使用塑料导管作为氧气管路；高温系统下运行的氧气管路也非常容易导致火灾。除了火灾与爆炸的危险性，氧气的另一个危害表现在其毒性，当人体在一定时间内吸入超过一定浓度的氧气，会对机体产生有害作用，导致某些系统或器官的功能与结构发生病理性变化，表现出咳嗽、呼吸困难、面部肌肉抽搐等症状，即氧中毒，因为氧气无色无味，人无法通过感官探测到富氧环境，所以等到人出现不舒服的症状时，富氧环境对人体的伤害已经产生了。

2. 乙炔(C_2H_2)

乙炔是我国目前唯一的溶解气体，无色无味，工业上使用的乙炔有一股令人不愉快的大蒜气味，相对密度为 0.91，爆炸极限 2.5%～82%，属于甲类易燃气体，乙炔化学性质非常活泼，在加热到 800 ℃以上，乙炔可裂解生成碳及氢气；在一定压力下有猛烈爆炸的危险，受热、震动、电火花等因素都可能引发爆炸，乙炔与氟、氯接触会发生剧烈反应，还可与铜、银、汞作用生成对热和冲击敏感的高爆炸性乙炔化物，因此不能在加压液化后贮存或运输，也不能使用铜制气体管路及止回阀等。实验室中使用的乙炔是将其溶于乙炔气瓶内多孔材料间隙填充的丙酮中，形成稳定的乙炔丙酮溶液。

乙炔具有弱麻醉作用，吸入大量乙炔会使脑缺氧，引起昏迷麻醉。吸入高浓度乙炔后，呈现酒醉样兴奋，能引起昏睡、紫绀、瞳孔发直、脉搏不齐等，苏醒后有对相关事故的发生经过丧失记忆能力等症状。

3. 氢气(H_2)

氢气是世界上已知的最轻的气体，相对密度仅为 0.069，是一种无色、无味、无毒、化学性质极为活泼的强还原性气体，其渗透性和扩散性强，在一定的温度与压力下，氢气能够与钢材中的碳反应生成甲烷，使得钢材的微观孔隙扩展成裂纹，出现氢脆损坏；氢气极易燃烧，其点火能量仅 0.019 毫焦，即一枚大头针从 1 米高处落下的能量就可引燃氢气，同时，氢气的爆炸极限范围也很广，为 4.0%～75%，氢气虽然对人体无毒，但氢气浓度高会导致氧气浓度降低而造成缺氧或窒息，所以在实验室中使用氢气时，必须配备氢气泄漏报警器，对氢气进行严格监控。

图 6-9　可燃气体报警器

4. 甲烷(CH_4)

甲烷是结构最简单的碳氢化合物，是天然气的主要组成成分，是一种无色、无味、无毒、甲类易燃气体，其相对密度为 0.55，爆炸极限为 5.0%～15.4%，与氢气类似，甲烷对人体无毒，但浓度高会导致氧气浓度降低而造成缺氧或窒息，在实验室中使用甲烷时，必须配备可燃气体泄漏报警器，对甲烷进行严格监控。

5. 二氧化碳(CO_2)

二氧化碳是碳完全燃烧的最终产物，是空气中常见的化合物，无色、无味、无毒、不燃、不助燃的窒息性气体，比空气重，相对密度 1.52，固态二氧化碳俗称干冰，由于其不燃、不助燃的特性，还应用于二氧化碳灭火系统。二氧化碳具有窒息性且比空气重，所以经常存在于空气不流动的部位及底层，二氧化碳浓度高时，会使人产生头痛、嗜睡、呆滞、注意力无法集中、心跳加速、恶心等症状，严重的会导致脑补缺氧，造成永久性脑损伤甚至死亡，所以在实验室中使用二氧化碳时，必须保证实验室通风良好，并根据情况配备氧气浓度报警器以防止窒息。

6. 一氧化碳(CO)

一氧化碳是碳不完全燃烧的产物，是一种无色、无味、有毒的乙类易燃气体，相对密度为 0.97，爆炸极限为 12.5%～74.2%，一氧化碳会与人体的血红蛋白结合生成碳氧血红蛋白，阻断血红蛋白为身体供氧，导致血缺氧，一氧化碳中毒的常见症状有头痛、头晕、耳鸣、恶心、呕吐、全身乏力、身体(口唇、指甲、皮肤黏膜)出现樱桃红色、昏迷甚至呼吸麻痹导致死亡。一氧化碳无色无味且相对密度与空气相近，在空气中不易分层，人无法通过感官探测到一氧化碳，所以，实验室使用一氧化碳时，必须在一氧化碳潜在的泄漏部位附近安装一氧化碳泄漏报警器，平时加强实验室通风，确保安全。

7. 氮气(N_2)及氩气(Ar)

氮气在空气中体积分数占 78%，是一种无色、无味的窒息性气体，相对密度为 0.97，通过压缩液体空气分馏可获得液氮，液氮常用作制冷剂，氮气及液氮广泛应用于化学、生物实验中。

氩气也是一种无色、无味的窒息性气体，相对密度为 1.37，由于其化学性质极不活泼，常用作保护性气体。此外，氩气、氮气也常用于制作气体灭火剂，如 IG541 灭火剂就是由氮气、氩气及二氧化碳按照不同的比例混合而成，用于扑灭固体表面及电子机房火灾。

8. 氨气(NH_3)

氨气是一种无色、有刺激性气味的气体、有毒，有碱性腐蚀性的乙类易燃低压液化气体，在常温下加压即可将氨气液化为液氨，相对密度为 0.5971，极易溶解于水且速度极快，爆炸极限为 15.5%～27.7%，广泛应用于工业生产中。液氨无色、有强烈的刺激性气味，易挥发，且吸收大量热，常被用作制冷剂。氨气有毒，能灼伤皮肤、眼睛、呼吸器官的黏膜，能引起肺肿胀，以致死亡。在实验室中使用氨气、液氨时，氨气、液氨的毒性、腐蚀性比氨气的爆炸危险性更大，能够对人体产生强烈刺激作用的氨气浓度为 0.553 mg/L，而氨气在空气中达到爆炸极限的浓度约为 119.5 mg/L，氨气对人体产生强烈刺激作用的浓度是爆炸下限的 0.46%，所以在实验室设置氨气浓度报警器时，必须以毒性危害为基准，确保安全。在使用时，如果眼部沾污氨，必须立即用流动清水或凉开水冲洗至少 10 分钟后就医，皮肤沾污氨时，立即脱去污染的衣着，用流动清水冲洗至少 30 分钟后就医。

9. 氯气(Cl_2)

氯气是一种黄绿色、有强烈刺激性气味、强氧化性、酸性腐蚀性、有毒的低压液化气体，国家《危险化学品目录(2015 版)》将氯气定为剧毒化学品,相对密度为 2.5,氯气具有很强的氧化性,氯气中混合体积分数 5%以上的氢气时遇强光有爆炸的危险。氯气的毒性和腐蚀性主要表现在氯气通过呼吸道侵入人体后会溶解在黏膜所含的水分里,生成次氯酸和盐酸,对上呼吸道黏膜造成损伤,次氯酸具有强氧化性,会使组织受到强烈的氧化;盐酸会刺激黏膜发生炎性肿胀,使呼吸道黏膜浮肿,大量分泌黏液,造成呼吸困难。氯气能够引起急性结膜炎,高浓度氯气或液氯可引起眼灼伤;液氯或高浓度氯气沾污皮肤后可引起皮肤沾污部位急性皮炎或灼伤。

10. 硫化氢(H_2S)

硫化氢是一种无色、有毒、甲类易燃、酸性腐蚀性的低压液化气体,低浓度的硫化氢气体带有臭鸡蛋气味,高浓度的硫化氢会麻痹嗅觉神经反而闻不到气味,相对密度为 1.19,略重于空气,爆炸极限为 4.0%~46%。低浓度的硫化氢对眼、呼吸系统及中枢神经都有影响;短时间内吸入高浓度硫化氢后会出现流泪、眼痛、眼内异物感、畏光、视觉模糊、流涕、咽喉部灼烧感、咳嗽、胸闷、头痛、头晕、乏力、意识模糊等;重者可出现脑水肿、肺水肿;浓度超过 1 mg/L 时可使人立即中毒,在数秒内失去知觉,发生闪电型死亡。

11. 二氧化硫(SO_2)

二氧化硫是一种无色、不燃、有强烈刺激性气味、有毒、酸性腐蚀性的低压液化气体,相对密度为 2.26,二氧化硫易溶于水,通过呼吸道侵入人体后会溶解在黏膜所含的水分里,生成亚硫酸与硫酸,对黏膜造成损害;二氧化硫接触眼球、皮肤也会造成损害;大量吸入二氧化硫可引起肺水肿、喉水肿、声带痉挛而致窒息。

12. 氯化氢(HCl)

氯化氢是一种无色、不燃、有刺激性气味、有毒、酸性腐蚀性的高压液化气体,相对密度为 1.27,极易溶于水,遇潮湿的空气产生白烟。氯化氢对上呼吸道有强刺激,对眼、皮肤、黏膜有腐蚀,通过呼吸道侵入人体后会溶解在黏膜所含的水分里生成盐酸,引起呼吸道炎性水肿、充血和坏死。

13. 液化石油气

液化石油气是一种混合气体,主要成分为丙烷、丁烷,含有少量丙烯、丁烯等,气态时无色,液态时呈黄棕色油状,有特殊臭味,无毒、无腐蚀性的甲类易燃低压液化气体,爆炸极限为 1.5%~9.5%,相对密度根据成分不同为 1.5~2,重于空气。除了易燃易爆性以外,液化石油气还有挥发性、集聚性、麻醉性等危险性,挥发性是指液化石油气以液体状态流出时,极易挥发成气体,体积迅速膨胀 250 余倍,扩散于空气中,极少量的液态液化石油气泄漏并挥发后就会形成爆炸性气体,遇引火源后发生爆炸;集聚性是指挥发后的气态液化石油气比空气重,一旦发生泄漏,泄漏的液化石油气会流向通风条件不好、不易扩散的低洼处并集聚,达到一定浓度后遇引火源后发生爆炸,液化石油气气瓶库严禁设置在地下室,且残余的液化石油气液体也严禁倒入下水道中;麻醉性是指液化石油气有麻醉及窒息作用,能够降低人体的反应能力,吸入过量的液化石油气会有头晕、头痛、兴奋或嗜睡、恶心、呕吐、脉缓等症状,严重者可能会突然倒下,尿失禁,意识丧失,甚至呼吸停止,液化石油气挥发时会吸收大量的热,致皮肤冻伤。此外,在空气不流通的场所使用液化石油气或使用不当,会导致氧气含量降低,液化石油气燃烧不完全而产生一氧化碳,导致中毒。

表 6-2　实验室常用气体的 FTSC 信息汇总

序号	气体名称	化学式	FTSC 编号	危险性			
				燃烧性	毒性	状态	腐蚀性
1	空气	混合物	1140	助燃	无毒	压缩气体 1	无腐蚀性
2	氧气	O_2	4140	强氧化性	无毒	压缩气体 1	无腐蚀性
3	乙炔	C_2H_2	5130	易分解、聚合的可燃性	无毒	溶解气体	无腐蚀性
4	氢气	H_2	2140	可燃气体甲类	无毒	压缩气体 1	无腐蚀性
5	甲烷	CH_4	2140	可燃气体甲类	无毒	压缩气体 1	无腐蚀性
6	二氧化碳	CO_2	0120	不燃	无毒	高压液化气体	无腐蚀性
7	一氧化碳	CO	2240	可燃气体乙类	毒	压缩气体 1	无腐蚀性
8	氮气	N_2	0140	不燃	无毒	压缩气体 1	无腐蚀性
9	氩气	Ar	0140	不燃	无毒	压缩气体 1	无腐蚀性
10	氨气	NH_3	2212	可燃气体乙类	毒	低压液化气体	碱性腐蚀
11	氯气	Cl_2	4213	强氧化性	毒	低压液化气体	酸性腐蚀
12	硫化氢	H_2S	2211	易燃气体甲类	毒	低压液化气体	酸性腐蚀
13	二氧化硫	SO_2	0211	不燃	毒	低压液化气体	酸性腐蚀
14	氯化氢	HCl	0223	不燃	毒	高压液化气体	酸性腐蚀
15	液化石油气	混合物	2110	可燃气体甲类	无毒	低压液化气体	无腐蚀性

6.4.5　实验室使用气体钢瓶的要点

(1) 实验气体必须从有相关资质的公司购买。

(2) 气体销售公司必须具备三证，并与高校签订安全协议。三证一协议是指气体销售公司的危险化学品经营许可证、气瓶充装许可证、道路运输许可证，使用单位与气体销售公司签署的安全协议。气体销售公司与充装、运输公司不一致的，还需要提供委托充装、运输的书面材料。安全协议主要需要气体销售公司承诺为高校提供年检合格的气体钢瓶以确保安全。

(3) 气体钢瓶在接收、领用时应检验是否漏气。

(4) 应熟知气体钢瓶颜色对应充装的气体。气体钢瓶的颜色标志可在国家标准《气瓶颜色标志》(GB 7144—1999)查询，氢气钢瓶为淡绿色、氧气钢瓶为淡蓝色、氮气钢瓶为黑色，二氧化碳钢瓶为铝白色，其他气瓶颜色应根据实验室使用情况熟悉并牢记。

(5) 严禁私自充装气体；严禁擅自改变气体钢瓶内充装气体的种类及纯度。

(6) 气体钢瓶应远离热源、远离化学品，避免阳光直射及强烈震动，并保持周边环境通风。

(7) 气体钢瓶应妥善固定或放置于气瓶柜内，并做好防盗措施；气体钢瓶严禁放倒使用。

(8) 氢气等可燃气体钢瓶应杜绝明火、静电、远离电源插座;放置可燃气体钢瓶的实验室门口必须在醒目位置张贴禁火标志;放置可燃气体钢瓶的实验室还应根据气体的相对密度在实验室适当的位置设置可燃气体报警器。

(9) 氧气钢瓶瓶嘴、减压阀严禁沾污油脂;在开启氧气钢瓶时还应特别注意手上、工具上不能沾有油脂,以防止燃烧和爆炸。

(10) 助燃性气体钢瓶(如氧气钢瓶)严禁与易燃易爆气体钢瓶(如氢气钢瓶、乙炔钢瓶等)共同存放。

(11) 供气管路应选用合适的管材并牢固接头,防止泄漏与产生静电。

(12) 移动气体钢瓶时应安装防震垫圈,旋紧钢瓶帽,轻拿轻放;严禁手抓开关总阀移动,切勿拖拉、滚动、滑动、抛摔气体钢瓶;应使用专用气瓶车进行运送;运送时应将气瓶固定在专用气瓶车上;严禁使用助动车等运送气瓶。

(13) 高压气体钢瓶必须安装好减压阀后方可使用。熟悉减压阀开关旋拧方向。使用途中应注意是否漏气。减压阀应分类专用。

(14) 开启气体钢瓶时,应先旋动总阀,后开减压器;关闭时,应先关闭总阀,放尽管路中余气后,再关减压器;操作时动作应缓慢,防止产生静电。

(15) 气体钢瓶内的气体不得用尽,必须保留一定的剩余压力,防止重新灌气时发生危险。

(16) 乙炔气体钢瓶一定要安装回闪防止器。

(17) 应经常检查气体钢瓶、管路是否泄漏,瓶身是否发热;若发现气体钢瓶异常,应立即关闭气源,开窗通风,疏散人员等,并及时上报情况;切忌在易燃易爆气体泄漏时开关电源。

6.5 高校实验室特种设备管理现状

随着高校教学和科研事业的不断发展,实验室内特种设备的种类和数量都明显增加;高校实验室数量多、分布广,所以实验室使用的特种设备分布也比较分散;此外,由于实验室使用的特种设备有很大一部分是由学生操作,而学生因为毕业的缘故,流动性大,使得实验室内使用特种设备存在一定的安全管理难度,主要体现在:

(1) 压力容器等特种设备未按要求备案、年检。有些实验室购置特种设备后,未向市场监管局办理使用登记,“无证”使用,存在监管盲区。未办理使用登记的特种设备,无法保证是由正规有资质的生产厂家生产的合格产品,在使用时,就无法保证特种设备的安全性;不需要办理使用登记的简单压力容器,则需要提供合格证明,以确保正规、安全;特种设备在使用一定时间后,需要进行检测,确保完好后方可继续使用。

(2) 压力容器等特种设备管理不规范。特种设备的日常管理是实验室特种设备安全的重要内容,规范的管理能够维持特种设备良好的运行状态,延长使用寿命,确保使用过程的安全。结合实验室实际情况,制定有针对性的特种设备安全操作制度与标准操作规程,经过专家论证后,张贴在放置该特种设备的实验室内合适的位置,如附近墙上等,制度与规程应便于阅读,做到一机一制度、一机一规程;指定专人负责收集、保存特种设备技术档案;按时进行特种设备及安全附件的年检，并将检查报告纳入特种设备技术档案中备查，从管理制度上，做到规范，并认真落实、执行，为实验室特种设备管理做好制度保障。

（3）气体钢瓶使用不规范。前文中已经说明，气体钢瓶作为移动式压力容器，与实验室中使用的蒸汽灭菌器、高压反应釜等固定式压力容器不同，其管理重点也有所不同，气瓶移动性强、更换频率高、内充介质多样，在使用时应杜绝气体钢瓶未固定或未放入气瓶柜、无清晰标签与使用标识、靠近烘箱及电炉等热源、横放使用等违规现象；实验室内严禁私自购买、运输及充装气体钢瓶；严禁将可燃气体与助燃气体钢瓶混放在同一间实验室内。实验室作为气体钢瓶的使用单位，在使用过程中对气体钢瓶的安全管理负责，实验室制定气体钢瓶使用规范，确保使用气体钢瓶的每位师生均掌握正确使用气体钢瓶的方式方法，确保安全。

（4）使用人员流动性高，持证上岗难度大。按照一般研究生进入实验室做实验、使用特种设备的时间估算，最早为研究生一年级下学期，一般硕士研究生在实验室内做实验的时间为 2 年左右，随后，该研究生毕业后离开实验室，新的研究生进入实验室又需要重新培训，因此，做好研究生的特种设备使用培训与持证上岗工作，是实验室特种设备安全管理的重点与难点之一。

（5）合理选址难度大。有爆炸危险、使用有毒有害介质的特种设备，不能毗邻人员密集场所，而高校的教学楼、实验楼及宿舍都属于人员密集场所，如何合理地选择特种设备的使用地点，需要综合多方面因素考虑，方可做到合法、合规。

本章习题及答案

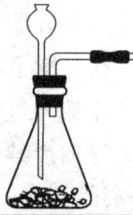

第 7 章 事故急救与应急处理

DI QI ZHANG

7.1 化学品中毒的现场应急处理

在实验室或者在化工企业参观实习或工作者，均可能会接触一些化学物品，其中一些有毒有害化学物品在生产、使用、储存和运输等过程中如果发生跑冒滴漏等会造成人身伤害以及环境污染，所以工作人员应该掌握化学品中毒的现场急救方法。

7.1.1 强酸强碱中毒的表现

硫酸、硝酸、盐酸、氢氟酸、浓的有机酸等均为强酸。强酸可使蛋白质凝固坏死，使局部充血、水肿、坏死、穿孔，后期可致受损局部瘢痕形成、狭窄及畸形。氢氧化钠、氢氧化钾、氧化钠、氧化钾等均为强碱，碳酸钠、碳酸钾、氢氧化钙等腐蚀作用较弱。强碱溶解组织蛋白、胶原组织，皂化脂肪，使组织脱水，组织严重坏死，碱烧伤常较深。碱吸收后可导致碱中毒、肝肾脂肪变性坏死。强酸强碱类化学品也可经呼吸道、皮肤或消化道进入人体，引起局部烧伤及全身中毒。

1. 急性吸入性中毒

可出现呛咳、胸闷、流泪、呼吸困难、发绀、咯血性泡沫痰、肺水肿、喉头痉挛或水肿、休克、昏迷等。

2. 皮肤及眼接触

可出现灼伤，表现为皮肤充血、水肿、糜烂，并形成溃疡，局部伴有剧痛，面积大者可发生休克。

眼部可出现角膜混浊、穿孔，甚至完全失明。

3. 急性消化道进入性中毒

(1) 口唇、口腔、舌、咽部、食管烧伤；口腔、咽部、胸骨后及上腹部剧烈痛。

(2) 恶心、呕吐，呕吐物为大量褐色物及食管、胃黏膜碎片。

(3) 胃穿孔、消化道出血、腹膜炎、吞咽困难，喉头痉挛或水肿甚至窒息，出现休克，多脏器功能衰竭等，后期可发生食管、幽门狭窄及肠狭窄性梗阻。

7.1.2　强酸强碱等化学品中毒的现场应急处理方法

吸入性中毒应立即将中毒者转移至空气新鲜流通处，注意一定要转移到上风口，并注意抢救者的自我保护，如戴防毒面罩、手套、穿靴子或戴脚套等。

经消化道进入性中毒时应立即口服牛奶、蛋清、豆浆、食用植物油等，每次 200 mL。强碱中毒时可口服食醋、柠檬汁、1%醋酸等，亦可口服 2.5%氧化镁溶液或氢氧化铝凝胶，以保护胃黏膜。腐蚀性毒物严禁催吐或洗胃，以免消化道穿孔。强酸中毒时严禁口服碳酸氢钠，以免因产生二氧化碳而导致消化道穿孔。

接触性中毒——关键措施是洗消，洗消是针对人员、场地、物品和设施去除毒物污染的过程，依据不同的洗消对象而采取不同的洗消方法。洗消的原则是既要及时、彻底、有效，又不能加重人体损伤。就人体洗消而言，主要依靠物理洗消方法，利用纱布等将集中存在的毒物清除掉，再用大量肥皂水和温清水进行清洗。

1. 洗消方法

(1) 冲洗洗消法：通过水的物理冲洗作用进行消毒，在水中加入洗涤剂，如肥皂水等冲洗效果更好。这种方法是最常用的洗消法。

(2) 吸附消毒法：吸附消毒法是利用具有较强吸附能力的物质吸附毒物，如活性白土、活性炭等。

(3) 化学洗消法：化学洗消法是利用洗消剂与毒物发生反应，生成无毒或毒性很小的产物。化学洗消方法主要有中和法、氧化还原法和催化法等。

2. 洗消流程

(1) 去除污染物：① 表面除污处理。对有明显液滴或油状毒物的位置进行拍打和吸附，去除体表沾染的毒物。② 染毒衣物处理　脱去(剪开)伤病员衣服(包括贴身内衣)、鞋袜，将污染衣物放入专用密封袋封存。③ 面部佩戴防毒面具或防护口罩等防护物品的伤病员，全身冲洗后再摘下伤病员防护物品。

(2) 皮肤洗消：① 用大量流动清水冲洗全身，充分清洗暴露易污染部位及毛发。② 对于污染较严重的部位，如伤口和染毒皮肤，应适当延长洗消时间，并用肥皂水或其他洗消液洗消。洗消后烧伤创面可用无菌或洁净的三角巾、床单、被罩、衣服等包扎。③ 眼睛、口腔、鼻腔和外耳道的洗消。眼染毒时，应用洗眼器及时做彻底冲洗，可用 0.5%氯胺水溶液，2%碳酸氢钠溶液或生理盐水等冲洗。眼内彻底冲洗后，可应用氢化可的松或氯霉素眼药膏或眼药水点眼，并包扎双眼。口腔使用清水或生理盐水反复漱口；无破溃的鼻腔和外耳道可用湿棉球反复擦洗干净。

3. 洗消注意事项

(1) 及时洗消对挽救生命至关重要，应在染毒后第一时间尽快实施洗消。

(2) 对于可能在洗消过程中发生意外的危重伤病员应先抢救即“先救命后洗消”。

(3) 洗消人员应加强自身防护，进行洗消时穿戴相应级别的防护器材。

(4) 洗消时，身体避免与染毒物体直接接触，不要在洗消场所饮水、进食、吸烟等。

(5) 将伤病员贵重物品装入贵重物品袋，并登记和标记。

(6) 洗消废水应收集，经消毒处理后方可排放。

7.1.3 预防

预防的方法有：

(1) 改革完善生产工艺，减少腐蚀剂跑、漏、冒的现象。

(2) 加强宣传，严格遵守操作规程，加强个人防护。

(3) 万一出现事故，应彻底冲洗，并寻求专业人员的帮助。

7.2 机械性损伤事故及应急处理

近年来，随着科学研究的不断深入和科研能力的不断加强，大量新的实验技术和新的实验设备广泛应用于科学研究。然而，由于科研人员技术对新的实验技术和设备掌握不够熟练，可能出现操作失误，从而导致机械性损伤事故经常发生。一旦发生机械性损伤事故，如何第一时间采取正确、有效的应急处置措施，是每一位科研工作者必须掌握的。

7.2.1 实验室常见的机械性损伤及处理原则

实验室常见的致伤因素包括：重物砸伤、锐器刺伤以及切割伤等，一旦发生上述机械性损伤，我们必须具备以下四项技术：止血、包扎、固定和转运。如果是发生大规模人员受伤，我们的救治原则是：先重后轻，先急后缓，先近后远；先止血后包扎，再固定后搬运；这些技术若能得到及时、正确、有效的应用，往往在挽救伤员生命、防止病情恶化、减少伤员痛苦以及预防并发症等方面均有良好的作用。

7.2.2 止血技术

(一) 概述

成年人血容量约占体重的8%，即4 000～5 000 mL。出血量为总血量的20%时，会出现头晕、脉搏增快、血压下降、出冷汗、肤色苍白、少尿等症状。出血量占总血量的40%时，会有生命危险。因此，外伤出血是最需要紧急处理的。

止血术是外伤急救技术之首。通常将外伤出血分为内出血和外出血。内出血可以非常严重，而且发生时不容易引起人们的重视，这类出血需到医院治疗。外出血容易发现，易于处理，是现场急救的重点。受伤部位不同血管的出血有其不同的特征，处理的方法也有所不同。动脉出血色鲜红，有搏动或呈喷射状，量多，出血速度快，不易止住，多经急救尚能止血。急救时可先采用指压，必要时用止血带，并尽早改用钳夹、结扎等方法处理。静脉出血色暗红，血流出缓慢，多不能自愈。毛细血管出血色红，血液呈点状或片状渗出，可自愈。这两种出血采用加压包扎止血即可。

(二) 常用止血材料

消毒敷料、绷带、止血带等，紧急情况下可用干净的毛巾、衣物。禁用绳索、电线或铁丝等物。

(三) 常用止血方法

加压包扎止血法、指压动脉止血法、屈曲肢体加垫止血法、填塞止血法、结扎止血法、止血带止血法等。这些止血方法常常是对外出血的临时止血措施。

1. 加压包扎止血法

加压包扎止血法是一种安全、比较可靠的非手术止血法，也是目前最常用的止血方法。

(1) 适应症：适用于小动脉、中小静脉或毛细血管等部位出血的止血。

(2) 基本方法：先将无菌敷料覆盖在伤口上，再用绷带或三角巾以适当压力包扎，其松紧度以能达到止血目的为宜。必要时可将手掌放于敷料上均匀加压，一般 20 分钟即可止血。

(3) 注意事项：绷带不宜包扎过紧，以免肢体远端长时间缺血坏死。

2. 指压动脉止血法

外周动脉支配区内出血时可用手指将相应动脉近心端压向骨骼而达到止血的目的。此法简便、有效，不需任何器械，但常需与其他止血方法合用。

(1) 适应症：主要适用头部和四肢某些部位中等或较大的动脉出血。

(2) 基本方法：用手指、手掌或拳头压迫伤口近心端的动脉，将动脉压向深部的骨骼上，阻断血液流通，达到临时止血的目的。

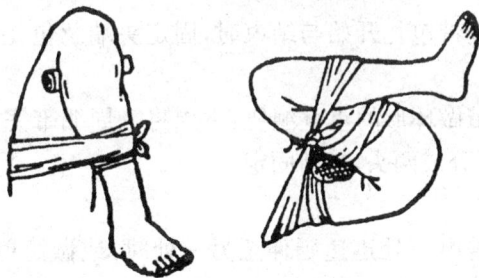

(3) 常见的指压动脉止血法。

常见指压动脉止血法

3. 屈曲肢体加垫止血法

(1) 适应症：没有骨折和关节损伤的肘、膝关节远端肢体出血。

(2) 方法：在肘窝或腘窝垫以棉垫卷或绷带卷，将肘或膝关节尽力屈曲，借衬垫物压住动脉，再用绷带或三角巾将肢体固定于屈曲位(图 7-11)。

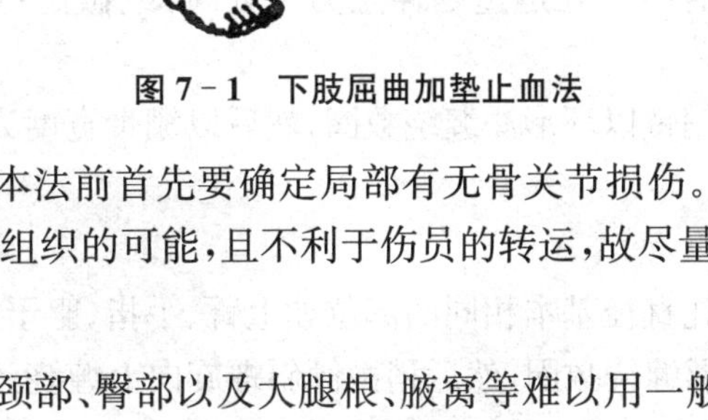

图 7-1 下肢屈曲加垫止血法

(3) 注意事项：应用本法前首先要确定局部有无骨关节损伤。如有则不能用此法。本法存在压迫血管、神经等组织的可能，且不利于伤员的转运，故尽量减少使用或不用。

4. 填塞止血法

(1) 适应症：适用于颈部、臀部以及大腿根、腋窝等难以用一般加压包扎所处理的较大而深的伤口。

(2) 方法：用无菌敷料填入伤口内，外加大块敷料加压包扎。

5. 止血带止血法

止血带止血法

6. 结扎止血法

一般在医院急诊室或手术室内于清创的同时应用。

(1) 适应症:适用于能清楚见到血管断端出血的止血。

(2) 方法:找到出血血管断端,用血管钳夹住,再用手术缝线结扎。

(3) 注意事项:对于分辨不清出血点的,不宜盲目用血管钳钳夹,结扎止血,以免损伤重要的血管、神经。

7.2.3 包扎技术

伤口包扎在急救中应用范围较广,可起到保护创面、固定敷料、防止污染和止血、止痛作用,有利于伤口早期愈合。包扎的目的是保护伤口、减少出血、减轻局部肿胀、固定伤口上的敷料和夹板以及使伤部舒适安全。

(一) 适应症

体表各部位的伤口除采用暴露疗法者,一般均需包扎,以保护伤口,减少污染,固定敷料、药品和骨折位置,压迫止血及减轻疼痛等。

(二) 基本方法

卷轴绷带或三角巾(某些特殊部位可用多头绷带或丁字带)、无菌纱布。在急救情况下,如无绷带和纱布,可用洁净的毛巾、衣服、被单等代替。

1. 绷带包扎法

1) 环形包扎法

这是绷带包扎中最基本、最常用的方法。

(1) 适应症:适用于绷带包扎开始与结束时,固定头端及包扎颈、腕、胸、腹等粗细相等的部位的小伤口。

(2) 操作方法:将绷带做环形的重叠缠绕,下周将上周绷带完全遮盖,最后用胶布将带尾固定或将带尾中部剪开分成两头,打结固定。

2) 蛇形包扎法

(1) 适应症:适用于需由一处迅速延伸至另一处时,或做简单的固定。夹板固定多用此法。

(2) 操作方法:先将绷带以环形法缠绕数圈,然后以绷带宽度为间隔,斜行上缠,各周互不遮盖。

3) 螺旋形包扎法

(1) 适应症:用于包扎直径基本相同的部位如上臂、手指、躯干、大腿等。

(2) 操作方法:先环形缠绕数圈,然后稍微倾斜螺旋向上缠绕,每周遮盖上一周的1/3～1/2。

4) 螺旋反折包扎法

(1) 适应症:用于直径大小不等的部位,如前臂、小腿等处的伤口的包扎。

(2) 操作方法:每周均把绷带向下反折,遮盖其上周的1/3～1/2,反折部位应相同,使之成一直线。注意不可在伤口上或骨隆突处反折。

5)“8”字形包扎法

(1) 适应症：用于直径不一致的部位或屈曲的关节如肩、髋、膝等部位伤口的包扎。应用范围较广。

(2) 操作要点：在伤处上下，将绷带由下而上，再由上而下，重复作“8”字形旋转缠绕，每周遮盖上周的 1/3～1/2。

6) 回返包扎法

多用来包扎没有顶端的部位如指端、头部或截肢残端。头部外伤的帽式包扎法就采用此法。

2. 三角巾包扎法

因三角巾的形态特点(图 7-2)，使其在包扎伤口时，应用很广。

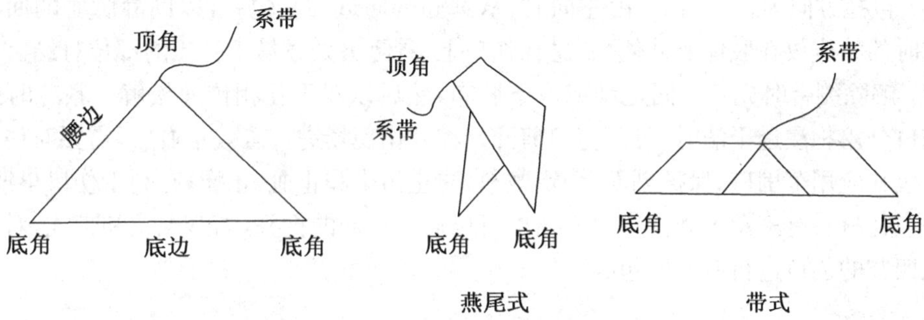

图 7-2　三角巾的基本形态

1) 头面部包扎法

2) 肩、胸、背部包扎

3) 腹、臀部包扎法

4) 四肢包扎法

三角巾包扎法

3. 几种特殊伤的包扎法

1) 开放性颅脑伤的包扎

开放性颅脑伤脑膨出时，将病员侧卧或俯、侧中间位，解开领扣和腰带，保持呼吸道通畅。先用纱布、手帕等在膨出的脑组织四周围成一个保护圈。再用清洁敷料覆盖脑组织，然后用干净容器(如饭碗、小盆等)扣在上面，再用三角巾包扎。

2) 胸部开放性伤的包扎

在伤员呼气末用厚实的棉布块或毛巾垫等迅速严密覆盖胸壁伤口，再用绷带或三角巾缠绕胸壁加压包扎，尽快送往医院。

3) 腹部内脏脱出伤的包扎

将伤员仰卧屈膝，用清洁布单或敷料膜盖住脱出的内脏，再用一个干净、大小合适的容器(如饭碗、小盆等)扣在上面，以保护脱出的脏器，最后用腹带或三角巾在容器外包扎固定。

4) 异物刺入伤的包扎

应先将异物露在体表的一端固定。再用带子、棉线等紧贴刺入物的根部将异物扎紧固定于体表，防止异物继续刺入体内或脱出体外，最后用敷料包扎伤口，送往医院。

5）开放性骨折断端外露伤的包扎

用一块干净纱布盖在骨折断端上，再用三角巾叠成环形垫，垫放在骨折断端周围，其高度要略高于骨折断端的高度，最后用绷带呈对角线包扎（“日”字形包扎）。

4. 注意事项

（1）包扎前应尽可能暴露伤口，尽量保持伤口干净，保持伤口内刺入异物的原状。

（2）包扎伤口时，先简单清创并盖上消毒纱布，然后再用绷带。操作应小心谨慎，不要触及伤口，以免加重疼痛或导致伤口出血及污染。

（3）包扎时松紧要适宜：过紧会影响局部血液循环，过松易致敷料脱落或移动。

（4）包扎时要使病人的位置保持舒适，皮肤皱褶及骨隆突处应用棉垫等保护，需要抬高肢体时，应给适当的扶持物，包扎的肢体必须保持功能位。

（5）根据包扎部位选用宽度适宜的绷带和大小合适的三角巾。

（6）包扎方向为自下而上，由左向右，从远心端向近心端包扎，以助静脉血的回流。绷带固定时的结应放在肢体的外侧面，忌在伤口上、骨隆突处或易于受压的部位打结。

（7）解除绷带时先解开固定结或取下胶布，然后以双手互相传递松解。紧急时或绷带已被伤口分泌物浸透干涸时，可用剪刀剪开。在外伤现场进行有效止血后，需要对伤口进行包扎。包扎应用范围广；保护创面、固定敷料、防止污染和止血、止痛；有利于伤口早期愈合。常用的包扎材料有三角巾和绷带。三角巾可以通过不同的折叠，如燕尾式和带式，对头胸腹部以及四肢的创口进行有效的包扎。

7.2.4 固定技术

固定是骨折急救处理中最重要的一项。其目的是：① 限制受伤部位的活动度，防止骨折端在搬运时移动而损伤软组织、血管、神经和内脏。② 减轻疼痛，有利于防止休克。③ 便于转运。

1. 固定的原则

（1）救命在先，固定在后。

（2）先止血包扎，后固定。

（3）就地固定（除非现场有危险）。

（4）不要盲目复位骨折。

（5）严禁将骨折断端送回到伤口内。

（6）包扎松紧要适当，要露出手指或脚趾。

（7）固定夹板与皮肤之间垫柔软物品。

（8）夹板的长度与宽度要与骨折肢体相适合，长度需超过上下两个关节。

2. 常用方法

夹板和三角巾是固定最理想的器材，常常联合使用，达到固定肢体或躯体的作用。

（1）锁骨骨折固定法：用毛巾或敷料垫于两腋前上方，将三角巾折叠成带状，两端分别绕两肩呈“8”字形，拉紧三角巾的两头在背后打结，尽量使两肩后张（图 7-3）。也可于背后放一“T”字形夹板，然后在两肩及腰部各用绷带包扎固定。如仅一侧锁骨骨折，用三角巾把患侧手臂悬兜在胸前，限制上肢活动即可。

(2) 肱骨骨折固定法：用长、短两块夹板，长夹板放于上臂的后外侧，短夹板置于前内侧，在骨折部位上下两端固定。将肘关节屈曲 90°，使前臂呈中立位，再用三角巾将上肢悬吊，固定于胸前(图 7-4)。

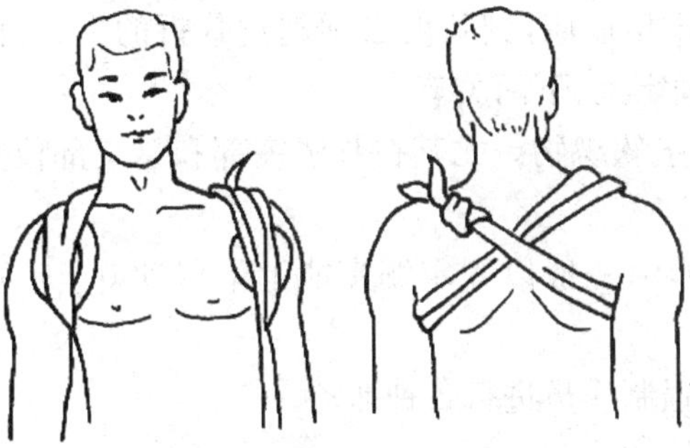

图 7-3 锁骨骨折“8”字固定法

图 7-4 肱骨骨折固定法

(3) 前臂骨折固定法：协助患者屈肘 90°，拇指向上。取两块合适的夹板，其长度超过肘关节至腕关节的长度，分别置于前臂的内、外侧，然后用绷带于两端固定牢，再用三角巾将前臂悬吊于胸前，呈功能位(图 7-5)。

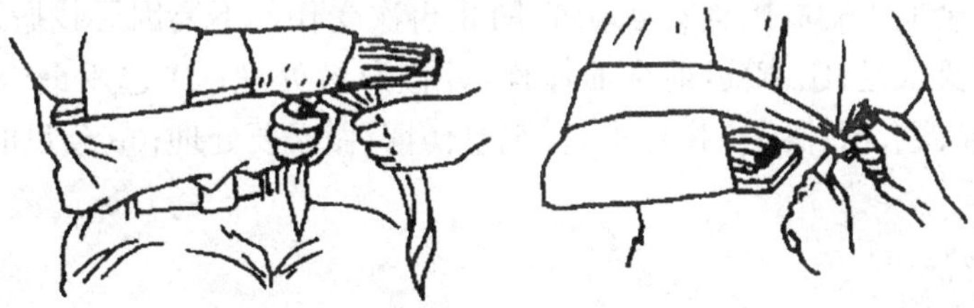

① ②

图 7-5 前臂骨折固定法

(4) 大腿骨折固定法：取一长夹板放在伤腿的外侧，长度自足跟至腰部或腋窝部，另用一夹板置于伤腿内侧，长度自足跟至大腿根部，然后用绷带或三角巾分段将夹板固定(图 7-6)。

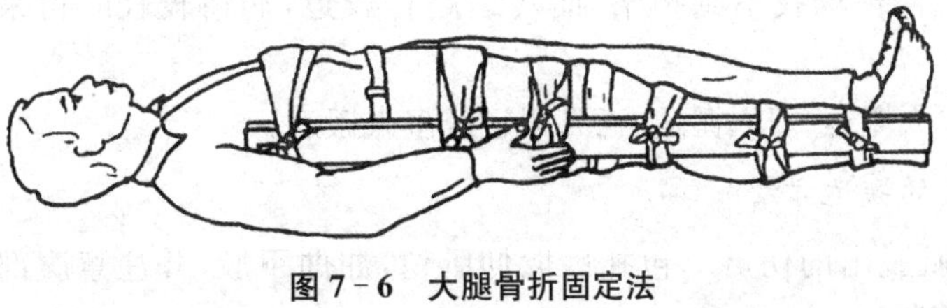

图 7-6 大腿骨折固定法

(5) 小腿骨折固定法：取长短相等的夹板(从足跟至大腿)两块，分别放在伤腿的内、外侧，然后用绷带分段扎牢。紧急情况下无夹板时，可将伤员两下肢并紧，两脚对齐，然后将健侧肢体与伤肢分段绷扎固定在一起，注意在关节和两小腿之间的空隙处垫以纱布或其他软织物以防包扎后骨折部弯曲。

(6) 脊柱骨折固定法：数位救援者联合将伤员整体托起，放于木板或脊柱固定板上，用布条或绷带或专用压缩带将伤员固定于木板或脊柱板上。适用于颈、胸、腰椎骨折。

3. 注意事项

(1) 如有伤口出血,应先止血、包扎,然后再固定骨折部位,如有休克应先抗休克。

(2) 在处理开放性骨折时,不可把刺出皮肤的骨端送回伤口,以免造成感染。

(3) 夹板的长度与宽度要与骨折的肢体相适应,其长度必须超过骨折的上、下两个关节。固定时除骨折部位上、下两端外,还要固定上、下两关节。

(4) 夹板不可与皮肤直接接触,其间应垫软织物。尤其在骨隆突部和悬空部位更应注意,以免受压或固定不妥。

(5) 固定应松紧适度,以免影响血液循环,一般以固定绷带能上下移动 0.5～1.0 cm 为宜。

(6) 固定中应避免不必要的搬动,不可强制伤员进行各种活动。

7.2.5 搬运

搬运是指救护人员用人工的方式或利用简单的工具把伤病员从事发现场移动到能够救治的场所或把经过现场救治的伤病员移动到专用运输工具上。

(一) 基本原则

及时迅速安全地将病员搬至安全地带,防止再次受伤。不要因寻找搬运工具而贻误时机。搬运的基本要求是:① 搬运前全面体检,并做急救处理;② 选用最恰当的搬运方法;③ 搬运动作要准、轻、稳、快;④ 搬运中,应观察伤情,做必要处理;⑤ 到目的地,应报告伤情及处理情况。

(二) 搬运方法

1. 担架搬运法

担架搬运法是最常用的搬运方法。

(1) 适应症:对于路途较长病情较重的病员最为适合。

(2) 担架的种类:帆布担架、绳索担架、被服担架、板式担架、铲式担架、四轮担架等。

2. 徒手搬运法

(1) 适应症:当现场找不到担架,而转运路程较近,病情较轻时可采用此法。

(2) 方法:单人搬运、双人搬运、三人搬运或多人搬运。

徒手搬运法

3. 特殊伤员的搬运方法

(1) 腹部内脏脱出的伤员　包扎后取仰卧位,屈曲下肢,并注意腹部保温,防止肠管过度胀气。

(2) 昏迷伤员　使患者侧卧或俯卧于担架上,头偏向一侧,以利于呼吸道分泌物引流。

(3) 骨盆损伤的伤员　骨盆伤应将骨盆用三角巾或大块包伤材料做环形包扎。后送时让伤员仰卧于门板或硬质担架上,膝微屈,下部加垫。

(4) 脊椎损伤的伤员　搬运时,应严防颈部和躯干前屈或扭转,应使脊柱保持伸直。

(5) 身体带有刺入物的伤员　先包扎好伤口,固定好刺入物,方可搬运。应避免挤压、碰撞。刺入物外露部分较长时,要有专人负责保护刺入物。途中严禁震动,以防止刺入物脱出或深入。

7.3 心肺复苏术

心脏骤停(sudden cardiac arrest，SCA)一般是指患者的心脏在出乎预料的情况下，突然停止跳动，从而导致有效心泵功能和有效循环突然中止，若不及时处理，会造成脑及全身组织器官的不可逆性损害，甚至导致死亡。如果数分钟内得不到正确抢救，病情将进展至不可逆的生物学死亡，患者生还希望渺茫。医学上，将针对心脏骤停所采取的一切抢救措施，称为“心肺复苏”或“心肺复苏术”(cardiopulmonary resuscitation，CPR)。心肺复苏的最终目的是恢复患者的社会行为能力，因此又把“CPR”发展为“心肺脑复苏”(cardiopulmonary cerebral resuscitation，CPCR)。

7.3.1 心脏骤停

1. 病因与诱因

任何一种疾病或意外均可导致 SCA，但一般将其分为两大类，即由心脏本身的病变引起的心源性 SCA 和由其他因素和病变引起的非心源性 SCA。

1) 心源性心脏骤停

心血管疾病是 SCA 最常见且最重要的原因。各种心脏疾病在一定条件下，均有可能发生心搏骤停，其中最常见的是冠心病，约占 80%，其他心脏血管疾病约占 20%。常见疾病有：

(1) 冠状动脉粥样硬化性心脏病(简称冠心病)：急性心肌缺血、心肌梗死、心脏破裂、附壁血栓形成、心功能不全。

(2) 非粥样硬化性冠状动脉病：冠状动脉口狭窄、冠状动脉口栓塞、风湿性冠状动脉炎、冠状动脉结节性多动脉炎、先天性冠状动脉畸形、冠状动脉中层钙化。

(3) 主动脉疾病：主动脉粥样硬化性动脉瘤、主动脉夹层、梅毒性主动脉瘤、Marfan 综合征。

(4) 心内膜疾病：感染性心内膜炎、心脏瓣膜病、二尖瓣脱垂。

(5) 心肌疾病：原发性心肌疾病、包括肥厚梗阻型心肌病、扩张型心肌病、克山病、孤立性心肌病等；继发性心肌疾病，如病毒性心肌炎、风湿性心肌炎、白喉心肌炎、心肌结节病、心肌淀粉样变。

(6) 心脏肿瘤：心房黏液瘤、心脏间皮瘤、心脏转移性肿瘤。

(7) 电生理异常：心脏传导系统疾病、Q-T 间期延长、特发性室颤。

(8) 其他：高血压心脏病、脂肪心、心包疾病。

2) 非心源性心脏骤停

(1) 严重电解质紊乱和酸碱平衡失调

严重的钾代谢紊乱易导致心律失常的发生，进而引起 SCA。严重的高血钾、低血钾、酸中毒、高血钙、高血镁均可引起 SCA。

(2) 其他因素

① 各类急性中毒、药物过量。

② 严重创伤、窒息、脑卒中等致呼吸衰竭甚至呼吸停止。

③ 各种原因的休克、药物过敏反应等。

④ 手术、治疗操作和麻醉意外等。

⑤ 突发意外事件如电击、溺水等。

2. 心脏骤停的现场判断

1) 症状和体征

SCA 的主要发病特点是发病突然，在没有任何准备的情况下患者出现以下表现：

(1) 意识突然丧失或伴有短阵抽搐。患者当即倒地，对呼喊、拍打等刺激均无反应。

(2) 呼吸断续，呈叹息样，稍后即停止。多发生在心脏骤停后 20～30 s 内。

(3) 口唇、面色及全身苍白或青紫。

(4) 大血管搏动(脉搏)触不到、血压测不出。

(5) 心音消失。

(6) 瞳孔散大，多在心脏骤停后 30～60 s 内出现。

2) 心电图表现

心电图表现

3. 心脏骤停的判定

对 SCA 的诊断必须迅速和准确，应在 10 s 内明确诊断，主要依据如下：

(1) 原来清醒的患者神志突然丧失，呼之不应。

(2) 叹息样呼吸或呼吸停止。

(3) 大动脉(颈动脉或股动脉)搏动消失。

为了不耽搁开始抢救的时机，国际心肺复苏指南要求：普通施救者(lay rescuers, LR)不检查脉搏、推定没有呼吸的无反应患者就是 SCA 者；医务人员(health care profession, HCP)检查脉搏时间不应超过 10s，如果 10 s 不能确定有无脉搏，即进行胸外按压。

7.3.2 心肺复苏术

现场心肺复苏(CPR)是指在患者发生 SCA 的现场，如家中、办公室、工厂、医院等场所，首先由现场目击者或救护人员为 SCA 患者施行的 CPR，即基础生命支持，又称徒手(或初步)CPR。现场 CPR 是抢救生命的关键所在，这时由于人的脑细胞对缺氧最敏感，脑组织超过 4 分钟没有氧气供应，则可能导致永久性脑损伤。心肺复苏应尽早展开，心肺复苏的关键技术如下：

C：胸外心脏按压(circulation)。

A：开放气道(airway)。

B：人工呼吸(breathing)。

D：电除颤(defibrillation)。院外现已有全自动体外除颤器(AED)的大量投放，故已将 AED 作为现场心肺复苏的治疗手段。

1. 基础生命支持的步骤

1）突发心搏骤停的识别

（1）评估现场安全

在事发地点目击者应该首先判断现场是否安全。确保现场安全后，CPR 应在现场进行，不要移动患者，除非患者处在危险环境中，或创伤患者需要外科干预。在做 CPR 时，应摆好患者的体位，让其平卧在平地或硬板床上，然后按 CABD 原则进行复苏。如有外伤骨折，尤其是颈椎伤，搬动时应注意不要加重伤情。

（2）判断患者是否发生了心搏骤停

在事发地点，目击者或急救人员发现一个无反应成人或目击一个成年人突然倒地，急救者应通过拍打双肩和呼叫患者判断患者反应（要轻拍大喊）。并同时观察或检查患者的呼吸，专业人士还需检查患者的脉搏。如果患者也无呼吸或者无正常呼吸（仅有喘息），无脉搏搏动，急救者应假定患者发生了心搏骤停！此时应呼救，启动急救医疗服务系统并立即开始 CPR。

2）启动急诊医疗服务系统（EMSS）并取得 AED（图 7－7）

（1）如发现患者无反应无呼吸，急救者应启动 EMSS（可以用手机拨打 120），取来 AED（如果有条件），对患者实施 CPR，如需要时立即进行 AED 除颤。

（2）如有多名急救者在现场，其中一名急救者按步骤进行 CPR，另一名启动 EMSS（拨打 120），取来 AED（如果有条件）。

（3）在救助淹溺或窒息性心脏骤停患者时，急救者应先进行 5 个周期（2 分钟）CPR，然后拨打 120 启动 EMSS。

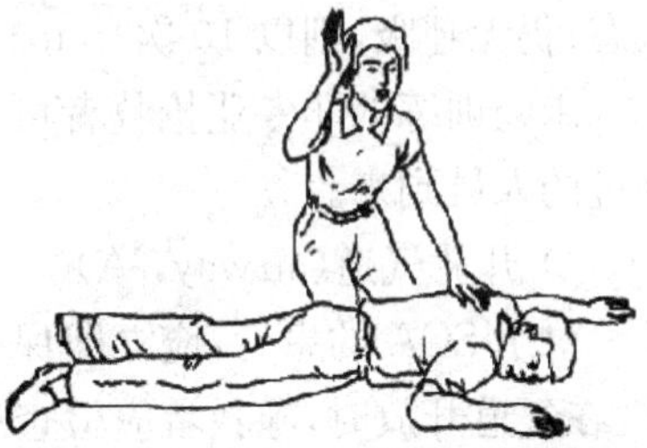

图 7－7　呼救

3）胸外按压（circulation，C）

胸外心脏按压操作要领如下：用力压、快速压、每次按压后允许胸廓充分回复，尽量减少胸外按压中断时间。按压时间应占整个复苏时间的 60%以上（表 7－1）。

表 7－1　成人高质量心肺复苏的注意事项

施救者应该	施救者不应该
以 100～120 次/分的速率实施胸外按压	以少于 100 次/分或大于 120 次/分的速率按压
按压深度达到 5 cm～6 cm	按压深度小于 5 cm 或大于 6 cm
每次按压后让胸部完全回弹	在按压间隙倚靠在患者胸部
尽可能减少按压中的停顿	按压中断时间大于 10 s
给予患者足够的通气（30 次按压后 2 次人工呼吸，每次呼吸超过 1 秒，每次能使胸部隆起）	给予过量通气（即呼吸次数太多，或呼吸用力过度）

（1）CPR 体位：将患者去枕仰卧于硬板或平地上，头部与心脏处于同一平面，两下肢抬高 15°，以利于静脉回流和增加心排血量。

（2）救护者体位及按压部位：急救者跪于患者的一侧，以一手掌根部置于乳头间中点的胸骨中段略下处，手掌与患者胸骨纵轴平行以免直接按压肋骨；另一手掌交叉重叠在该手背上（图 7－8）。

（3）按压方式：急救者两肘关节绷直，借助双臂和躯体重量向脊柱方向垂直下压，按压应平稳、有规律、不间断进行；不能冲击式的猛压。每次下压使胸骨下段及其相连的肋软骨下陷至少 5 cm 后即放松胸骨，便于心脏舒张，同时避免按压过深。但手掌根部仍与患者胸壁保持接触，待胸骨回复到原来位置后再次下压，要允许胸廓充分回弹。按压和放松的时间相等。避免在按压间隙倚靠在患者身上。

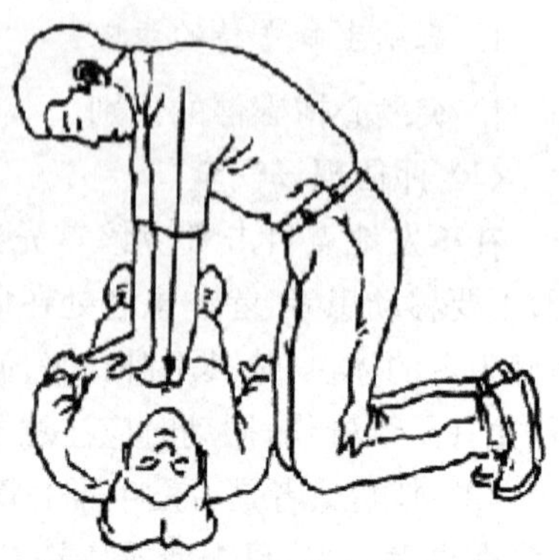

图 7－8　胸外心脏按压姿势

（4）按压频率及按压/通气比：胸外心脏按压的频率成人为 100 次/min～120 次/min。所有成人 CPR 时采用 30∶2 的按压-通气比。

（5）按压深度：胸外心脏按压的深度成人为 5～6 cm。

（6）再次评价：每行 5 个按压/通气周期（约 2 min）后，检查循环体征，如无循环体征，重新行 CPR；已有循环体征，检查有无呼吸；如有呼吸，将患者置于恢复体位，监护呼吸和循环状态；仍无呼吸，则以 10 次/min～12 次/min 频率行人工呼吸。

未经训练的非专业抢救者可以行单纯按压式的心肺复苏，直至 AED 拿到或有专门训练过的人员到来。

4）开放气道（airway，A）

对于 SCA 的患者，应立即保持气道通畅。保持呼吸道通畅是施行人工呼吸的首要条件，在气道开放时，施救者应检查患者口中有无异物，并及时取出。常用的气道开放方法有：① 仰头抬颏法（head tilt － chin lift）解除舌后坠效果最佳。如果患者没有头或颈部损伤，医务人员开放气道时，应采用仰头抬颏法。术者一手置于患者前额，向后加压使头后仰。另一手的第二、三指置于患者颏部的下颌角处，将颏上抬，但应避免压迫颈前部及颏下软组织，且抬高程度以患者唇齿未完全闭合为限（图 7－9）。② 抬颌法（jaw thrust）如果医务人员怀疑其有颈椎损伤，开放气道时应用抬下颌法。抢救者位于患者头侧，双肘支持在患者仰卧平面上，双手紧推双下颌角，下颌上移，拇指牵引下唇，使口微张（图 7－10）。因此法易使抢救者操作疲劳，也不易与人工呼吸相配合，故在一般情况下不予应用。如抬颌法无法保证气道开放则应采用仰头抬颏法。

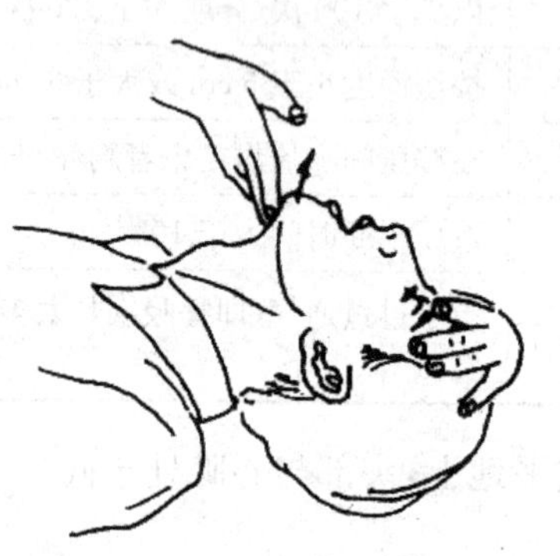

图 7－9　仰头抬颏法示意图

图 7－10　抬颌法

5）人工呼吸（breathing，B）

口对口人工呼吸法（图 7－11）：① 抢救者一面用仰头抬颏法保持气道通畅。② 同时用放在前额上的拇指和食指夹住患者鼻翼使其紧闭。③ 抢救开始时先缓慢吹气两口，以扩张萎陷的肺脏，并检验开放气道的效果。④ 深吸一口气，并用自己的双唇包绕封住患者的嘴外部，形成不透气的密闭状态，再用力吹气。⑤ 吹气完毕，立即与患者口部脱离，轻轻抬头吸入新鲜空气，以便下一次人工呼吸。同时放松捏鼻的手，以便患者从鼻孔呼气。

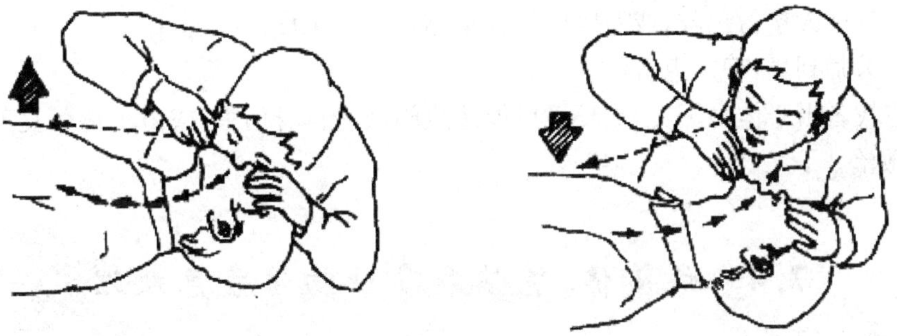

图 7－11　口对口人工呼吸

6）自动体外除颤器（AED）

如现场有 AED 或复苏过程中 AED 到达现场，需要尽快使用 AED 急救。

AED 使用步骤：

（1）打开 AED 开关：当 AED 到达现场，首先打开 AED 的包装，然后找到 AED 的开关键，打开 AED 开关，会有语音提示。

（2）贴好 AED 电极片：按照 AED 电极片背面的示意图，将电极片贴在身体合适的位置。

（3）插入插头：将连接电极片的电线插头插入 AED 主机插槽内，这时 AED 会提示正在分析病人心率，不要碰触病人！如果 AED 检测到病人处于可电击心率，会提示充电，充电完成放电按钮会闪烁黄灯。

（4）电击除颤：充电完成放电按钮闪烁黄灯，呼喊一声“所有人都离开”以确保所有人都没有与患者接触，然后按下放电按钮 AED 即可自动放电完成除颤。

7.3.3　心肺复苏有效指标和终止抢救的标准

1. 心肺复苏有效的指标

CPR 操作是否正确，主要靠平时严格训练，掌握正确的方法。而在急救中判断复苏是否有效，可以根据以下几方面综合考虑：

（1）面色（口唇）：复苏有效，可见面色和/或口唇由紫绀转为红润；如患者面色变为灰白，则说明复苏无效。

（2）自主呼吸：出现自主呼吸说明复苏有效，但呼吸仍微弱者应继续口对口人工呼吸或其他呼吸支持。

（3）颈动脉搏动：可以摸到颈动脉或浅表动脉提示恢复心跳。

（4）瞳孔：复苏有效时，可见瞳孔由大变小，对光反射出现。如瞳孔由小变大、固定、角膜浑浊,则说明复苏无效。

(5) 神志等:复苏有效,可见患者有知觉、反应及呻吟等。

2. 终止心肺复苏的标准

在现场或途中必须坚持持续不断做 CPR,并保证 CPR 的质量。

现场停止 CPR 的条件:

(1) 自主呼吸及心跳已有良好恢复。

(2) 有其他人接替抢救,或有医师到场承担了复苏工作。

(3) 有医师到场,确定患者已死亡。

(4) 施救者由于体力不支,或环境可能造成施救者自身伤害,或由于持久复苏影响其他人的生命救治。

7.4 烧烫伤、冻伤及腐蚀物伤应急处理

7.4.1 烧烫伤的应急处理

1. 火焰、蒸汽、开水等烧烫伤的应急处理

实验中,不慎被火焰、蒸汽、开水等烧烫伤时,应立即将伤口处用大量水冲洗或浸泡,从而迅速降温。如伤处有衣物应及时脱去或剪去,然后冲洗,局部及时冷却具有减轻损伤和疼痛的作用,但严重大面积的烧伤有重度休克者应慎用。若起水泡则不宜挑破,应用纱布包扎送医院治疗。总之,在实验室中,如遇到烧烫伤,应急处理的原则主要就是 5 个字:冲、泡、脱、包、送。

2. 化学物质所造成烧伤的应急处理

对于由化学物质所造成的烧伤,应首先脱去被浸渍的衣物,迅速用冷水冲洗,冲洗时间一般在 30 分钟以上,在大量清水冲洗之前无论何种烧伤不用中和剂,以免产热加重损伤,生石灰烧伤,在清洗前去除石灰颗粒。黄磷烧伤后尽可能出去残磷,然后以湿布覆盖以防磷自然,或外用硫酸铜溶液,使之形成黑色颗粒,易于去除,但应注意使用面积不应超过 20%,以免铜中毒。应急处理后迅速送医院治疗。

7.4.2 冻伤的应急处理

冻伤是低温所引起的全身性或局部损伤。根据受伤程度分为四度:一度冻伤的主要特点是充血和水肿;二度冻伤的主要特点是水疱形成,水疱液澄清,有时也可为血性;三度冻伤的主要特点是皮肤的全层组织发生坏死;四度冻伤的主要特点是受累肢体的全部组织,包括肌肉和骨组织都发生坏死。

冻伤的应急处理原则是:尽快脱离低温环境,患处保暖,尽可能将冻伤人员送往专业医院进行救护。现场急救处理关键是防止进一步冻伤,立即将患者移至防风保暖处。将紧裹伤部的鞋袜、手套脱掉,用毛毯或其他可能的方法包裹保温,如足部与鞋袜冻结在一起,切勿强行脱下,可小心剪开、去除。另外,针对不同程度的冻伤应急处理的方法有所不同:

(1) 针对一度冻伤者，可让其自主活动，并按摩受冻部位，促进血液循环。可用温水浸泡，再涂以冻疮膏即可。

(2) 二度冻伤的水疱可在消毒后刺透，使黄水流出再包扎，伤口已破溃者按感染伤口处理。

(3) 三度冻伤时，应尽快将伤者脱离低温环境，除去湿的衣服，进入羽绒睡袋保暖，促进肢体复温。

(4) 当全身冻伤者出现脉搏、呼吸变慢的话，就要保证呼吸道畅通，必要时进行人工呼吸和心脏按压，速去医院。

由于解冻时伤处很疼，有时皮肤及肌肉有可能失去知觉，所以清洁伤处时要格外小心。同时，要确保伤处完全干燥(包括指、趾间)。有创面的用消毒棉球，无创面的用干净、松软的棉垫包裹保护伤处并保温，并紧急送医院救治。

7.4.3　化学品灼伤的应急处理

化学物质直接接触皮肤所造成的损伤称为化学灼伤。化学灼伤程度与化学品的性质、接触时间、接触部位等有关。如何在第一时间进行紧急处理成为治疗的关键：

(1) 实验中，当发生化学品灼伤后，应在 10 s 之内迅速用水清洗，否则化学品有可能对人体造成不同程度的伤害。如果接触到化学品灼伤时，应立即远离现场，迅速脱去衣服，立即用大量流动清水长时间冲洗创伤部位，时间不少于 1 h，清洗结束后，可使用洁净的纱布覆盖创面，立即就医，切记皮肤创面不要任意涂抹油膏或红药水、紫药水，不要用脏布包裹。

(2) 对眼、鼻、口腔等部位的清洗要迅速、仔细。眼部灼伤时一般要用生理盐水或清水冲洗。冲洗眼部时，水流尽量不要正对着角膜方向，不要揉眼睛。也可将面部浸入清水中，用手将眼睛撑开，同时用力睁大双眼，头在水中左右晃动。冲洗后，应迅速就医，由医生进行处理。

1. 强碱灼伤的应急处理

(1) 强碱具有强烈的腐蚀性和刺激性，一旦灼伤皮肤，应立即用大量流动清水冲洗，时间 1 h 以上，至碱性物质基本消失为止。

(2) 强碱溅入眼内应先用大量的清水冲洗，特别要注意的是一定要冲洗彻底。经处理后要立即送医院就医。

2. 强酸灼伤的应急处理

常见的强酸有硫酸、硝酸、盐酸都具有强烈的刺激性和腐蚀性作用，硫酸灼伤一般呈黑色，硝酸灼伤呈灰绿色，盐酸灼伤呈黄绿色。

(1) 皮肤被酸灼伤后立即用大量流动清水冲洗(皮肤被浓硫酸沾污时切记先用水冲洗，以免硫酸水合时强烈放热而加重伤势，应先用干布吸去浓硫酸，再用水冲洗)，时间 1 h 以上，然后送医。切记未经大量水冲洗就用碱性药物在皮肤上直接中和，这样会加重皮肤损伤。

(2) 强酸溅入眼内，在现场立即就近用大量流动清水冲洗，冲洗时应将头置于水龙头下，使冲洗后的水自伤眼颞侧流下，这样既避免水直接冲洗眼球，又不至于使带酸的冲洗液进入健侧眼，冲洗时应拉开上下眼睑，使酸不至于留在眼内。

7.5 实验室常见事故的善后处理

实验室是高校事故的高发地，随着高等院校办学规模不断扩大，办学水平不断提高，高校实验室的数量不断增多，实验室内的仪器、材料、设备也是多种多样，有些仪器的价值高昂，试剂中也不乏有毒有害及易燃易爆的物质，而且近些年高校实验室事故频发，损失惨重。因此实验室的安全，既涉及实验人员的生命健康，也涉及相关财产的安全，已经成为一个不容忽视的问题。

全国高等院校实验室事故，主要分为火灾性事故、爆炸性事故、毒害性事故、机械伤人事故和漏电伤人事故，其中最为常见的是火灾性事故和爆炸性事故。

7.5.1 火灾性事故

实验室中的电线线路有时容易擦出火花，进而引发火灾。同时，实验室中的许多化学试剂也是易燃品，比如联苯、氨水、高压钢瓶等，一旦操作不当，极有可能导致室内起火。另外，在实验操作过程中有时需要使用明火或通电加热等步骤来完成反应，这些情形因为存在高热、高压、高速，所以也存在安全隐患，若疏忽大意或操作不当，极有可能引发火灾。火灾事故时常伴随着爆炸性事故，一旦发生危害极大。

1. 火灾现场逃生

火灾现场不仅有热力损伤，还存在烟雾损伤，另外因为高层建筑物的特点，一旦着火，火势蔓延快，火烟扩散快，且在现有消防技术水平下，仅仅依靠消防人员营救是很困难的。掌握基本的逃生手段极为重要。

(1) 正确报火警

① 拨打学校保卫处电话，或者联系实验室老师，同时拨打火警电话“119”。

② 接通电话后要沉着冷静，向接警中心讲清失火单位的名称、地址、什么东西着火、火势大小以及着火的范围。同时还要注意听清对方提出的问题，以便正确回答。

③ 把自己的电话号码和姓名或学校老师的电话告诉对方，以便联系。

④ 现场外的人员可立即到交叉路口等候消防车的到来，以便引导消防车迅速赶到火灾现场。

⑤ 实验室负责人迅速组织人员疏通消防车道，清除障碍物，使消防车到火场后能立即进入最佳位置灭火救援。

⑥ 如果着火地区发生了新的变化，要及时报告消防队，使他们能及时改变灭火战术，取得最佳效果。

(2) 灭火及逃生

若火势较小，可使用灭火器灭火；火势较大，火势蔓延，预计无法灭火，需迅速逃离现场；若无法逃离，进入相对安全的房间避难。

① 逃离方法：首先明确着火位置，如果是上层着火，向下跑；如果是下层着火，则在火势小的一侧寻找相对安全的房间避难。如果不能确认着火位置，可沿消防通道向楼下跑，切记不能乘坐电梯。火灾中被浓烟熏死呛死的人数大大超过被烧死者，一氧化碳中毒致人死亡

的主要原因是浓烟，在逃离时，如果已有烟雾蔓延，需放低体位，贴着墙面迅速移动，若浓烟较大，需贴着地面匍匐行进；如果现场有毛巾，可用浸湿的毛巾捂住口鼻。

② 避难房间选择：找一间最靠主干道的房间，这个房间必须有窗户，并且没有防盗窗。进入这个房间之后，第一个动作是关闭房门；第二个动作是用胶带或毛巾、棉被等封闭所有能看见的空调出风口，防止浓烟蔓延；第三个动作是用浸湿的毛巾或衣物捂住口鼻。如果是在白天，应寻找色彩亮丽的衣服或者布条，从窗户里向外大幅度晃动，引起施救人员注意；如果是在晚上，应使用手电筒引人注意，禁止使用打火机，以免引起爆炸。火势较大时，应趴在地面呼救，或边呼救边敲击暖气和自来水管，这样可使声音传得远，且不易会被浓烟呛着。切忌站立大声呼救，以防毒气吸入及引起呼吸道灼伤。

2. 火灾现场急救及转运

火灾现场主要是抢救烧伤及烟雾吸入性损伤的病人，前者可引起严重的休克、感染；后者易导致呼吸道黏膜损伤、水肿、渗出甚至窒息，如救治不及时，可导致死亡。

现场急救是否及时，处置是否恰当，对减轻病人痛苦，降低创面损伤程度、严重并发症及病死率等意义重大。其救治原则是：立即消除烧伤因素，保护创面，积极防治休克，并尽可能减轻伤者痛苦。

(1) 尽快消除致伤因素

火焰烧伤后，应立即脱离着火区，迅速脱去着火衣物，用水浇灭、就地打滚或用湿棉被覆盖，隔绝灭火，切忌着火后奔跑、呼叫或用手拍打灭火，以免引起头面部、呼吸道及手部烧灼伤。若衣物无法脱下，可用冷水冲淋后剪开取下，切忌强行剥脱。

(2) 保护烧伤创面

在现场，烧伤创面的保护，需避免再次污染及损伤，创面可用清洁敷料或清洁衣物等覆盖，头面部、手足烧伤可用毛巾等保护创面。中小面积烧伤的四肢创面，需立即浸泡入冷水中(冰水)0.5～1 h，可降低组织代谢，带走“余热”，且有良好的止痛作用；若现场条件有限，亦可用浸湿的清洁布类覆盖创面。注意创面不要盲目外用药物，尤其是有色药物。大面积烧伤如涂红汞，可因创面吸收而导致汞中毒；用有色药物涂抹创面，不仅影响创面深度的判断，还会增加后期清创的困难。

(3) 保护呼吸道

火灾现场中极易发生呼吸道烧伤，烟雾、热力等可导致呼吸道黏膜水肿、痉挛，造成气道梗阻，如不及时处理，可致窒息死亡。处理要点是迅速脱离火场，移至新鲜空气处，保持呼吸道通畅，必要时需吸入高浓度的氧气，甚至需开放气道。

(4) 其他救治措施

烧伤病人体液丢失严重，尤其是烧伤面积在 30%以上的伤者。口渴者，可给予糖盐水口服，但不可大量饮用，以免发生呕吐，更不宜单纯喝白开水，以防发生水中毒。有静脉输液条件的，尽快给予输液治疗。若心脏骤停者应立即做胸外心脏按压。

3. 烧伤病人的安全转送

烧伤病人经现场初步处置后，需转送到有条件的医疗单位进一步救治。转运过程中需注意保护好创面，保持呼吸道通畅，严密观察伤者的神志、脉搏、血压、呼吸及尿量情况，如发生变化，及时汇报处理。飞机转送时注意在起飞和降落时使伤员头部低平位，以保证脑部血液供应。

7.5.2 毒害性事故

实验室中存在许多有毒、有腐蚀性的试剂、药品、气体等，一旦在实验过程中操作不慎，会对人体产生毒害，并引发爆炸、中毒等事故。掌握常见毒物损伤的应急处理，可为送入医院前争取更多的救治成功的机会。

1. 吸入有毒气体的应急处理

立即打开门窗，迅速将中毒者转移至有新鲜空气的地方，解开衣领腰带，让患者深呼吸，保持呼吸道的通畅。现场有条件者可给予吸氧，必要时开放气道，并及时将伤者送往医院救治。心脏骤停者需要立即进行心肺复苏术。救护人员需注意做好自身防护，可用浸湿的毛巾衣物捂住口鼻俯身进入或佩戴防毒面具进入房间。

2. 皮肤接触毒物的应急处理

接触毒物应急处理前需明确毒物的性质，中毒后要牢记接触的毒物名称或将空的毒物试剂瓶一同带入医院，方便医生及时有效的救治。

(1) 切断毒源

皮肤接触毒物后，应立即脱去被污染的衣物，并尽快脱离污染的环境。

(2) 彻底清洗皮肤

立即用大量的流动水彻底冲洗，忌用热水，因热水会使毛细血管扩张而进一步促进毒物的吸收。冲洗时间越长越好，一般为 30 min 左右，对一些强刺激物更应延长冲洗时间。但某些毒物，遇水后会生成刺激性更强或释放更多热量的化学物，如：氢氧化钙(生石灰)、四氯化碳等，宜先用软布或软纸擦拭被污染的皮肤表面，然后再用大量的流动水彻底冲洗。冲洗要全面彻底，尤其不要遗漏皮肤皱褶处及指(趾)甲等处。对污染皮肤的清洗越早、越彻底，其造成的损伤就越小。灼伤严重者经简单处理后需及时送往医院进一步处置。

(3) 中和剂的使用

苯胺污染皮肤时可用肥皂水冲洗，强酸可用 2%～5%碳酸氢钠或 1%氨水中和，酚可用 10%乙醇冲洗，强碱类可用 1%醋酸中和等。注意使用中和剂后需再用流动水彻底冲洗。

(4) 眼的护理

当毒物溅入眼内，应立即用大量流动水彻底冲洗，时间至少为 10～15 min。有条件者可使用洗眼器清洗。没有洗眼器者可用一盆清水，将面部浸入盆内，扒开眼睑，充分摆动头部，将溅入眼内及面部化学物洗掉，然后局部外用眼药水滴眼。

3. 口服中毒的应急处理

(1) 一般原则

禁忌洗胃及导泻，以免加重食管和胃的进一步损伤。强酸类中毒切忌不能口服碳酸氢钠溶液，因会产生 CO_2 气体而导致胃肠胀气、穿孔，可口服 7.5%氢氧化镁混悬液或 10%氢氧化镁凝胶，同时口服润滑剂，如牛奶、生蛋清、植物油等；强碱类中毒可给予口服生蛋清及橄榄油，因强碱作用迅速，中毒后可立即口服 1 000～1 500 mL 清水，稀释强碱的浓度。

(2) 其他措施

及时送往医院救治，镇痛镇静、防治休克、补液促进毒物排泄、血液净化治疗等。对强酸强碱类中毒者，为预防食管狭窄，应尽早考虑食管扩张术。

7.5.3 漏电伤人事故

实验室里许多设备的运行都需要电力，而电线的老化、操作不当产生的电流短路，都可能造成火灾，也会电伤实验人员。由电源直接接触人体导致的电烧伤最常见，其次是由电火花所致的烧伤。在高压电的电场下，不直接接触电源，也有可能发生电击伤。交流电对心脏损害大，可直接导致心脏骤停（或室颤），尤其是低频交流电。因此对触电者进行迅速准确的救治，争分夺秒，才可能挽救伤者生命。

1. 现场处理

(1) 迅速切断电源

可通过关闭电闸，用绝缘材料（如干燥的木棍、绝缘的钳子）挑开或斩断电线，若上述方法无法实施，可用木棍将触电者拨离触电处，或其他绝缘材料包裹患者将其拉离触电处，并拨打急救电话120。救护者不要直接接触触电者，要做好自身绝缘防护，可在脚下放置干燥的木板、厚塑料板或穿绝缘靴等；若高压电触电，因附近电场效应会产生跨步电压，此时需距离触电处至少20 cm外应用绝缘材料切断电源或使用长木棍将伤者脱离，若必须出入危险地带，需单脚着地跨步跳，不可双脚着地。

(2) 密切观察伤者反应

若伤者呼吸微弱或停止、心脏停搏者，需立即进行胸外心脏按压，见上一节“心肺复苏”，直至患者呼吸脉搏恢复或专业救护人员到场，中途不可放弃。

(3) 局部创面处理

电流通过人体会有“入口”和“出口”，入口处常炭化，损伤常较出口处重。在现场对创面的处理主要是避免创面进一步污染，可用干净纱布或衣物覆盖，创面出血者可给予简单包扎止血。

2. 其他处理措施

迅速送往医院救治，常规注射破伤风，维持呼吸循环稳定、防治脑水肿及脏器保护等支持治疗。若患者昏迷程度深，可待生命体征稳定后行高压氧治疗。

7.5.4 机械伤人事故

机械伤人事故一般发生在机械实验室。机床、刨床等高旋转、高重力、高冲击力的器械，操作稍有不当，就会使人受伤，引发安全事故。发生机械伤人事故后现场应急处置很关键。

1. 立即停止机械运行

一旦发现机械伤人事故后，需第一时间停止机械运行，切不可在未关闭机械操作情况下强行拉扯伤者，以免加重进一步的损伤。

2. 止血

局部加压包扎止血是最简便有效的止血方法，注意绷带不宜包扎过紧，以免影响血供导致肢体缺血坏死；大血管出血，加压包扎不能止血时，可采用止血带止血，最好使用充气止血带，紧急情况下可以使用布条、绷带等代替，止血带应扎在伤口的近心端。

3. 包扎固定

创面可用清洁布类或无菌敷料予以包扎，保持创面清洁，避免再污染。创口内不要涂药水或消炎药物，尤其是有色药水，以免影响创面损伤程度判断。疑有骨折者，应妥善固定，可就地取材，采用木板、硬纸板等固定，固定时绷带不宜缠绕过紧，注意露出指(趾)端，便于判断末梢血供。

4. 断肢(指、趾)保存

若不慎导致四肢(指、趾)离断，需妥善保存。若断肢(指、趾)被机器卷入，需将机器拆开取出断肢(指、趾)，避免强行拉扯，损伤断肢(指、趾)完整性。

断肢(指、趾)保存方法，可根据受伤地点距离医院远近而定。若运送距离较近，可将断肢(指、趾)用无菌敷料或清洁布类包好，避免污染，直接连同伤者一起送往医院救治；若运送距离较远，可用无菌敷料或清洁布类包好的断肢(指、趾)放入塑料袋中，再放入密闭的容器内，容器外加冰块或冰袋保存，切忌不能让断肢(指、趾)与冰块直接接触，也不能用任何液体浸泡，以免断肢(指、趾)进一步损伤。

5. 及时送外医院救治

断肢(指、趾)再植时限原则上越早越好，一般以 6～8 h 为限，若伤后即给予妥善冷藏保管，可适当延长。断面整齐，污染轻，神经、血管、肌腱等重要组织损伤轻者，再植成功率高；若断肢不完整，撕脱严重，则再植成功率低。

本章习题及答案

第二篇

专项篇

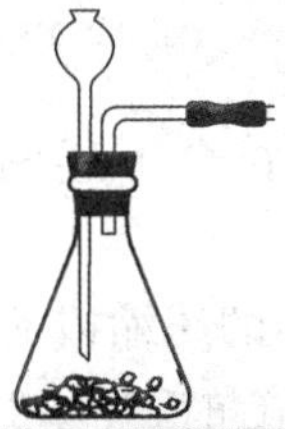

第 8 章 化学化工类实验室安全

DI BA ZHANG

化学和化学工程与技术两大自然科学学科（简称化学化工学科）与人们日常生活和国家经济发展密切相关，化学化工学科若要在科学研究和技术创新方面取得进展、突破和成就，均须建立在实验结果和实验数据的基础上，也就是说，化学化工学科是与实验紧密相连的学科，其生存和发展均离不开实验。在化学化工实验中，需要使用的化学药品与试剂种类繁多，并且许多化学药品具有易燃、易爆、有毒性和腐蚀性等特点；许多实验工作不仅需要在有危险性的条件下进行（如高温、超低温、高压、真空或辐射等条件），还需要使用特殊设备。因此，化学化工实验在不同程度上均存在安全性问题。一旦发生事故，就会造成生命和财产的巨大损失。因此实验工作人员不但需要掌握化学品的基本知识，还需要具备非常强的安全意识，更需要熟练掌握实验安全防护知识，具有安全防护意识，以及应对安全事故的应急处置能力。这是本章的核心内容与目的。

8.1 常用危险化学品基本知识

目前，全世界已有的化学品高达 700 多万种，其中，已作为商品上市的有 10 万多种，全世界每年新出现化学品有 1 000 多种。我国常用的化学品有 2 万多种，其中，许多属于危险化学品。

危险化学品是指具有毒害、腐蚀、爆炸、燃烧、助燃、辐射、麻醉和环境危害等性质，对人体、设施和环境具有危害性，并可能造成伤害或者损害的化学品。

8.1.1 危险化学品分类

化学品按其危险性来分，通常分为一般化学品和危险化学品两大类。

一般化学品通常包括以下四类：无机类（如氯化钠和碳酸氢钠等）、金属类（如锡粒和铋粒等）、指示剂类（如酚酞和中性红等）、其他类（如石墨和分子筛等）。

化学化工实验常用危险化学品按其危险特性分为八类：爆炸品；压缩气体和液化气体；易燃液体；易燃固体、自燃物品和遇湿易燃物品；氧化剂和有机过氧化物；有毒品；腐蚀品；放射性物品。

(一) 爆炸品

爆炸品系指在外界作用下（如受热、受压、撞击等），能发生剧烈的化学反应，瞬时产生大量的气体和热量，使周围压力急骤上升，发生爆炸，对周围环境造成破坏的物品，也包括无整体爆炸危险，但具有燃烧、抛射及较小爆炸危险的物品。

（二）压缩气体和液化气体

压缩气体和液化气体系指压缩、液化或加压溶解的气体，并应符合下述两种情况之一者：

（1）临界温度低于 50 ℃，或在 50 ℃时，其蒸汽压力大于 294 kPa 的压缩或液化气体。

（2）温度在 21.1 ℃时，气体的绝对压力大于 275 kPa，或在 54.4 ℃时，气体的绝对压力大于 715 kPa 的压缩气体；或在 37.8 ℃时，雷德蒸汽压力大于 275 kPa 的液化气体或加压溶解的气体。

常见的压缩气体和液化气体有：

1. 易燃气体

如石油液化气（乙烷、丁烷）、液化天然气（甲烷）、氢气（可液化）、硫化氢、丁二烯等。

2. 不燃气体

（1）压缩气体：氧气、氩气、氮气、二氧化碳等。

（2）液化气体：液氧、液氮、液氩、液氨、液氯、液态二氧化碳等。

3. 有毒气体

（1）压缩气体：氨气、氟气、二氧化硫等。

（2）液化气体：液氯、液氨等。

（三）易燃液体

易燃液体系指易燃的液体、液体混合物或含有固体物质的液体，但不包括由于其危险特性已列入其他类别的液体，其闭环试验闪点等于或低于 61 ℃。

按其闪点又分为低闪点液体（闪点＜－18 ℃）、中闪点液体（－18 ℃＜闪点＜23 ℃）和高闪点液体（23 ℃＜闪点）。

一般按其火灾危险性又可分甲、乙、丙三类：

甲类：闪点＜28 ℃，如汽油、煤油、油漆、油墨、甲苯、丙酮、苯、二甲苯、天那水、乙醇、醋酸乙酯、醋酸丁酯等。

乙类：28 ℃＜闪点≤60 ℃、如松节油、苯乙烯等。

丙类：丙 A 类，60 ℃＜闪点≤120 ℃，如 0# 柴油，乙二醇等；丙 B 类，120 ℃＜闪点，如润滑油等。

（四）易燃固体、自燃物品和遇湿易燃物品

1. 易燃固体

易燃固体系指燃点低，对热、撞击、摩擦敏感，易被外部火源点燃，燃烧迅速，并可能散发出有毒烟雾或有毒气体的固体，但不包括已列入爆炸品的物品。常见的主要有硫黄、红磷、AC 发泡剂、N 发泡剂、OB 发泡剂、晒图盐、感光剂、镁、铝粉、硅粉、冰片、樟脑、硝化纤维塑料（赛璐珞）、棉花等。

2. 自燃物品

自燃物品系指自燃点低，在空气中易发生氧化反应，放出热量，而自行燃烧的物品。常

见的主要有黄磷、油纸、油棉纱、赛璐珞碎屑、活性炭，保险粉等。

3. 遇湿易燃物品

遇湿易燃物品系指遇水或受潮时，发生剧烈化学反应，放出大量的易燃气体和热量的物品，有的不需明火即能燃烧或爆炸。常见的主要有金属钾、钠、钙电石、铝粉、锌粉、保险粉等。

（五）氧化剂和有机过氧化物

1. 氧化剂

氧化剂系指处于高氧化态、具有强氧化性，易分解并放出氧和热量的物质，包括含有过氧基的无机物，其本身不一定可燃，但能导致可燃物的燃烧，与松软的粉末状可燃物能组成爆炸性混合物，对热、震动或摩擦较敏感。常见的如漂白粉（次氯酸钙）、过硫酸铵（钾、钠）、双氧水、高锰酸钾、硝酸盐、高氯酸盐、次氯酸盐、氯酸盐、浓硫酸、硝酸等。

2. 有机过氧化物

有机过氧化物系指分子组成中含有过氧基的有机物，其本身易燃易爆。极易分解，对热、震动或摩擦极为敏感。一般含有过氧化基的有机物基本都是。常见的主要有过氧化甲乙酮（俗称白料）、过甲酸、过乙酸等。

（六）有毒品

有毒品系指进入生物肌体后，当累积达一定的量时，能与体液和器官组织发生生物化学作用或生物物理学作用，扰乱或破坏肌体的正常生理功能，引起某些器官和系统暂时性或持久性的病理改变，甚至危及生命的物品，其经口摄取半数致死量：固体 LD50≤500 mg/kg，液体 LD50≤2 000 mg/kg；LC50≤10 mg/L 的固体或液体。按其毒性的程度可分为剧毒品和毒害品。

1. 剧毒品

列入国家标准《危险货物品名表》（GB 12268—2012）的剧毒品约有 2 150 种。

按剧毒品半数致死量的接触方式可分为：

（1）经口摄取半数致死量：固体 LD50≤50 mg/kg，液体 LD50≤200 mg/kg；

（2）经皮肤接触 24 h，半数致死量 LD50≤1 000 mg/kg；

（3）粉尘、烟雾及蒸汽吸入半数致死量 LC50≤500 ppm 的固体或液体。

按剧毒品化学组成的化学性质可分为：

（1）无机剧毒品

常见的无机剧毒品主要有电镀用的氰化物（氰化钾、氰化钠等）、三氧化二砷（砒霜）、氯化汞等 73 种。

（2）有机剧毒品

常见的有机剧毒品主要有甲苯二异氰酸酯（TDI）、硫酸甲酯、丙烯氰等 262 种。

2. 毒害品

按毒害品化学组成的化学性质可分为：

（1）无机毒害品，列入国家标准（GB 12268—2012）的约有 700 种。如汞、铅、钡、氟的化合物。

(2) 有机毒害品，如草酸等，主要列入 GB 12268—2012 约 1 150 种。

(七) 腐蚀品

腐蚀品系指能灼伤人体组织并对金属等物品造成损坏的固体或液体。与皮肤接触在 4 h 内出现可见坏死现象，或温度在 55 ℃时，对 20 号钢的表面均匀年腐蚀率超过 6.25 mm/y 的固体或液体。

(八) 放射性物品

放射性物品系指放射性比活度大于 7.4×104 Bq/kg 的物品(详细信息参考相关专业书籍)。

1. 酸性腐蚀品

酸性腐蚀品危险性较大，它能使动物皮肤受腐蚀，它也腐蚀金属。其中强酸可使皮肤立即出现坏死现象。这类物品主要包括各种强酸和遇水能生成强酸的物质，常见的有硝酸、硫酸、盐酸、五氯化磷、二氯化硫、磷酸、甲酸、氯乙酰氯、冰醋酸、氯磺酸、溴素、电池液(酸性的)等。

2. 碱性腐蚀品

碱性腐蚀品危险性较大。其中强碱易起皂化作用，故易腐蚀皮肤，可使动物皮肤很快出现可见坏死现象。碱性腐蚀品常见的有氢氧化钠、氢氧化钾、硫化钠、乙醇钠、二乙醇胺、二环已胺、水合肼等、氨水、电池液(碱性的)等。

3. 其他腐蚀品

常见的其他腐蚀品主要有：苯酚钠、氟化铬、次氯酸钠溶液、甲醛溶液等。

8.1.2 常见危险化学品的物化性质、危险特性及相关注意事项

(一) 爆炸品

1. 硝化棉

(1) 理化特性

外观与性状：白色或微黄色，呈棉絮状或纤维状，无臭无味。相对密度：1.66(水=1)；熔点：160～170 ℃；闪点：12.8 ℃；引燃温度：170 ℃；溶解性：不溶于水，溶于酯、丙酮。

(2) 危险特性

暴露在空气中能自燃。本品遇到火星、高温、氧化剂以及大多数有机胺(对苯二甲胺等)会发生燃烧和爆炸。

(3) 操作注意事项

① 密闭操作，局部排风。操作人员必须经过专门培训，使用防爆型的通风系统和设备，避免产生粉尘。

② 远离火种、热源，工作场所严禁吸烟。操作人员佩戴自吸过滤式防尘口罩，穿防静电工作服，不准穿带铁钉的鞋。

③ 避免与氧化剂接触。搬运时要轻装轻卸，防止包装及容器损坏。禁止震动、撞击和摩擦。

④ 配备相应品种和数量的消防器材及泄漏应急处理设备。需要留意倒空的容器可能

残留有害物。

(4) 储存注意事项

① 储存于阴凉、通风的库房。远离火种、热源。库温不超过 25 ℃，相对湿度不超过 80%。

② 保持容器密封。应与氧化剂、可燃物、酸、碱、起爆物、点火器材等分开存放，切忌混储。

③ 采用防爆型照明、通风设施。

④ 禁止使用易产生火花的机械设备和工具。储区应备有合适的材料收容泄漏物。

⑤ 加强仓库检查，每天至少两次，并做好检查记录。

⑥ 执行五双制度(双人验收、保管、发货，双本账、双把锁)。

(5) 运输注意事项

① 铁路运输时须报铁路局进行试运，试运期为两年。试运结束后，写出试运报告，报铁道部正式公布运输条件。

② 运输时运输车辆应配备相应品种和数量的消防器材及泄漏应急处理设备。装运本品的车辆排气管须有阻火装置。

③ 运输过程中要确保容器不泄漏、不倒塌、不坠落、不损坏。严禁与氧化剂等混装混运。运输途中应防曝晒、雨淋，防高温。

④ 中途停留时应远离火种、热源。车辆运输完毕应进行彻底清扫。铁路运输时要禁止溜放。

(6) 防护措施

① 呼吸系统防护：空气中粉尘浓度较高时，建议佩戴自吸过滤式防尘口罩。

② 眼睛防护：必要时，戴化学安全防护眼镜。

③ 身体防护：穿防静电工作服。

④ 手防护：戴一般作业防护手套。

⑤ 其他防护：工作现场禁止吸烟、进食和饮水。工作完毕，淋浴更衣。注意个人清洁卫生。

(7) 禁配物：强氧化剂、胺类。

(二) 压缩气体和液化气体

1. 可燃气体

(1) 可燃气体主要包括：石油液化气、液化天然气和氢气。

① 石油液化气。主要成分：丙烷、丙烯、丁烷、丁烯；理化特性：闪点：−74 ℃；引燃温度：426～537 ℃；爆炸上限：33[(V/V)%]；爆炸下限：5[(V/V)%]。

② 液化天然气。主要成分：甲烷；理化特性：外观与性状：无色无臭气体；相对密度：0.42(−164 ℃)(水＝1)；相对蒸气密度：0.55(空气＝1)；熔点：−182.5 ℃；沸点：−161.5 ℃；闪点：−188 ℃；引燃温度：538 ℃；爆炸上限：15(V/V)%；爆炸下限：5.3(V/V)%。

③ 氢气。理化特性：外观与性状：无色无臭气体；相对蒸气密度：0.07(空气＝1)；辛醇/水分配系数：无资料；闪点(℃)：无意义；引燃温度：400 ℃；爆炸上限：74.1[(V/V)%]；爆炸下限：4.1[(V/V)%]；燃烧热：241.0 kJ/mol；临界温度：−240 ℃。

（2）危险特性

与空气混合能形成爆炸性混合物，遇热或明火即爆炸。气体比空气轻，在室内使用和储存时，漏气上升滞留屋顶不易排出，遇火星会引起爆炸。氢气与氟、氯、溴等卤素会剧烈反应。

（3）操作注意事项

① 密闭操作，加强通风。操作人员必须经过专门培训，严格遵守操作规程。建议操作人员穿防静电工作服。

② 远离火种、热源，工作场所严禁吸烟。使用防爆型的通风系统和设备。防止气体泄漏到工作场所空气中。

③ 避免与氧化剂、卤素接触。在传送过程中，钢瓶和容器必须接地和跨接，防止产生静电。搬运时轻装轻卸，防止钢瓶及附件破损。

④ 配备相应品种和数量的消防器材及泄漏应急处理设备。

（4）储存注意事项

① 储存于阴凉、通风的库房。远离火种、热源。库温不超过 30 ℃，相对湿度不超过 80%。

② 应与氧化剂、卤素分开存放，切忌混储。

③ 采用防爆型照明、通风设施。

④ 禁止使用易产生火花的机械设备和工具。储区应备有泄漏应急处理设备。

（5）运输注意事项

① 采用钢瓶运输时必须戴好钢瓶上的安全帽。

② 钢瓶一般平放，并应将瓶口朝同一方向，不可交叉；高度不得超过车辆的防护栏板，并用三角木垫卡牢，防止滚动。

③ 运输时运输车辆应配备相应品种和数量的消防器材。装运该物品的车辆排气管必须配备阻火装置，禁止使用易产生火花的机械设备和工具装卸。

④ 严禁与氧化剂、卤素等混装混运。夏季应早晚运输，防止日光曝晒。

⑤ 中途停留时应远离火种、热源。公路运输时要按规定路线行驶，勿在居民区和人口稠密区停留。

（6）防护：穿防静电工作服。工作现场严禁吸烟。避免高浓度吸入。进入罐、限制性空间或其他高浓度区作业，须有人监护。

（7）禁配物：强氧化剂、卤素。

2. 不燃气体

不燃气体主要包括：氧气、氩气、氮气、二氧化碳等。

1）氧气（压缩的）

（1）危险特性

氧气助燃，是易燃物、可燃物燃烧爆炸的基本要素之一，能氧化大多数活性物质。与易燃物（如乙炔、甲烷等）形成有爆炸性的混合物。常压下，当氧的浓度超过 40%时，有可能发生氧中毒。

（2）操作注意事项

① 密闭操作，提供良好的自然通风条件。操作人员必须经过专门培训，严格遵守操作

规程。

② 远离火种、热源，工作场所严禁吸烟。远离易燃、可燃物。防止气体泄漏到工作场所空气中。

③ 避免与活性金属粉末接触。搬运时轻装轻卸，防止钢瓶及附件破损。

④ 配备相应品种和数量的消防器材及泄漏应急处理设备。

(3) 储存注意事项

① 储存于阴凉、通风的库房。远离火种、热源。库温不宜超过 30 ℃。

② 应与易(可)燃物、活性金属粉末等分开存放，切忌混储。储区应备有泄漏应急处理设备。

(4) 运输注意事项

① 氧气钢瓶不得沾污油脂。采用钢瓶运输时必须戴好钢瓶上的安全帽。

② 钢瓶一般平放，并应将瓶口朝同一方向，不可交叉；高度不得超过车辆的防护栏板，并用三角木垫卡牢，防止滚动。

③ 严禁与易燃物或可燃物、活性金属粉末等混装混运。夏季应早晚运输，防止日光曝晒。

(5) 禁配物：易燃或可燃物、活性金属粉末、乙炔。

2) 氩气、氮气、二氧化碳

(1) 危险特性

常气压下无毒。高浓度时，使氧分压降低而发生窒息。液态可致皮肤冻伤；眼部接触可引起炎症。若遇高热，容器内压增大，有开裂和爆炸的危险。

(2) 操作注意事项

① 密闭操作，提供良好的自然通风条件。操作人员必须经过专门培训，严格遵守操作规程。防止气体泄漏到工作场所空气中。

② 远离易燃、可燃物。搬运时轻装轻卸，防止钢瓶及附件破损。配备泄漏应急处理设备。

(3) 储存注意事项

① 储存于阴凉、通风的库房。远离火种、热源。库温不宜超过 30 ℃。

② 应与易(可)燃物分开存放，切忌混储。储区应备有泄漏应急处理设备。

(4) 运输注意事项

① 采用钢瓶运输时必须戴好钢瓶上的安全帽。

② 钢瓶一般平放，并应将瓶口朝同一方向，不可交叉；高度不得超过车辆的防护栏板，并用三角木垫卡牢，防止滚动。

③ 严禁与易燃物或可燃物等混装混运。夏季应早晚运输，防止日光曝晒。铁路运输时要禁止溜放。

(5) 防护措施

① 呼吸系统防护：一般不需特殊防护。但当作业场所空气中氧气浓度低于 18%时，必须佩戴空气呼吸器、氧气呼吸器或长管面具。

② 其他防护：避免高浓度吸入。进入罐、限制性空间或其他高浓度区作业，须有人监护。

3. 有毒气体

1) 氯气

(1) 理化特性

外观与性状:黄绿色、有刺激性气味的气体;溶解性:易溶于水、碱液;刺激性:有极强的刺激性气味。

(2) 危险特性

本品不会燃烧,但可助燃。一般可燃物大都能在氯气中燃烧,一般易燃气体或蒸汽也都能与氯气形成爆炸性混合物。氯气的主要燃料物为氯化氢,为有害燃烧产物。

氯气能与许多化学品如乙炔、松节油、乙醚、氨、燃料气、烃类、氢气、金属粉末等猛烈反应发生爆炸或生成爆炸性物质。它几乎对金属和非金属都有腐蚀作用。氯气为有高毒气体(剧毒品),助燃,并具刺激性,若吸入会导致急性中毒和慢性中毒。

① 急性中毒:轻度者有流泪、咳嗽、咳少量痰、胸闷,出现气管炎和支气管炎的表现;中度中毒发生支气管肺炎或间质性肺水肿,病人除有上述症状的加重外,出现呼吸困难、轻度紫绀等;重者发生肺水肿、昏迷和休克,可出现气胸、纵隔气肿等并发症。吸入极高浓度的氯气,可引起迷走神经反射性心脏骤停或喉头痉挛而发生"电击样"死亡。皮肤接触液氯或高浓度氯,在暴露部位可有灼伤或急性皮炎。

② 慢性中毒:长期低浓度接触,可引起慢性支气管炎、支气管哮喘等;可引起职业性痤疮及牙齿酸蚀症。

③ 其他有害作用:该物质对环境有严重危害,应特别注意对水体的污染,对鱼类和动物应给予特别注意。

(3) 操作注意事项

① 严加密闭,提供充分的局部排风和全面通风。操作人员必须经过专门培训,严格遵守操作规程。建议操作人员佩戴空气呼吸器,穿带面罩式胶布防毒衣,戴橡胶手套。

② 远离火种、热源,工作场所严禁吸烟。远离易燃、可燃物。防止气体泄漏到工作场所空气中。

③ 避免与醇类接触。搬运时轻装轻卸,防止钢瓶及附件破损。配备相应品种和数量的消防器材及泄漏应急处理设备。

(4) 储存注意事项

① 储存于阴凉、通风的库房。远离火种、热源。库温不超过 30 ℃,相对湿度不超过 80%。

② 应与易(可)燃物、醇类、食用化学品分开存放,切忌混储。储区应备有泄漏应急处理设备。

③ 应严格执行极毒物品"五双"管理制度。

(5) 运输注意事项

① 本品铁路运输时限使用耐压液化气企业自备罐车装运,装运前需报有关部门批准。铁路运输时应严格按照交通运输部《危险货物道路运输规则》(JT/T 617—2018)中的危险货物配装表进行配装。

② 采用钢瓶运输时必须戴好钢瓶上的安全帽。钢瓶一般平放,并应将瓶口朝同一方向,不可交叉;高度不得超过车辆的防护栏板,并用三角木垫卡牢,防止滚动。

③ 严禁与易燃物或可燃物、醇类、食用化学品等混装混运。夏季应早晚运输，防止日光曝晒。

④ 公路运输时要按规定路线行驶，禁止在居民区和人口稠密区停留。铁路运输时要禁止溜放。

(6) 防护措施

① 呼吸系统防护：空气中浓度超标时，建议佩戴空气呼吸器或氧气呼吸器。紧急事态抢救或撤离时，必须佩戴氧气呼吸器。

② 眼睛防护：呼吸系统防护中已做防护。

③ 身体防护：穿戴面罩式胶布防毒衣。

④ 手防护：戴橡胶手套。

⑤ 其他防护：工作现场禁止吸烟、进食和饮水。工作完毕，淋浴更衣。保持良好的卫生习惯。进入罐、限制性空间或其他高浓度区作业，须有人监护。

(7) 禁配物：易燃或可燃物、醇类、乙醚、氢。

(8) 工程控制：严加密闭，提供充分的局部排风和全面通风。提供安全淋浴和洗眼设备。

(9) 废弃物处理：把废气通入过量的还原性溶液（亚硫酸氢盐、亚铁盐、硫代亚硫酸钠溶液）中，反应后用水冲入下水道。

2) 氨

(1) 理化特性

外观与性状：无色、有刺激性恶臭的气体；相对密度：0.82（−79 ℃）（水＝1）；相对蒸气密度：0.6（空气＝1）；熔点：−77.7 ℃；沸点：−33.5 ℃；引燃温度：651 ℃；临界温度：132.5 ℃；爆炸上限：27.4；爆炸下限：15.7（V/V）%。

(2) 危险特性

本品易燃，有毒，有刺激性；急性毒性：LD50：350 mg/kg（大鼠经口）；其有害燃烧产物：氧化氮、氨；其他有害作用：该物质对环境有严重危害，应特别注意对地表水、土壤、大气和饮用水的污染。

危险性类别：有毒气体

低浓度氨对黏膜有刺激作用，高浓度氨可造成组织溶解坏死，也可引起反射性呼吸停止；液氨或高浓度氨可致眼灼伤；液氨可致皮肤灼伤。还可导致不同程度的急性中毒。轻度者出现流泪、咽痛、声音嘶哑、咳嗽、咯痰等；眼结膜、鼻黏膜、咽部充血、水肿；胸部 X 线征象符合支气管炎或支气管周围炎。中度中毒上述症状加剧，出现呼吸困难、紫绀；胸部 X 线征象符合肺炎或间质性肺炎。严重者可发生中毒性肺水肿，或有呼吸窘迫综合征，患者剧烈咳嗽、咯大量粉红色泡沫痰、呼吸窘迫、谵妄、昏迷、休克等；可发生喉头水肿或支气管黏膜坏死脱落窒息。

与空气混合能形成爆炸性混合物。遇明火、高热能引起燃烧爆炸。与氟、氯等接触会发生剧烈的化学反应。若遇高热，容器内压增大，有开裂和爆炸的危险。

(3) 操作注意事项

① 严加密闭，提供充分的局部排风和全面通风。操作人员必须经过专门培训，严格遵守操作规程。建议操作人员佩戴过滤式防毒面具（半面罩），戴化学安全防护眼镜，穿防静电

工作服，戴橡胶手套。

② 远离火种、热源，工作场所严禁吸烟。使用防爆型的通风系统和设备。防止气体泄漏到工作场所空气中。

③ 避免与氧化剂、酸类、卤素接触。搬运时轻装轻卸，防止钢瓶及附件破损。配备相应品种和数量的消防器材及泄漏应急处理设备。

(4) 储存注意事项

① 储存于阴凉、通风的库房。远离火种、热源。库温不宜超过 30 ℃。

② 应与氧化剂、酸类、卤素、食用化学品分开存放，切忌混储。采用防爆型照明、通风设施。禁止使用易产生火花的机械设备和工具。储区应备有泄漏应急处理设备。

(5) 运输注意事项

① 本品铁路运输时限使用耐压液化气企业自备罐车装运，装运前需报有关部门批准。采用钢瓶运输时必须戴好钢瓶上的安全帽。钢瓶一般平放，并应将瓶口朝同一方向，不可交叉；高度不得超过车辆的防护栏板，并用三角木垫卡牢，防止滚动。

② 运输时运输车辆应配备相应品种和数量的消防器材。装运该物品的车辆排气管必须配备阻火装置，禁止使用易产生火花的机械设备和工具装卸。

③ 严禁与氧化剂、酸类、卤素、食用化学品等混装混运。夏季应早晚运输，防止日光曝晒。中途停留时应远离火种、热源。

④ 公路运输时要按规定路线行驶，禁止在居民区和人口稠密区停留。铁路运输时要禁止溜放。

(6) 防护措施

① 呼吸系统防护：空气中浓度超标时，建议佩戴过滤式防毒面具(半面罩)。紧急事态抢救或撤离时，必须佩戴空气呼吸器。

② 眼睛防护：戴化学安全防护眼镜。

③ 身体防护：穿防静电工作服。

④ 手防护：戴橡胶手套。

⑤ 其他防护：工作现场禁止吸烟、进食和饮水。工作完毕，淋浴更衣。保持良好的卫生习惯。

(8) 禁配物：卤素、酰基氯、酸类、氯仿、强氧化剂。

(9) 工程控制：严加密闭，提供充分的局部排风和全面通风。提供安全淋浴和洗眼设备。

(10) 废弃处置方法：先用水稀释，再加盐酸中和，然后放入废水系统。

(三) 易燃液体

1. 汽油

(1) 理化特性

外观与性状：无色或淡黄色易挥发液体，具有特殊臭味；溶解性：不溶于水，易溶于苯、二硫化碳、醇、脂肪；相对密度：0.70～0.79(水＝1)；相对蒸气密度：3.5(空气＝1)；沸点：40～200 ℃；闪点：－50 ℃；引燃温度：415～530 ℃；爆炸上限：6.0(V/V)％；爆炸下限：1.3(V/V)％。

(2) 禁配物：强氧化剂。

2. 甲苯

(1) 理化特性

外观与性状：无色透明液体，有类似苯的芳香气味；溶解性：不溶于水，可混溶于苯、醇、醚等多数有机溶剂；相对密度：0.87（水＝1）；相对蒸气密度：3.14（空气＝1）；沸点：110.6 ℃；闪点：4 ℃；临界温度：318.6 ℃；引燃温度：535 ℃；辛醇/水分配系数：2.69；爆炸上限：7.0(V/V)%；爆炸下限：1.2(V/V)%；燃烧热：3 905.0 kJ/mol；临界压力：4.11 MPa。

(2) 禁配物：强氧化剂、酸类、卤素等。

3. 煤油

(1) 理化特性

外观与性状：水白色至淡黄色流动性油状液体，易挥发；溶解性：不溶于水，溶于醇等多数有机溶剂；相对密度：0.8～1.0(水＝1)；相对蒸气密度：4.5(空气＝1)；闪点：43～72 ℃；沸点：175～325 ℃；引燃温度：210 ℃；爆炸上限：5.0(V/V)%；爆炸下限：0.7(V/V)%。

(2) 禁配物：强氧化剂。

4. 松节油

(1) 理化特性

外观与性状：无色至淡黄色油状液体，具有松香气味；溶解性：不溶于水，溶于乙醇、氯仿、醚等多数有机溶剂；相对密度：0.85～0.87(水＝1)；相对蒸气密度：4.84(空气＝1)；闪点：35 ℃；沸点：154～170 ℃；引燃温度：253 ℃；临界温度：376 ℃；爆炸下限：0.8(V/V)%。

(2) 禁配物：强氧化剂、硝酸。

5. 天那水

天那水是由甲苯、醋酸丁酯、醋酸乙酯、酒精等组成的中闪易燃混合物。

(1) 危险特性

天那水是甲类易燃液体，其蒸汽比空气重，能在较低处扩散到相当远的地方，遇火源会着火回燃；与空气可形成爆炸性混合物，遇明火、高热均能引起燃烧、爆炸。在密闭容器中遇高温有爆裂或爆炸的危险；与氧化剂能发生强烈反应。

吸入会导致不同程度的中毒：

① 急性中毒：对中枢神经系统有麻醉作用。高浓度吸入出现中毒性脑病。极高浓度吸入引起意识突然丧失、反射性呼吸停止。液体吸入呼吸道可引起吸入性肺炎。溅入眼内可致角膜溃疡、穿孔，甚至失明。吞咽引起急性胃肠炎，重者出现类似急性吸入中毒症状，并可引起肝、肾损害。

② 慢性中毒：神经衰弱综合征、植物神经紊乱（自主神经功能紊乱）、周围神经病。严重中毒出现中毒性脑病，症状类似精神分裂症。

接触会导致皮肤损害。

(2) 操作注意事项

① 密闭操作，全面通风。操作人员必须经过专门培训，严格遵守操作规程。建议操作人员穿防静电工作服，戴橡胶耐油手套。

② 远离火种、热源，工作场所严禁吸烟。使用防爆型的通风系统和设备。防止蒸气泄

漏到工作场所空气中。

③ 避免与氧化剂接触。灌装时应控制流速，且有接地装置，防止静电积聚。搬运时要轻装轻卸，防止包装及容器损坏。

④ 配备相应品种和数量的消防器材及泄漏应急处理设备。倒空的容器可能残留有害物。

(3) 储存注意事项

① 储存于阴凉、通风的库房。远离火种、热源。库温不宜超过 30 ℃。保持容器密封。

② 应与氧化剂分开存放，切忌混储。采用防爆型照明、通风设施。禁止使用易产生火花的机械设备和工具。储区应备有泄漏应急处理设备和合适的收容材料

(4) 运输注意事项

① 本品铁路运输时限使用钢制企业自备罐车装运，装运前需报有关部门批准。运输时运输车辆应配备相应品种和数量的消防器材及泄漏应急处理设备。

② 夏季最好早晚运输。运输时所用的槽(罐)车应有接地链，槽内可设孔隔板以减少震荡产生静电。

③ 严禁与氧化剂等混装混运。运输途中应防曝晒、雨淋，防高温。中途停留时应远离火种、热源、高温区。装运该物品的车辆排气管必须配备阻火装置，禁止使用易产生火花的机械设备和工具装卸。

④ 公路运输时要按规定路线行驶，勿在居民区和人口稠密区停留。铁路运输时要禁止溜放。严禁用木船、水泥船散装运输。

(5) 防护措施

身体防护：穿防静电工作服。工作现场严禁吸烟。避免长期反复接触。

(6) 废弃处置方法：用焚烧法处置。

(四) 易燃固体

1. AC 发泡剂(偶氮二甲酰胺)

(1) 危险特性

遇明火、高热易燃。受高热分解放出有毒的气体。若遇高热可发生剧烈分解，引起容器破裂或爆炸事故。

其他有害作用：该物质对环境有危害，建议不要让其进入环境。应特别注意对水体的污染。

(2) 操作注意事项

① 密闭操作，局部排风。防止粉尘释放到车间空气中。操作人员必须经过专门培训，严格遵守操作规程。建议操作人员佩戴自吸过滤式防尘口罩，戴化学安全防护眼镜，戴防化学品手套。

② 远离火种、热源，工作场所严禁吸烟。使用防爆型的通风系统和设备。避免产生粉尘。

③ 避免与氧化剂、酸类、碱类接触。配备相应品种和数量的消防器材及泄漏应急处理设备。倒空的容器可能残留有害物。

(3) 储存注意事项

① 储存于阴凉、通风的库房。远离火种、热源。防止阳光直射。包装密封。

② 应与氧化剂、酸类、碱类分开存放，切忌混储。采用防爆型照明、通风设施。禁止使用易产生火花的机械设备和工具。储区应备有合适的材料收容泄漏物。

(4) 运输注意事项

① 铁路运输时须报铁路局进行试运，试运期为两年。试运结束后，写出试运报告，报铁道部正式公布运输条件。

② 运输时运输车辆应配备相应品种和数量的消防器材及泄漏应急处理设备。装运本品的车辆排气管须有阻火装置。运输过程中要确保容器不泄漏、不倒塌、不坠落、不损坏。

③ 严禁与氧化剂、酸类、碱类等混装混运。运输途中应防曝晒、雨淋，防高温。中途停留时应远离火种、热源。车辆运输完毕应进行彻底清扫。铁路运输时要禁止溜放。

(5) 防护措施：工作场所禁止吸烟、进食和饮水，饭前要洗手。工作完毕，淋浴更衣。保持良好的卫生习惯。

(6) 禁配物：强氧化剂、强酸、强碱。

(7) 废弃处置方法：建议用控制焚烧法或安全掩埋法处置。若可能，重复使用或在规定场所掩埋。

2. 自燃品

自燃物品系指燃点低，在空气中易发生氧化反应，放出热量，而自行燃烧的物品。常见的主要有黄磷、油纸、油棉纱、赛璐珞碎屑、活性炭，保险粉等。

3. 遇湿易燃物品

1) 连二亚硫酸钠

(1) 危险特性

强还原剂。250 ℃时能自燃。加热或接触明火能燃烧。暴露在空气中会被氧化而变质。遇水、酸类或与有机物、氧化剂接触，都可放出大量热而引起剧烈燃烧，并放出有毒和易燃的二氧化硫等硫化物。

(2) 操作注意事项

① 密闭操作，局部排风。操作人员必须经过专门培训，严格遵守操作规程。建议操作人员佩戴自吸过滤式防尘口罩，戴安全防护眼镜，穿化学防护服，戴乳胶手套。

② 远离火种、热源，工作场所严禁吸烟。使用防爆型的通风系统和设备。远离易燃、可燃物。避免产生粉尘。

③ 避免与氧化剂、酸类接触。尤其要注意避免与水接触。搬运时要轻装轻卸，防止包装及容器损坏。

④ 配备相应品种和数量的消防器材及泄漏应急处理设备。倒空的容器可能残留有害物。

(3) 储存注意事项

① 储存于阴凉、通风的库房。相对湿度保持在75%以下。包装要求密封，不可与空气接触。

② 应与氧化剂、酸类、易(可)燃物分开存放，切忌混储。采用防爆型照明、通风设施。禁止使用易产生火花的机械设备和工具。储区应备有合适的材料收容泄漏物。

(4) 运输注意事项

① 运输时运输车辆应配备相应品种和数量的消防器材及泄漏应急处理设备。装运本品的车辆排气管须有阻火装置。运输过程中要确保容器不泄漏、不倒塌、不坠落、不损坏。

② 严禁与氧化剂、酸类、易燃物或可燃物、食用化学品等混装混运。运输途中应防曝晒、雨淋,防高温。中途停留时应远离火种、热源。运输用车、船必须干燥,并有良好的防雨设施。车辆运输完毕应进行彻底清扫。铁路运输时要禁止溜放。

(5) 防护措施:工作现场禁止吸烟、进食和饮水。工作完毕,淋浴更衣。注意个人清洁卫生。避免受热分解、在空气中可氧化。

(6) 禁配物:强氧化剂、酸类、易燃或可燃物。

(7) 包装方法

塑料袋或二层牛皮纸袋外全开口或中开口钢桶(钢板厚 0.5 mm,每桶净重不超过 50 kg);螺纹口玻璃瓶、铁盖压口玻璃瓶、塑料瓶或金属桶(罐)外普通木箱;螺纹口玻璃瓶、塑料瓶或镀锡薄钢板桶(罐)外满底板花格箱、纤维板箱或胶合板箱。

(8) 废弃处置方法:根据国家和地方有关法规的要求处置。或与厂商或制造商联系,确定处置方法。

2) 铝粉

(1) 危险特性

本品遇湿易燃,具刺激性。大量粉尘遇潮湿、水蒸气能自燃。与氧化剂混合能形成爆炸性混合物。与氟、氯等接触会发生剧烈的化学反应。与酸类或与强碱接触也能产生氢气,引起燃烧爆炸。粉体与空气可形成爆炸性混合物,当达到一定浓度时,遇火星会发生爆炸。

长期吸入可致铝尘肺。表现为消瘦、极易疲劳、呼吸困难、咳嗽、咳痰等。溅入眼内,可发生局部性坏死,角膜色素沉着,晶体膜改变及玻璃体混浊。对鼻、口、性器官黏膜有刺激性,甚至发生溃疡。可引起痤疮、湿疹、皮炎。

(2) 操作注意事项

① 密闭操作,局部排风。最好采用湿式操作。操作人员必须经过专门培训,严格遵守操作规程。建议操作人员佩戴自吸过滤式防尘口罩,戴化学安全防护眼镜,穿防静电工作服。

② 远离火种、热源,工作场所严禁吸烟。使用防爆型的通风系统和设备。避免产生粉尘。避免与氧化剂、酸类、卤素接触。尤其要注意避免与水接触。在氮气中操作处置。搬运时要轻装轻卸,防止包装及容器损坏。配备相应品种和数量的消防器材及泄漏应急处理设备。倒空的容器可能残留有害物。

(3) 储存注意事项

① 储存于阴凉、干燥、通风良好的库房。远离火种、热源。包装密封。

② 应与氧化剂、酸类、卤素等分开存放,切忌混储。采用防爆型照明、通风设施。禁止使用易产生火花的机械设备和工具。储区应备有合适的材料收容泄漏物。

(4) 运输注意事项

① 运输时运输车辆应配备相应品种和数量的消防器材及泄漏应急处理设备。装运本品的车辆排气管须有阻火装置。运输过程中要确保容器不泄漏、不倒塌、不坠落、不损坏。

② 严禁与氧化剂、酸类、卤素、食用化学品等混装混运。运输途中应防曝晒、雨淋,防高

温。中途停留时应远离火种、热源。运输用车、船必须干燥，并有良好的防雨设施。车辆运输完毕应进行彻底清扫。铁路运输时要禁止溜放。

(5) 防护措施

避免接触潮湿空气。

(6) 禁配物

酸类、酰基氯、强氧化剂、卤素、氧。

(五) 氧化剂、有机过氧化物

1. 次氯酸钙

(1) 理化特性

外观与性状：白色粉末，有极强的氯臭。其溶液为黄绿色半透明液体；溶解性：溶于水；主要用途：用作消毒剂、杀菌剂、漂白剂等。

(2) 危险特性

次氯酸钙为强氧化剂，遇水或潮湿空气会引起燃烧爆炸。与碱性物质混合能引起爆炸。接触有机物有引起燃烧的危险。受热、遇酸或日光照射会分解放出剧毒的氯气。

次氯酸钙粉尘对眼结膜及呼吸道有刺激性，可引起牙齿损害。皮肤接触可引起中至重度皮肤损害。

(3) 操作注意事项

① 密闭操作，加强通风。操作人员必须经过专门培训，严格遵守操作规程。建议操作人员佩戴头罩型电动送风过滤式防尘呼吸器，穿胶布防毒衣，戴氯丁橡胶手套。

② 远离火种、热源，工作场所严禁吸烟。远离易燃、可燃物。避免产生粉尘。

③ 避免与还原剂、酸类接触。搬运时要轻装轻卸，防止包装及容器损坏。禁止震动、撞击和摩擦。配备相应品种和数量的消防器材及泄漏应急处理设备。倒空的容器可能残留有害物。

(4) 储存注意事项

① 储存于阴凉、通风的库房。远离火种、热源。库温不超过 30 ℃，相对湿度不超过 80%。包装要求密封，不可与空气接触。

② 应与还原剂、酸类、易(可)燃物等分开存放，切忌混储。不宜大量储存或久存。储区应备有合适的材料收容泄漏物。

(5) 运输注意事项

① 铁路运输时应严格按照铁道部《危险货物运输规则》中的危险货物配装表进行配装。运输时单独装运，运输过程中要确保容器不泄漏、不倒塌、不坠落、不损坏。运输时运输车辆应配备相应品种和数量的消防器材。

② 严禁与酸类、易燃物、有机物、还原剂、自燃物品、遇湿易燃物品等并车混运。运输时车速不宜过快，不得强行超车。运输车辆装卸前后，均应彻底清扫、洗净，严禁混入有机物、易燃物等杂质。

(6) 防护措施

戴氯丁橡胶手套。工作现场禁止吸烟、进食和饮水。工作完毕，淋浴更衣。保持良好的卫生习惯。

(7) 禁配物

强还原剂、强酸、氨、易燃或可燃物、水。

2. 过氧化甲乙酮(白料)

(1) 理化特性

外观与性状:无色油状液体,有愉快的气味;溶解性:不溶于水,溶于醇、醚、苯。

(2) 危险特性

过氧化甲乙酮为强氧化剂,易燃,有毒,为可疑致癌物,具强刺激性和爆炸性。遇明火、高热、摩擦、震动、撞击,有引起燃烧爆炸的危险。与还原剂、促进剂、有机物、可燃物等接触会发生剧烈反应,有燃烧爆炸的危险。其有害燃烧产物主要为一氧化碳和二氧化碳。

过氧化甲乙酮的蒸汽有强烈刺激性,可致眼和皮肤灼伤;吸入引起咽痛、咳嗽、呼吸困难,严重者引起肺水肿。肺水肿为迟发性。口服灼伤消化道,损伤肝肾,可致死。

(3) 操作注意事项

① 密闭操作,提供充分的局部排风。防止蒸气泄漏到工作场所空气中。操作人员必须经过专门培训,严格遵守操作规程。建议操作人员佩戴自吸过滤式防毒面具(全面罩),穿连衣式胶布防毒衣,戴橡胶手套。

② 远离火种、热源,工作场所严禁吸烟。使用防爆型的通风系统和设备。在清除液体和蒸气前不能进行焊接、切割等作业。远离易燃、可燃物。避免产生烟雾。

③ 避免与还原剂、酸类、碱类接触。配备相应品种和数量的消防器材及泄漏应急处理设备。倒空的容器可能残留有害物。

(4) 储存注意事项

① 商品通常稀释后储装。储存于阴凉、通风的库房。远离火种、热源。防止阳光直射。保持容器密封。

② 应与还原剂、酸类、碱类、易(可)燃物、食用化学品分开存放,切忌混储。配备相应品种和数量的消防器材。储区应备有泄漏应急处理设备和合适的收容材料。禁止震动、撞击和摩擦。

(5) 运输注意事项

① 铁路运输时所用的包装方法应保证不引起该物质发生爆炸危险。铁路运输时应严格按照交通运输部《危险货物道路运输规则》(JT/T 617—2018)中的危险货物配装表进行配装。运输时单独装运,运输过程中要确保容器不泄漏、不倒塌、不坠落、不损坏。运输时运输车辆应配备相应品种和数量的消防器材。

② 严禁与酸类、易燃物、有机物、还原剂、自燃物品、遇湿易燃物品等并车混运。车速要加以控制,避免颠簸、震荡。夏季应早晚运输,防止日光曝晒。

③ 公路运输时要按规定路线行驶,禁止在居民区和人口稠密区停留。运输车辆装卸前后,均应彻底清扫、洗净,严禁混入有机物、易燃物等杂质。

(6) 防护措施

呼吸系统防护:空气中浓度超标时,必须佩戴自吸过滤式防毒面具(全面罩)。紧急事态抢救或撤离时,应该佩戴空气呼吸器。

眼睛防护:呼吸系统防护中已做防护。

身体防护:穿连衣式胶布防毒衣。

手防护：戴橡胶手套。

其他防护：工作现场禁止吸烟、进食和饮水。工作完毕，淋浴更衣。保持良好的卫生习惯。

(7) 禁配物

还原剂、酸类、碱类、易燃或可燃物。

(8) 工程控制

严加密闭，提供充分的局部排风。

(9) 包装方法

装入马口铁听，再装入坚固木箱，箱内用不燃材料填妥实，每箱净重不超过 20 kg；螺纹口玻璃瓶、塑料瓶或塑料袋外加普通木箱。

(10) 废弃处置方法

建议用控制焚烧法或安全掩埋法处置。慢慢加入约 10 倍重量浓度为 20% 的氢氧化钠溶液破坏。反应放热，可能需要几个小时。破损容器禁止重新使用，要在规定场所掩埋。

(六) 氰化钾(毒害品)

(1) 危险特性

氰化钾不燃，高毒，具刺激性，易溶于水、乙醇、甘油，微溶于甲醇、氢氧化钠水溶液。长期接触小量氰化物出现神经衰弱综合征、眼及上呼吸道刺激。可引起皮疹、皮肤溃疡。氰化钾受高热或与酸接触会产生剧毒的氰化物气体。与硝酸盐、亚硝酸盐、氯酸盐反应剧烈，有发生爆炸的危险。遇酸或露置空气中能吸收水分和二氧化碳分解出剧毒的氰化氢气体。水溶液为碱性腐蚀液体。

氰化钾能抑制呼吸酶，造成细胞内窒息。吸入、口服或经皮肤吸收均可引起急性中毒。口服 50～100 mg 即可引起猝死。非猝死者临床分为 4 期：前期有黏膜刺激、呼吸加深加快、乏力、头痛；口服有舌尖、口腔发麻等；呼吸困难期有呼吸困难、血压升高、皮肤黏膜呈鲜红色等；惊厥期出现抽搐、昏迷、呼吸衰竭；麻痹期全身肌肉松弛，呼吸心跳停止而死亡。

其他有害作用：该物质对环境可能有危害，对水体应给予特别注意。

(2) 操作注意事项

① 严加密闭，提供充分的局部排风和全面通风。操作尽可能机械化、自动化。操作人员必须经过专门培训，严格遵守操作规程。建议操作人员佩戴头罩型电动送风过滤式防尘呼吸器，穿连衣式胶布防毒衣，戴橡胶手套。

② 避免产生粉尘。避免与氧化剂、酸类接触。搬运时要轻装轻卸，防止包装及容器损坏。配备泄漏应急处理设备。倒空的容器可能残留有害物。

(3) 储存注意事项

① 储存于阴凉、干燥、通风良好的库房。远离火种、热源。包装必须密封，切勿受潮。

② 应与氧化剂、酸类、食用化学品分开存放，切忌混储。储区应备有合适的材料收容泄漏物。应严格执行极毒物品“五双”管理制度。

(4) 运输注意事项

① 铁路运输时应严格按照交通运输部《危险货物道路运输规则》(JT/T 617—2018)中的危险货物配装表进行配装。运输前应先检查包装容器是否完整、密封，运输过程中要确保容器不泄漏、不倒塌、不坠落、不损坏。

② 严禁与酸类、氧化剂、食品及食品添加剂混运。运输时运输车辆应配备泄漏应急处理设备。运输途中应防曝晒、雨淋，防高温。公路运输时要按规定路线行驶，禁止在居民区和人口稠密区停留。

(5) 防护措施

身体防护：穿连衣式胶布防毒衣。

手防护：戴橡胶手套。

其他防护：工作现场禁止吸烟、进食和饮水。工作完毕，彻底清洗。车间应配备急救设备及药品。单独存放被毒物污染的衣服，洗后备用。作业人员应学会自救互救。避免氰化钾接触潮湿空气。

(6) 禁配物：强氧化剂、酸类、水。

(7) 包装方法

装入塑料袋，袋口密封，再装入厚度不小于 0.75 mm 的坚固钢桶中，桶盖严密卡紧，每桶净重 50 kg；螺纹口玻璃瓶、铁盖压口玻璃瓶、塑料瓶或金属桶(罐)外加普通木箱；但玻璃瓶外须加塑料袋。

(8) 废弃处置方法：加入强碱性次氯酸盐，反应 24 h 后，再用大量水冲入废水系统。

(七) 腐蚀品

1. 酸性腐蚀品

1) 硫酸

(1) 理化特性

外观与性状：纯品为无色透明油状液体，无臭，与水混溶。

(2) 危险特性

有强烈的腐蚀性和吸水性，遇水大量放热，可发生沸溅。与易燃物(如苯)和可燃物(如糖、纤维素等)接触会发生剧烈反应，甚至引起燃烧。遇电石、高氯酸盐、雷酸盐、硝酸盐、苦味酸盐、金属粉末等猛烈反应，发生爆炸或燃烧。燃烧的有害产物主要为氧化硫。

硫酸对皮肤、黏膜等组织有强烈的刺激和腐蚀作用。蒸汽或雾可引起结膜炎、结膜水肿、角膜混浊，以致失明；引起呼吸道刺激，重者发生呼吸困难和肺水肿；高浓度引起喉痉挛或声门水肿而窒息死亡。口服后引起消化道烧伤以致溃疡形成；严重者可能有胃穿孔、腹膜炎、肾损害、休克等。皮肤灼伤轻者出现红斑、重者形成溃疡，愈后瘢痕收缩影响功能。溅入眼内可造成灼伤，甚至角膜穿孔、全眼炎以至失明。慢性影响：牙齿酸蚀症、慢性支气管炎、肺气肿和肺硬化。

(3) 操作注意事项

① 密闭操作，注意通风。操作尽可能机械化、自动化。操作人员必须经过专门培训，严格遵守操作规程。建议操作人员佩戴自吸过滤式防毒面具(全面罩)，穿橡胶耐酸碱服，戴橡胶耐酸碱手套。远离火种、热源，工作场所严禁吸烟。

② 远离易燃、可燃物。防止蒸气泄漏到工作场所空气中。避免与还原剂、碱类、碱金属接触。搬运时要轻装轻卸，防止包装及容器损坏。配备相应品种和数量的消防器材及泄漏应急处理设备。倒空的容器可能残留有害物。稀释或制备溶液时，应把酸加入水中，避免沸腾和飞溅。

(4) 储存注意事项

① 储存于阴凉、通风的库房。库温不超过35 ℃,相对湿度不超过85%。保持容器密封。

② 应与易(可)燃物、还原剂、碱类、碱金属、食用化学品分开存放,切忌混储。储区应备有泄漏应急处理设备和合适的收容材料。

(5) 运输注意事项

① 本品铁路运输时限使用钢制企业自备罐车装运,装运前需报有关部门批准。铁路非罐装运输时应严格按照交通运输部《危险货物道路运输规则》(JT/T 617—2018)中的危险货物配装表进行配装。起运时包装要完整,装载应稳妥。运输过程中要确保容器不泄漏、不倒塌、不坠落、不损坏。

② 严禁与易燃物或可燃物、还原剂、碱类、碱金属、食用化学品等混装混运。运输时运输车辆应配备泄漏应急处理设备。运输途中应防曝晒、雨淋,防高温。公路运输时要按规定路线行驶,勿在居民区和人口稠密区停留。

(6) 防护措施

呼吸系统防护:可能接触其烟雾时,佩戴自吸过滤式防毒面具(全面罩)或空气呼吸器。紧急事态抢救或撤离时,建议佩戴氧气呼吸器。

眼睛防护:呼吸系统防护中已做防护。

身体防护:穿橡胶耐酸碱服。

手防护:戴橡胶耐酸碱手套。

其他防护:工作现场禁止吸烟、进食和饮水。工作完毕,淋浴更衣。单独存放被毒物污染的衣服,洗后备用。保持良好的卫生习惯。

2) 硝酸

(1) 理化特性

外观与性状:纯品为无色透明发烟液体,有酸味;溶解性:与水混溶;相对密度(无水):1.50(水=1);相对蒸汽密度:2.17(空气=1);沸点(无水):86 ℃;辛醇/水分配系数:无资料;爆炸上限:无意义;爆炸下限:无意义。

(2) 危险特性

硝酸为强氧化剂,助燃,具强腐蚀性、强刺激性,可致人体灼伤,长期接触可引起牙齿酸蚀症。能与多种物质如金属粉末、电石、硫化氢、松节油等猛烈反应,甚至发生爆炸。与还原剂、可燃物如糖、纤维素、木屑、棉花、稻草或废纱头等接触,引起燃烧并散发出剧毒的棕色烟雾。具有强腐蚀性。

硝酸蒸汽有刺激作用,引起眼和上呼吸道刺激症状,如流泪、咽喉刺激感、呛咳,并伴有头痛、头晕、胸闷等。口服引起腹部剧痛,严重者可有胃穿孔、腹膜炎、喉痉挛、肾损害、休克以及窒息。皮肤接触引起灼伤。

(3) 操作注意事项

① 密闭操作,注意通风。操作尽可能机械化、自动化。操作人员必须经过专门培训,严格遵守操作规程。建议操作人员佩戴自吸过滤式防毒面具(全面罩),穿橡胶耐酸碱服,戴橡胶耐酸碱手套。远离火种、热源,工作场所严禁吸烟。防止蒸气泄漏到工作场所空气中。

② 避免与还原剂、碱类、醇类、碱金属接触。搬运时要轻装轻卸,防止包装及容器损坏。配备相应品种和数量的消防器材及泄漏应急处理设备。倒空的容器可能残留有害物。稀释

或制备溶液时，应把酸加入水中，避免沸腾和飞溅。

(4) 储存注意事项

① 储存于阴凉、通风的库房。远离火种、热源。库温不宜超过 30 ℃。保持容器密封。

② 应与还原剂、碱类、醇类、碱金属等分开存放，切忌混储。储区应备有泄漏应急处理设备和合适的收容材料。

3) 盐酸

(1) 理化特性

外观与性状：无色或微黄色发烟液体，有刺鼻的酸味；溶解性：与水混溶，溶于碱液；相对密度：1.20(水＝1)；相对蒸气密度：1.26(空气＝1)；沸点(20%)：108.6 ℃；辛醇/水分配系数：无资料。

(2) 危险特性

本品不燃，具强腐蚀性、强刺激性，可致人体灼伤，长期接触，引起慢性鼻炎、慢性支气管炎、牙齿酸蚀症及皮肤损害。盐酸能与一些活性金属粉末发生反应，放出氢气。遇氰化物能产生剧毒的氰化氢气体。与碱发生中和反应，并放出大量的热。

接触盐酸蒸汽或烟雾，可引起急性中毒，以及眼和皮肤接触可致灼伤，出现眼结膜炎，鼻及口腔黏膜有烧灼感，鼻衄、齿龈出血，气管炎等。

(3) 操作注意事项

① 密闭操作，注意通风。操作尽可能机械化、自动化。操作人员必须经过专门培训，严格遵守操作规程。建议操作人员佩戴自吸过滤式防毒面具(全面罩)，穿橡胶耐酸碱服，戴橡胶耐酸碱手套。远离易燃、可燃物。防止蒸气泄漏到工作场所空气中。

② 避免与碱类、胺类、碱金属接触。搬运时要轻装轻卸，防止包装及容器损坏。配备泄漏应急处理设备。倒空的容器可能残留有害物。

(4) 储存注意事项

① 储存于阴凉、通风的库房。库温不超过 30 ℃，相对湿度不超过 85%。保持容器密封。

② 应与碱类、胺类、碱金属、易(可)燃物分开存放，切忌混储。储区应备有泄漏应急处理设备和合适的收容材料。

(5) 运输注意事项

① 本品铁路运输时限使用有橡胶衬里钢制罐车或特制塑料企业自备罐车装运，装运前需报有关部门批准。铁路运输时应严格按照交通运输部《危险货物道路运输规则》(JT/T 617—2018)中的危险货物配装表进行配装。起运时包装要完整，装载应稳妥。运输过程中要确保容器不泄漏、不倒塌、不坠落、不损坏。

② 严禁与碱类、胺类、碱金属、易燃物或可燃物、食用化学品等混装混运。运输时运输车辆应配备泄漏应急处理设备。运输途中应防曝晒、雨淋，防高温。公路运输时要按规定路线行驶，勿在居民区和人口稠密区停留。

2. 碱性腐蚀品

1) 氨溶液

(1) 理化特性

外观与性状：无色透明液体，有强烈的刺激性臭味；溶解性：溶于水、醇；pH 值：无意义；

相对密度:0.91(水=1);相对蒸气密度:无资料(空气=1);熔点:无资料;沸点:无资料;引燃温度:无意义;临界温度:无资料;辛醇/水分配系数:无资料;爆炸上限:无意义;爆炸下限:无意义;燃烧热:无意义;临界压力:无资料。

(2) 危险特性

本品不燃,具腐蚀性、刺激性,可致人体灼伤,反复接触低浓度氨溶液,可引起支气管炎,可致皮炎。氨溶液易分解放出氨气,温度越高,分解速度越快,可形成爆炸性气氛。

氨溶液溅入眼内可造成灼伤,皮肤接触可致灼伤。氨溶液吸入后对鼻、喉和肺有刺激性,引起咳嗽、气短和哮喘等;重者发生喉头水肿、肺水肿及心、肝、肾损害。口服灼伤消化道。

(3) 储存注意事项

① 储存于阴凉、通风的库房。远离火种、热源。库温不宜超过 30 ℃。保持容器密封。

② 应与酸类、金属粉末等分开存放,切忌混储。储区应备有泄漏应急处理设备和合适的收容材料。

(4) 运输注意事项

① 铁路运输时,钢桶包装的可用敞车运输。起运时包装要完整,装载应稳妥。运输过程中要确保容器不泄漏、不倒塌、不坠落、不损坏。

② 严禁与酸类、金属粉末、食用化学品等混装混运。运输时运输车辆应配备泄漏应急处理设备。运输途中应防曝晒、雨淋,防高温。公路运输时要按规定路线行驶,勿在居民区和人口稠密区停留。

2) 氢氧化钠(烧碱)

(1) 理化特性

氢氧化钠易溶于水、乙醇、甘油,不溶于丙酮;相对密度:2.12(水=1);相对蒸气密度(空气=1):无资料;沸点:1 390 ℃;辛醇/水分配系数:无资料。

(2) 危险特性

氢氧化钠不会燃烧,遇水和水蒸气大量放热,形成腐蚀性溶液,具有刺激性和强腐蚀性。粉尘刺激眼和呼吸道,腐蚀鼻中隔;皮肤和眼直接接触可引起灼伤;误服可造成消化道灼伤,黏膜糜烂、出血和休克。与酸发生中和反应并放热。遇潮时对铝、锌和锡有腐蚀性,并放出易燃易爆的氢气。

(3) 操作注意事项

① 穿橡胶耐酸碱服,戴橡胶耐酸碱手套。远离易燃、可燃物。避免产生粉尘。

② 避免与酸类接触。搬运时要轻装轻卸,防止包装及容器损坏。配备泄漏应急处理设备。倒空的容器可能残留有害物。稀释或制备溶液时,应把碱加入水中,避免沸腾和飞溅。

(4) 储存注意事项

① 储存于阴凉、干燥、通风良好的库房。远离火种、热源。库内湿度最好不大于 85%。包装必须密封,切勿受潮。

② 应与易(可)燃物、酸类等分开存放,切忌混储。储区应备有合适的材料收容泄漏物。

(5) 运输注意事项

① 铁路运输时,钢桶包装的可用敞车运输。起运时包装要完整,装载应稳妥。运输过程中要确保容器不泄漏、不倒塌、不坠落、不损坏。

② 严禁与易燃物或可燃物、酸类、食用化学品等混装混运。运输时运输车辆应配备泄漏应急处理设备。

（6）防护措施

身体防护：穿橡胶耐酸碱服。

手防护：戴橡胶耐酸碱手套。

其他防护：避免接触潮湿空气。工作场所禁止吸烟、进食和饮水，饭前要洗手。工作完毕，淋浴更衣。注意个人清洁卫生。

（7）禁配物：强酸、易燃或可燃物、二氧化碳、过氧化物、水。

8.2 危险化学品的采购与日常管理

危险化学品具有易燃、易爆、毒害、腐蚀和放射等危险特性，在生产、储存、运输、使用和废弃物处置过程中，如果使用不当或疏于管理，当受到摩擦、震动、撞击、接触火源、日光曝晒、受热、遇水受潮、或遇到性质相抵触的其他物质时，容易引发燃烧、爆炸、中毒和灼伤等事故，造成人员伤亡、财产毁损和环境污染。因此，必须加强对其的管理。

1. 正确看待危险化学品

危险化学品的易燃易爆性和有毒性都具有利弊两重性。化学品一方面容易造成火灾、爆炸等事故而对人类造成危害，另一方面又对人类社会的发展非常有益，如炸药在开矿和铁道等工程中的应用，石油液化气作为家庭燃料等。化学品一方面会使人类中毒而产生伤害；另一方面，许多化学品的毒性对人类是有益的，如药物能够治病，农药可以杀虫和杀菌等。因此，可以说，当今社会没有化学品是不可想象的，“没有化学品，就没有文明的人类社会”。我们对危险化学品需要有一个正确的认识。

科学和社会发展离不开新材料，而新材料的研发必然涉及化学研究。所以不能说化学品有危险就不要进行研究了，关键是如何重视安全，做好防范工作。虽然许多化学品对人类构成了中毒、火灾和爆炸等潜在危害，但只要正确地了解与掌握化学品的特性，建立健全各类规章制度，加强安全教育与防护，就能从根本上预防和根治潜在的危险，就一定能使化学品的危害大大减小，并可控。

2. 化学品安全技术说明书

（1）化学品安全技术说明

化学品安全技术说明，在国际标准化组织（International Organization for Standardization，ISO）及欧洲称为安全数据表（Safety Data sheet，SDS），在美国、加拿大、澳洲及亚洲多国称为材料安全数据表（Material Safety Data Sheet，MSDS）。

SDS（MSDS）是在贸易过程中，化学品生产商或销售商向客户提供的一份详细的物质或混合物的理化参数、燃爆性能、毒性和环境危害以及安全使用、泄漏应急救护处置、法律法规等方面信息的综合性说明文件，相当于产品使用说明书，以帮助该物质或混合物使用者更好地控制风险。

（2）化学品安全技术说明（SDS 或 MSDS）的内容

化学品安全技术说明共包括十六个方面的内容：

第一项：化学品名称和制造商信息(Chemical Product & Company Information)；

第二项：化学组成信息(Composition/Information on Ingredients)；

第三项：危害信息(Hazards Identification)；

第四项：急救措施(First Aid Measures)；

第五项：消防措施(Fire Fighting Measures)；

第六项：泄露应急处理(Accidental Release Measures)；

第七项：操作和储存(Handling and Storage)；

第八项：接触控制和个人防护措施(Exposure Controls/Personal Protection)；

第九项：理化特性(Physical and Chemical Properties)；

第十项：稳定性和反应活性(Stability and Reactivity)；

第十一项：毒理学信息(Toxicological Information)；

第十二项：生态学信息(Ecological Information)；

第十三项：废弃处置(Disposal Considerations)；

第十四项：运输信息(Transport Information)；

第十五项：法规信息(Regulatory Information)；

第十六项：其他信息(Other Information)。

3. 化学品的采购

1) 一般化学品的采购

一般化学品的采购，需要从具有化学品经营许可资质的公司购买，使商品质量得到保障。

2) 危险化学品的采购

危险化学品应统一采购，按需领用，其采购的两项基本要求：

(1) 三证一照

购买危险化学品时，需要供货单位提供"三证一照"：

① 安全生产监督管理局颁发的危险化学品经营许可证；

② 国家税务局颁发的税务登记证；

③ 国家质量技术监督局颁发的组织机构代码证；

④ 工商管理局的营业执照。

并确认其提供的化学试剂和化工原料符合"三征一照"规定的经营范围。

(2) 许可制度

购买剧毒化学品、易致毒化学品、易致爆化学品、放射性物品、麻醉品和精神类药品等国家特定种类危险化学品时，应通过学校向公安、环保和食品药品监督管理等部门提出申请备案，获批准后凭证购买，个人不得擅自购买。

采购时，须查验供货单位的特定种类危险化学品经营许可资质。

4. 危险化学品的贮存

1) 危险化学品贮存的通用要求

(1) 场所应当阴凉干燥、通风、隔热，备有相应的消防器材，并定期检查；

(2) 对于剧毒品等特殊化学品要采取双人双锁、安装必要的监控防盗系统;

(3) 物品分类存放不得叠放;

(4) 数量根据实验用量贮存,不要过多存放;

(5) 定期对化学品的包装、标签和状态进行检查,发现问题,应立即采取措施进行整改。

2) 剧毒化学品贮存的要求

剧毒化学品的贮存需满足化学品贮存的通用要求,配备中毒急救、中和、清洗和消毒等应急用药,严格实验五双制度:

(1) 双人收发,即领用时必须双人发货,双人验收;

(2) 双人运输,运输时必须有双人押运;

(3) 双人使用,称量使用时必须有两人同时在场,切实做好相关记录(如,采购与领用记录,使用与处置记录等),以及记录的留档工作(至少保存两年以上);

(4) 双人双锁保管,存放容器必须有两把锁或两组密码,保管人员必须有两人,每人保管一把或一组密码,两人同时在场才能打开存放容器。

3) 易制毒化学品贮存的要求

易制毒化学品的贮存需满足化学品贮存的通用要求,并实行双人验货、双人存放,切实做好相关采购与领用记录(至少保存两年以上)。

4) 特定易制爆品贮存的要求

特定易制爆化学品贮存参照剧毒化学品的贮存。

8.3 典型化学化工实验的安全意识与防护

在开展化学化工实验前必须查阅化学品安全技术说明(SDS或SMDS),充分了解化合物本身的性质以及在反应过程中可能产生的危险情况,其中,反应时产生的热量和压力,副反应及有毒有害化合物等是实验过程中必须密切关注的环节。

在化学实验过程中,反应体系的温度、压力、化学物质构成、杂质的不稳定性和操作控制(如搅拌和物料的添加速度、装置的传热冷却能力)等都是造成危险的因素,其中,最危险的因素是反应中的热效应。

在开展各类化学化工实验过程中,应特别注意以下几点:

(1) 氧化、硝化、磺化、氯化、加成和聚合等反应发热量较大,需经充分的冷却才能够有效地控制反应;

(2) 硝化和重氮化反应的产物不稳定,具有易爆性,处理时需特别小心,应采取必要的防爆措施;

(3) 氧化和硝化反应易产生不稳定的具有毒性和易爆性的副产物,处理时应采取必要的防爆措施和防毒措施;

(4) 还原反应常用的氢气易发生爆炸,危险性较大;

(5) 对于由氯气做氯化剂的反应,应特别注意对氯气的防护。氯化有机化合物多数对人体有害;氯化反应的有些中间体由于性质不稳定,具有潜在危险性。

8.3.1 典型化学化工实验的安全意识与防护

1. 氧化反应的安全意识与防护

氧化反应的反应热一般都比较大,必须通过及时散热或采用冷却的方式控制温度,否则容易过热,引起副反应增多,导致燃烧和爆炸等危险情况的发生;氧化剂的反应性强,其使用量和浓度等应该特别注意,以保证反应得到有效控制;氧化剂与还原剂、可燃物、有机物等接触容易导致反应失控燃烧爆炸,尤其是本身易爆炸的有机过氧化物。因此,在氧化实验过程中需要注意以下几个方面:

(1) 对于气相反应,须避免形成爆炸性混合气体。实验过程中应注意反应温度,避免因液体蒸汽压升高形成爆炸性混合物。可用氮气等惰性气体稀释爆炸性混合物至爆炸极限以下;

(2) 连续操作时,须密切监测氧的浓度以及反应物和产物的浓度,以便了解是否有爆炸性混合气体产生;

(3) 反应体系中注意不要混入铁锈等杂质。这种杂质往往能催化某些氧化反应,引起副反应增加以及发热过多而导致反应失控;

(4) 在进行有过氧化物产生的反应时,须小心操作,避免因撞击和摩擦等引起爆炸;

(5) 氧化反应进行时必须有足够的冷却能力以控制好反应温度。温度过高时,应立即采用冰水冷却等措施,停止反应,避免发生爆炸等事故;

(6) 须注意液相反应的加料速度和搅拌速度,搅拌应充分。如果开始搅拌慢,会导致反应较慢,发热不大,引起原料积累,随着搅拌速度加速,反应也会随之加快,此时就有可能由于骤然释放大量的热导致反应失控。

2. 还原反应的安全意识与防护

还原反应过程中,往往需要用到强还原剂,遇水会产生氢气并放出大量的热,易引起燃烧爆炸,如氢化铝锂和硼氢化钠(钾)等;这类试剂在潮湿的空气中能发生自燃,使用时需要特别注意;有些多孔性金属催化剂接触空气会发生自燃,这类试剂应保存在溶剂中,必要时可通过充装氮气等惰性气体来加以保护。因此,在还原反应过程中,需要注意以下问题:

(1) 防护失控:采用合适的冷却、搅拌设备和循环泵等;

(2) 防泄漏:检查仪器设备是否完好,连接处是否妥当。使用可燃气体的管路时,防泄漏尤其重要;

(3) 做好处理各种紧急情况的准备,包括可终止反应的物质;

(4) 反应体系使用前应该用惰性气体转换其内部的空气;

(5) 实验结束后,废催化剂应及时妥善处理。对于某些与空气接触会引发燃烧的催化剂,处理其过滤留下的残渣时应格外小心。

3. 硝化反应的安全意识与防护

硝化反应一般是两相反应,即含混酸的水相和含有机反应物的油相之间的反应,操作时应充分搅拌;反应产生的硝基化合物为高能物质,对热不稳定,容易发生猛烈的热分解反应;可燃有机物与硝酸接触,存在受热或机械撞击作用而发生爆炸的危险;某些条件下发生的副反应产物结构很不稳定,存在较大的爆炸危险。因此,需要关注以下几个方面:

(1) 由于反应易引发爆炸,应及时将反应产生的热量带走,控制反应器的温度。反应时须随时监测温度变化,温度计须插入反应液相中;

(2) 须确保性能良好的冷却装置正常运行;

(3) 混酸滴加速度需严格控制,缓慢滴入。一旦发现温度异常,必须立即停止进料(混酸),用冷水或冰水进行降温。如果温度还是上升,应加相应的停止剂或稀释剂,防止反应失控;

(4) 实验可先进行小型试验,充分考虑其热效应变化等情况后再逐步放大实验;

(5) 混酸比其他硝化试剂便宜,但具有氧化性、强酸性,与一些有机物接触仍会引发燃烧或爆炸。同时,由于其反应性高,产生的副反应比较多,使用时须控制其与有机物的比例;

(6) 两相反应须良好的搅拌,才能确保反应顺利进行;

(7) 硝化产物往往是易爆物,反应场所要有防爆措施。处理硝化产物时要小心,包括搬运和保管;

(8) 反应后应注意废酸的处理。

4. 磺化反应的安全意识与防护

磺化反应过程中,磺化试剂能强烈吸水并放热,多数磺化剂有强氧化性,易爆炸,且具有腐蚀性,使用时常用溶剂或气体稀释磺化剂,以降低发热量。其中,由于浓硫酸和发烟硫酸具有较强的腐蚀性,常用三氧化硫取代。因此,需要注意以下几个方面:

(1) 须注意不要让有强氧化性的磺化试剂(硫酸、氯磺酸和三氧化硫等)与可燃反应物发生火灾或爆炸;

(2) 温度的控制对安全操作十分重要。要有充分的搅拌,尤其是使用黏度较大的试剂进行反应时;另外,还需配备合适的冷却装置,使产生的热量迅速被带走;

(3) 不同的磺化方法适用于不同的反应物,应根据具体情况选择。采用共沸去水法时,应除去反应产生的水,促使磺化反应的进行。

5. 氯化反应的安全意识与防护

氯化反应的反应物,如氯气和光气等氯化剂具有高毒性,实验时要特别注意安全;氯气具有氧化性,能助燃,与可燃气体容易形成爆炸性混合物,还可使有些有机化合物分解。芳香烃的氯化比较容易进行,脂肪烃的氯化须在较高温度下进行,发生危险的可能性比芳香烃大。因此,在实验过程中,需要关注以下几个方面:

(1) 杂质往往会引进副反应或影响产物的稳定性。因此,即使是微量的杂质,也要对原料中的杂质进行鉴定,了解其对反应的影响;

(2) 反应系统在通风柜中进行,并防止系统漏气,尾气应有吸收处理系统;

(3) 氯化反应是自由基引发反应,自由基浓度有个积累过程,诱导期较长,所以要注意加料的速度控制,以防反应失控;

(4) 氯化反应通常采用内置冷却式反应器,以提高热传递效率,保持低的反应温度;

(5) 增加氯在溶液中的溶解量,可提高氯化反应速率,但可能因氯气溶解过多导致反应失控而发生爆炸。有时用氯气反应过于强烈,可改用较温和的氯化剂,如二氯亚砜;

(6) 因反应物常为可燃物,须做好防火措施。反应物蒸气在氯气中的自燃温度比在空气(或氧气)中低,操作不当易发生爆炸,实验时应多加注意安全。

6. 聚合反应的安全意识与防护

聚合反应过程中，反应是放热反应，产物的分子量增大，黏度也会随之增大，当反应失控时多数会发生爆炸事故，有些产物的热稳定性差，高温下易分解产生爆炸危险。因此，重点需要关注以下几个方面：

(1) 预先了解可能发生的异常情况，做好控制措施。如果温度过高，应立即采用冰水冷却等措施，停止反应，避免发生爆炸等事故；

(2) 容易发生失控的反应物包括以下官能团：烯烃(乙烯基、烯乙基、连烯、共轭二烯和卤代烯等)、氰基、炔烃、1,2-环氧化物、氮丙啶和醛等，使用时应密切注意；

(3) 须防止可能有催化作用的杂质的进入，以防止副反应，尤其是失控的副反应。该类杂质因具体物质而异，一般为金属离子、铁锈、酸和碱等；

(4) 反应所用自由基引发剂和催化体系中的三异丙基铝等，在储存和使用时应特别引起重视，防止自燃或爆炸发生。

7. 重氮化反应的安全意识与防护

重氮盐的性质在固态时并不稳定，部分甚至在溶液中也不稳定，容易受热分解并进一步释放出大量热，从而可能引发爆炸；此外，重氮盐受光和机械撞击也会引发爆炸。因此，重氮盐合成后不能分离纯化，也不能长时间保存，应在溶液状态时即做即用。因此，具体需要关注以下几个方面：

(1) 防爆是反应最重要的注意事项。实验开始前，必须了解产物的性质，小心处理；

(2) 反应物和亚硝酸盐都不要过量，加料的速度不可过快，避免发生副反应；

(3) 如果发现升温过高，立即加入冷水稀释，防止反应失控；

(4) 重氮化反应的中间产物，具有较大的活性，实验时应特别注意。

8. 加成反应的安全意识与防护

在开展加成反应的过程中，需要注意以下几个方面：

(1) 事先了解主反应和可能的副反应，严格控制温度和加入试剂的速度，并充分搅拌和冷却，使反应得到有效的控制；

(2) 保证反应物和反应试剂纯净，防止引入杂质，以免杂质催化副反应；

(3) 有压力变化的反应要严格注意监测压力；

(4) 反应时应抑制不饱和化合物的聚合，注意环氧化合物的易爆性。

8.3.2　代表性化学化工实验装置的安全意识与防护

1. 常压反应系统的安全意识与防护

1) 玻璃反应系统的安全意识与防护

(1) 装置搭建　由于玻璃易碎且会伤人，在搭建系统时要特别注意固定架子和夹子，并仔细做好玻璃器皿之间的连接与固定。一般来说，不能让玻璃承受过大的应力作用。

(2) 回流反应过程监控　在这样的反应系统开启时，操作人员不能脱岗，保持对反应系统运行的监管是预防燃烧事故的重要保障。这是因为，一方面，若回流反应过程中有玻璃碎裂，易燃有机溶剂就逸出，与加热装置、电动装置或其他装置等所产生的热量或电火花作用，就会引进火灾甚至爆炸；另一方面，若加热失控，或者反应物料喷出等异常情况发生，易引发安全事故，很多实验燃烧事故都是这方面的情况所引发。

(3) 保持系统畅通　玻璃反应系统不耐压力，在反应进行过程中，不能被堵塞，尤其是在研究有气体产生、外界热源加热、可能产生化学作用热效应的化学反应时，必须使玻璃反应系统保持与大气畅通。

2) 非均相固定床催化反应系统的安全意识与防护

在使用非均相固定床催化应系统开展实验的过程中，应注意以下几个方面：

(1) 高压气体钢瓶的固定和防护；

(2) 反应前进行系统检漏作业；

(3) 对于采用易燃易爆气体进行的反应，在反应前和结束后都必须用惰性气体置换残留在系统内的易燃易爆气体；

(4) 加热炉的温度控制系统检测(自动控温系统正常可靠运行)；

(5) 尾气放空管的位置和安全性；

(6) 反应器出口冷凝冷却系统正常运行；

(7) 六通阀和色谱分析系统正常运行。

2. 加压反应系统的安全意识与防护

1) 高压反应釜反应系统

采用高压反应釜开展实验工作，须从具备资质的制造商处购买定型的反应釜，并将所有购买文件和质量保障证书、产品合格证书等存档备案。

开展高压反应实验时，应在高压实验室中进行，并在高压反应釜装置前架设防爆隔离操作面板，当发生低当量的物理爆炸事故时，可以起到临时防爆隔离防护的功能，也能对操作人员起到有效的保护作用，避免重大伤亡事故的发生。

根据国家《特种设备安全监察条例》，对于使用满足压力与容积的乘积大于等于2.5Mpa・L的加压反应釜设备时，操作人员应持证上岗。

2) 加压非均相固定床催化反应系统

采用加压非均相固定床催化反应系统开展实验工作时，需要注意以下几点：

(1) 与常压系统不同的是，本系统中管路和各种构件必须耐压，并要在管路中分段安装压力表；

(2) 系统运行前需试压、检漏；

(3) 反应结束时，先关闭供所源总阀，待压力表批示下降后，关闭前端减压调节阀，控制尾端减压调节阀缓慢卸压；

(4) 系统中安装的防爆安全阀和与其相接的防爆放空管是保障系统安全运行的重要设施，应定期检查，确保其正常运行。

8.3.3 化学化工实验的主要特点

1. 教学类实验的主要特点

(1) 同样的实验装置有多套，每次参加实验的人数众多，实验室拥挤；

(2) 实验所使用的化学试剂量多，实验后产生的废弃物多；

(3) 有专职指导教师进行实验指导、管理，实验秩序相对有序；

(4) 参与实验的学生能力、操作的规范性和安全意识有差异。

2. 研究类实验的主要特点

(1) 变化性:开展实验的人员变化大。人员层次多,流动性大,一般以研究生为主要实验研究人员;

(2) 多样性:涉及的化学品、仪器设备和实验操作复杂多样。化学品的多样性:由于承担的科研任务不同,致使所使用的化学品各类繁多,性质上存在差异,其中不可避免会有易燃易爆、有毒有害物质。仪器设备的多样性:一个实验室同时承担多个科研项目,种类各异的仪器设备和实验装置集中在有限的空间。根据研究目的的不同,实验涉及的实验设备、化学品和实验操作等也各有不同;

(3) 不确定性:随着研究的进展,实验内容也会不断调整,可能会未知的危险物质或危险操作,具有不确定性;

(4) 规范性:硬件配置不规范。许多实验室建设时未能充分考虑到学科的专业安全需求,基本安全设施不完备,在使用中容易再现安全问题。

8.4　化学化工实验的安全防护与急救措施

在化学实验室中,使用化学药品与试剂种类繁多,并且许多化学药品易燃、易爆、有毒或有腐蚀性。许多实验工作要在具有危险性的条件下进行(如高温、超低温、高压、真空或辐射等),需要使用特殊设备。因此,化学实验室存在不同程度的安全性问题。一旦发生事故,即会造成生命和财产的巨大损失。这就要求实验室工作人员不但需要有非常强烈的安全意识,还需要熟练掌握实验室安全防护措施和急救知识,更需要拥有应急处置能力。

化学化工实验室常见的事故有:火灾、爆炸、中毒、机电及玻璃割伤、化学药品腐蚀伤害等。

1. 燃烧

(1) 燃烧的概念

燃烧是一种同时产生热和光的剧烈氧化反应,它必须同时具备三个条件:可燃物质、助燃物质和点火能源。其中,可燃物质包括气体、液体和固体可燃物质;助燃物质包括氧或氧化剂;点火能源包括明火(如火焰和火星)、电气火花、摩擦火花、撞击火花、静电火花、雷击火花、化学反应热、高温表面、日光聚焦和绝热压缩等。

需要指出的是:有时即使燃烧的三要素都具备了,燃烧也并不一定会发生。这是因为可燃物质、助燃物质和点火源都存在极限值。如果可燃物质的浓度不够,或者助燃物质的量不足,或点火源没有足够的温度和热量,不能把可燃物质加热到它的燃点以上,那么燃烧就不能进行。

(2) 燃烧的形式

燃烧主要有以下几种形式:扩散燃烧、蒸发燃烧、分解燃烧和表面燃烧。

(3) 燃烧的速度

可燃物质的燃烧速度与它的形态、被加热的速度、体积大小及空气的供给有关。需要注意的是:气体的燃烧不像固体和液体那样要经过熔化和蒸发等过程,故燃烧速度很快。气体的组成不同，其燃烧速度也不相同，一般在 0.1～10 m/s 之间。正是因为气体的燃烧速度很快，所以，气体燃烧引发的火灾要特别重视，并迅速采取有效的扑救措施。

2. 防火防爆的基本措施

实验室中需要经常使用易燃、易爆以及强氧化型的试剂、气体等，同时经常需要进行加热、灼烧、蒸馏等实验操作，存在较大的着火和爆炸的安全隐患，因此，在平时实验过程中，需要采取以下基本措施：

(1) 控制易燃、易爆物质的使用。在满足实验、研究的条件下，尽量不用或少用危险化学品。特别是在选择有机溶剂时，尽量选用火灾、爆炸危险性低的替代品。

(2) 加强容器设备的密闭性，不能用开口或破损容器盛装易燃物质，容积较大而没有保护装置的玻璃容器不能贮存易燃液体，不耐压的容器不能充装压缩气体和加压气体。

(3) 通风后可燃物质在空气中的浓度一般会少于或等于爆炸下限的四分之一，因此要加强通风。

(4) 不能用带有磨口塞的玻璃瓶盛装爆炸性物质；盛装化学危险品的容器必须清洗干净，以免与其他异物发生反应；使用惰性气体降低空气中氧的含量是防止爆炸的基本原理；干燥爆炸性物质的使用应在惰性气体保护下进行。

(5) 加强化学危险品的安全管理。主要包括：

① 化学危险品必须贮存在专用仓库，应根据其危险性与物性分类存放，不能混存。

② 易燃易爆的实验操作要在通风橱中进行，操作人员需穿戴相应的防护器具。实验完毕及时销毁残存的易燃易爆物，并按规定处理三废。

③ 实验室废液不能随便倾倒与互混，有机溶剂会随水流而挥发并与空气形成爆炸性混合气体。

(6) 消除点火源。具体措施有以下几个方面：

① 尽量不使用明火对易燃液体加热，可采用加热水蒸气、密封电炉或其他加热设备。

② 易燃物不得存放在火焰、电加热器或其他热源附近。工作完毕，立即关闭所有热源。

③ 避免摩擦或冲击产生火花。

④ 防止电器火花。

⑤ 实验室内严禁吸烟。

⑥ 实验室的电热板、电炉、烘箱等放在木质台面上时必须用耐火材料衬垫。

(7) 采取正确灭火方法。

灭火的基本原理是破坏形成燃烧的 3 个条件。也就是可以从可燃物质、助燃物质和点火能源三个方面入手防范火灾，根除安全隐患，将火灾消灭在萌芽状态。因此，灭火的基本方法有：隔离法、冷却法、窒息法、化学中断法。

另外，火灾发生后，除积极灭火外，还要限制火势蔓延。如无法及时灭火或阻止蔓延，应进行疏散以减少财产的损失和人员的伤亡。

3. 防中毒的基本措施

大多数化学品都有不同程度的毒性。有毒物质进入人体的途径有 3 种，即皮肤、消化道和呼吸道。为了预防和避免在实验室内使用毒性物质时的偶然中毒，最根本的一条是一切实验工作都应遵守安全规章制度，严格操作规程。

具体做法主要有以下几种：

(1) 严禁在实验室内饮食，严禁将实验器皿做饮食工具使用。

(2) 用嗅觉检查样品时，只能拂气入鼻，稍闻其味即可，绝不可向瓶口猛吸，严禁以鼻子接近瓶口鉴别。

(3) 工作人员在实验前应熟悉有毒物质的各种性状（包括毒物性质、最高允许浓度、中毒的途径、中毒症状等）和解毒的方法。

(4) 使用有毒气体和可能产生毒性蒸气的实验必须在通风橱中进行。

(5) 凡对有毒物质进行操作时，必须采取必要的防护措施，如穿工作服、带防护用具等，皮肤有伤口者不允许操作有毒物质。

(6) 绝大多数有机溶剂具有毒性，如果实验允许，尽量选用毒性较弱的溶剂。

(7) 有毒物废渣应立即进行无害化处理或者密封并统一处置。有毒废液经解毒后，用水稀释后倒入废液桶内，统一处置。

4. 预防触电的基本措施

预防触电需要注意以下几点：

(1) 非专业人员，不得对电路进行更改。实验室应常备试电笔。

(2) 水可以导电，保持带电体干燥且在干燥的环境中使用电器。

(3) 避免接触或靠近电压高、电流大的带电或通电物体。

(4) 使用电器前，要参考说明书，准确掌握使用方法并了解注意事项。

(5) 长期搁置的电器设备要定期维护。

(6) 根据电路的实际用量来选择适当的保护设备、保险丝、合闸开关。

(7) 各种电器应绝缘性良好并接地线。对高电压、大电流的设备，确保接地电阻符合规范。

(8) 发生火灾时，应先切断电源，然后再进行灭火。

5. 防化学烧伤与玻璃割伤的基本措施

在开展化学化工实验过程中，高温物质、过冷物品、腐蚀性化学物质以及火焰、爆炸、电、放射性物质均可能导致烧伤；割伤包括由玻璃、金属器械造成的伤害。预防这类伤害需要注意以下几个方面：

(1) 取用腐蚀性刺激药品，如强酸、强碱和溴水等，应带上胶皮手套和防护眼镜等；

(2) 必须采用特质的虹吸管移出危险液体，并采取相应的防护措施（如配带防护镜、橡胶手套和围裙等）；

(3) 稀释硫酸时，必须在耐热容器中进行，并且在不断搅拌下，慢慢地将浓硫酸加入水中。绝不能将水加入浓硫酸中；

(4) 加热化学药品时，必须平稳放置，瓶口不能对准人或设备；

(5) 取下正在沸腾的液体时，须夹稳并摇动后再取下，防止液体爆沸伤人；

(6) 切割玻璃管（棒）及进行瓶塞打孔时，易造成割伤。截断玻璃管时，要用布包裹住玻璃管在折断。往玻璃管上套橡胶管时，用水或甘油湿润管外壁及塞内孔，并带好手套，以防玻璃破碎割伤手部；

(7) 装配或拆卸玻璃仪器装置时，要戴手套作业。

8.5 化学化工实验安全事故的应急处理

8.5.1 药品中毒的应急处理

1. 一般应急处理方法

化学药品中毒，要根据化学药品的毒性特点及中毒程度采取相应措施，并及时送医院治疗。

1) 吸入时的处理方法

应先将中毒者转移到室外，解开衣领和纽扣，让患者进行深呼吸，必要时进行人工呼吸。待呼吸好转后，立即送医院治疗。

2) 吞食药品时的处理方法

(1) 为了降低胃液中药品的浓度，延缓毒物被人体吸收的速度并保护胃黏膜，可饮食下列食物：如牛奶、打溶的鸡蛋、面粉、淀粉、土豆泥的悬浮液以及水等；也可在 500 mL 的蒸馏水中，加入 50 g 活性炭；用前再加 400 mL 蒸馏水，并把它充分摇动润湿，然后给患者分次少量吞服。一般 10～15 g 活性炭可吸收 1 g 毒物。

(2) 催吐。用手指或匙子的柄摩擦患者的喉头或舌根，使其呕吐。若用上述方法还不能催吐时，可在酒杯水中，加入 15 mL 吐根糖浆(催吐剂之一)，或在 80 mL 热水中溶解一茶匙食盐饮服。

需要注意的是，当吞食酸、碱之类腐蚀性药品或烃类液体时，由于易形成胃穿孔，或胃中的食物一旦吐出易进入气管造成危险，因而不要进行催吐。

(3) 吞服万能解毒剂(2 份活性炭、1 份氧化镁和 1 份丹宁酸的混合物)。用时可取 2～3 茶匙此药剂，加入一酒杯水，调成糊状物吞服。

(4) 药品溅入口内后，应立即吐出并用大量清水漱口。

2. 常见化学药品中毒的应急处理

(1) 强酸(致命剂量 1 mL)

吞服强酸后，应立即服 200 mL 氧化镁悬浮液，或氢氧化铝凝胶、牛奶及水等，迅速将毒物稀释。然后，至少再吃十几个打溶的鸡蛋作为缓和剂。需要注意的是，由于碳酸钠或碳酸氢钠会产生大量二氧化碳气体，故不要使用。

(2) 强碱(致命剂量 1 g)

吞食强碱后，应立即用食道镜观察，直接用 1%的醋酸水溶液将患处洗至中性。然后迅速服用 500 mL 稀的食用醋(1 份食用醋，加 4 份水)或鲜橘子汁将其稀释。

(3) 氨气

吞服应立即将患者转移到室外空气新鲜的地方，然后输氧。当氨气进入眼睛时，让患者躺下，用水洗涤眼角膜 5～8 min 后，再用稀醋酸或稀硼酸溶液洗涤。

(4) 卤素气体

吞服应立即将患者转移到室外空气新鲜的地方，保持安静。

当吸入的气体是氯气时，给患者嗅 1∶1 的乙醚与乙醇的混合蒸汽。当吸入的气体是溴蒸气时，则应给患者嗅稀氨水。

（5）二氧化硫、二氧化氮、硫化氢气体

吞服应立即将患者转移到室外空气新鲜的地方，保持安静。药品进入眼睛时，应用大量水冲洗，并用水洗漱咽喉。

（6）汞（致命剂量 70 mg $HgCl_2$）

吞食后，应立即洗胃，也可口服生蛋清、牛奶和活性炭作沉淀剂；导泻用 50%硫酸镁。常用的汞解毒剂有二巯基丙醇、二巯基丙磺酸钠。

（7）钡（致命剂量 1 g）

吞食后，将 30 g 硫酸钠溶于 200 mL 水中，给患者服用，也可用洗胃导管注入胃内。

（8）硝酸银

吞食后，将 3～4 茶匙食盐溶于一杯水中，给患者服用。然后服用催吐剂，或者进行洗胃，或者给患者饮牛奶，接着用大量水吞服 30 g 硫酸镁。

（9）硫酸铜

吞食后，将 0.1～0.3 g 亚铁氰化钾溶于 1 杯水中，给患者服用。也可饮用适量肥皂水或碳酸钠溶液。

（10）氰化物（致命剂量 0.05 g）

吸入氰化物后，应立即将患者转移到室外空气新鲜的地方，使其横卧；然后，将沾有氰化物的衣服脱去，立即进行人工呼吸。

吞食氰化物后，同样应将患者转移到空气新鲜的地方，并用手指或汤匙柄摩擦患者的舌根部，使之立刻呕吐，决不要等待洗胃工具到来才处理。因为患者在数分钟内即有死亡的危险。

不管出现任何情况，均要立即进行处理。每隔 2 min 给患者吸入亚硝酸异戊酯 15～30 g。这样氰基便与高铁血红蛋白结合，生成无毒的氰络高铁血红蛋白。接着再给患者饮用硫代硫酸盐溶液，使氰络高铁血红蛋白解离，并生成硫氰酸盐。

（11）烃类化合物（致命剂量 10～50 mL）

吞食后，将患者转移到室外空气新鲜的地方。如果呕吐物进入呼吸道，则会发生严重的危险事故。所以，除非患者平均每公斤体重吞食烃类化合物超过 1 mL，否则应尽量避免洗胃或使用催吐剂。

（12）甲醇（致命剂量 30～60 mL）

吞食后，可用 1%～2%的碳酸氢钠溶液充分洗胃；然后，将患者转移到暗室，以控制二氧化碳的结合能力。为了防止酸中毒，每隔 2～3 h 吞服 5～15 g 碳酸氢钠；同时，为了阻止甲醇代谢，在 3～4 d 内，每隔 2 h，以平均每公斤体重 0.5 mL 的量口服 50%的乙醇溶液。

（13）乙醇（致命剂量 300 mL）

吞食后，首先用自来水洗胃，除去未吸收的乙醇；然后，一点一点地吞服 4 g 碳酸氢钠。

（14）酚类化合物（致命剂量 2 g）

吞食酚类化合物后，应立即给患者饮自来水、牛奶或吞食活性炭以减缓毒物被吸收的速度；然后，应反复洗胃或进行催吐；再口服 60 mL 蓖麻油和硫酸钠溶液（将 30 g 硫酸钠溶于 200 mL 水中）。

注意：千万不可服用矿物油或用乙醇洗胃。

(15) 乙醛(致命剂量 5 g)和丙酮

吞食后，可用洗胃或服用催吐剂的方法除去胃中的药物；随后应服泻药。若呼吸困难，应给患者输氧。

丙酮一般不会引起严重的中毒。

(16) 草酸(致命剂量 4 g)

吞食后，应给患者口服下列溶液使其生成草酸钙沉淀。具体做法是：首先，将 200 mL 水中溶解 30 g 丁酸钙或其他钙盐制成的溶液；然后，可饮服大量牛奶，也可饮用用牛奶打溶的鸡蛋白，起镇痛作用。

(17) 氯代烃

吞食氯代烃后，应用自来水洗胃；然后，饮服硫酸钠溶液(将 30 g 硫酸钠溶于 200 mL 水中)。需要注意的是，千万不要喝咖啡之类的兴奋剂。

吸入氯仿后，应将患者的头降低，让患者伸出舌头，保持呼吸道畅通。

(18) 苯胺(致命剂量 1 g)

如果苯胺沾到皮肤上，应用肥皂和水将污物擦洗除去。

若吞食，应先洗胃，然后服用泻药。

(19) 三硝基甲苯(致命剂量 1 g)

沾到皮肤上时，应用肥皂和水尽量将污物擦洗干净。

若吞食，首先应洗胃或用催吐剂进行催吐，待大部分三硝基甲苯排出体外后，再服用泻药。

(20) 甲醛(致命剂量 60 mL)

吞食甲醛后，应立即服用大量牛奶，再用洗胃或催吐等方法进行处理，待吞食的甲醛排出体外，再服用泻药。如果可能，可服用 1%的碳酸铵水溶液。

(21) 二硫化碳

吞食二硫化碳后，首先应洗胃或用催吐剂进行催吐，让患者躺下，并加以保暖，保持通风良好。

(22) 一氧化碳(致命剂量 1 g)

吞食一氧化碳后，首先应熄灭火源，并将患者转移到室外空气新鲜的地方，使患者躺下，并加以保暖；为了使患者尽量减少氧气的消耗量，一定要使患者保持安静。若呕吐时，要及时清除呕吐物，以确保呼吸道畅通，同时要进行输氧。

3. 化学药品中毒时的急救措施

当发生急性中毒时，现场初步处理具有重要意义。尽快阻止有毒物质继续发生作用，尽可能驱除侵入的毒物，将毒物或毒物在人体内的转化产物中和或无毒化处理，提高人体对毒物的抵抗能力，是急性中毒初步处理的原则。

1) 一般急救措施主要措施

(1) 立即报警并说明情况，同时将患者迅速从中毒环境中转移至空气流通处。

(2) 解开所有妨碍呼吸的衣服，如衣服已被毒物污染，应立即脱去，但注意保暖。

(3) 如腐蚀性物质已溅入眼内或灼伤皮肤，应立即用大量水冲洗，越快越好。

(4) 如患者呼吸微弱或停止呼吸应迅速进行人工呼吸。

(5) 服用湿润的活性炭，对任何毒物中毒都有效。

2) 化学烧伤的急救措施

化学烧伤的急救措施主要包括：

(1) 强酸溅在皮肤上，先用大量的水冲洗，然后用5%碳酸氢钠溶液洗涤。氢氟酸灼伤时，先用大量冷水冲洗直至伤口表面发红，然后用5%碳酸氢钠溶液洗涤，在以甘油与氧化镁(2∶1)悬浮液涂抹，用消毒纱布包扎。

(2) 强碱溅在皮肤上，先用大量的水冲洗，再用2%硼酸或2%醋酸冲洗。

(3) 溴灼伤，先用大量的水冲洗，再用体积比为1∶1∶10的氨水溶液、松节油和酒精的混合液洗涤，包扎。

(4) 酚灼伤，先用大量的水冲洗，再用体积比为4∶1的70%的乙醇与1M的氯化铁混合液洗涤、包扎。

(5) 火烧伤，在现场立刻进行冷却处理。在医生到达之前，用15 ℃左右的冷却水连续冷却，并采用洗必泰或硫柳汞溶液进行消毒，最后，在伤处涂上烫伤药。发生大面积烧伤时，应立即送医院治疗。

(6) 冻伤时，把冻伤部位放入40 ℃(不要超过此温度)的热水中浸30 min左右，待恢复到正常温度后，需把冻伤部位抬高，不包扎。也可饮适量酒精饮料暖和身体。

3) 触电事故的急救措施

(1) 迅速切断电源。如果无法切断电源，利用干木条或绝缘橡皮手套等材料，迅速将触电者拉离电源。

(2) 将触电者迅速转移至附近适当的场所，解开衣服，使其全身舒展。

(3) 如果触电者处于休克状态，并且心脏骤跳或停止呼吸时，要立即施行人工呼吸或心脏按压。

(4) 不管有无外伤，都要立即送医院进行处理。

8.5.2 化学药品灼伤的应急处理

化学药品灼伤时，要根据药品性质及灼伤程度采取相应措施。

(1) 若试剂进入眼中，切不可用手揉眼，应先用抹布擦去溅在眼外的试剂，再用水冲洗。若是碱性试剂，需再用饱和硼酸溶液或1%醋酸溶液冲洗；若是酸性试剂，需先用碳酸氢钠稀溶液冲洗，再滴入少许蓖麻油。若一时找不到上述溶液而情况危急时，可用大量蒸馏水或自来水冲洗，再送医院治疗。

(2) 当皮肤被强酸灼伤时，首先应用大量水冲洗10～15 min，以防止灼伤面积进一步扩大，再用饱和碳酸氢钠溶液或肥皂液进行洗涤。但是，当皮肤被草酸灼伤时，不宜使用饱和碳酸氢钠溶液进行中和，这是因为碳酸氢钠碱性较强，会产生刺激。应当使用镁盐或钙盐进行中和。

(3) 当皮肤被强碱灼伤时，尽快用水冲洗至皮肤不滑为止。再用稀醋酸或柠檬汁等进行中和。但是，当皮肤被生石灰灼伤时，则应先用油脂类的物质除去生石灰，再用水进行冲洗。

(4) 当皮肤被液溴灼伤时，应立即用2%硫代硫酸钠溶液冲洗至伤处呈白色；或先用酒精冲洗，再涂上甘油。眼睛受到溴蒸气刺激不能睁开时，可对着盛酒精的瓶内注视片刻。

(5) 当皮肤被酚类化合物灼伤时，应先用酒精洗涤，再涂上甘油。

8.5.3 起火与爆炸的应急处理

实验室起火或爆炸时，要立即切断电源，打开窗户，熄灭火源，移开尚未燃烧的可燃物，根据起火或爆炸原因及火势采取不同方法灭火并及时报告。

1. 灭火方法

(1) 地面或实验台面着火，若火势不大，可用湿抹布或砂土扑灭。

(2) 反应器内着火，可用灭火毯或湿抹布盖住瓶口灭火。

(3) 有机溶剂和油脂类物质着火，火势小时，可用湿抹布或砂土扑灭，或撒上干燥的碳酸氢钠粉末灭火；火势大时，必须用二氧化碳灭火器、泡沫灭火器或四氯化碳灭火器扑灭。

(4) 电起火，立即切断电源，用二氧化碳灭火器或四氯化碳灭火器灭火（四氯化碳蒸汽有毒，应在空气流通的情况下使用）。

(5) 衣服着火，切勿奔跑，应迅速脱衣，用水浇灭；若火势过猛，应就地卧倒打滚灭火。

2. 烧伤的应急处理

应根据烧伤的程度，采取不同的方法进行救治。

1) 烧伤的分类

我国按"三度四级法"对烧伤的深度进行分级：

(1) Ⅰ度烧伤：伤及表皮层；临床见局部红斑，无水疱，烧灼性疼痛；1 周内愈合。

(2) 浅Ⅱ度烧伤：伤及真皮浅层，部分生发层健在。有水疱，水疱基底潮红，剧痛，2 周内愈合，愈合后无瘢痕，可有色素沉着或脱失。

(3) 深Ⅱ度烧伤：伤及真皮深层，皮肤附件健在。临床见有水疱，水疱基底红白相间，痛觉迟钝，3～4 周愈合，愈合后有瘢痕。

(4) Ⅲ度烧伤：伤及全层皮肤，甚至皮下组织、肌肉、骨骼。无水疱，焦痂，有树枝状栓塞血管，无痛，不能自愈。

2) 烧伤现场急救的基本原则

(1) 迅速脱离致伤源。迅速脱去着火的衣服或采用水浇灌或卧倒打滚等方法熄灭火焰。切忌奔跑喊叫，以防增加头面部、呼吸道损伤。

(2) 立即冷疗。冷疗是用冷水冲洗、浸泡或湿敷。为了防止发生疼痛和损伤细胞，烧伤后应迅速采用冷疗的方法。在 6 h 内有较好的效果。冷却水的温度应控制在 10～15 ℃为宜，冷却时间至少要 0.5～2 h 左右。对于不便洗涤的脸及躯干等部位，可用自来水润湿 2～3 条毛巾，包上冰片，把它敷在烧伤面上，并经常移动毛巾，以防同一部位过冷。若患者口腔疼痛，可口含冰块。

(3) 保护创面。现场烧伤创面无须特殊处理。尽可能保留水疱皮完整性，不要撕去腐皮，同时只要用干净的被单进行简单的包扎即可。创面忌涂有颜色药物及其他物质，如龙胆紫、红汞、酱油等，也不要涂膏剂如牙膏等，以免影响对创面深度的判断和处理。

(4) 镇静止痛。尽量减少镇静止痛药物应用，如遇到疼痛敏感伤者可皮下注射杜冷丁、异丙嗪等药物；若伤者持续躁动不安，应考虑是否有休克现象，切不可盲目使用镇静剂。

(5) 液体治疗。烧伤面积当达到一定程度，患者可能发生休克。若伤者出现犯渴要水的早期休克症状，可少量饮用淡盐水，一般一次口服不宜超过 50 mL。不要让伤者大量饮用白开水或糖水，以防胃扩张或脑水肿。深度休克需静脉补液。静脉输液以等渗盐水、平衡液为主的液体，依据条件可补低右、血浆等胶体。通常晶体与胶体以 1∶1 或 2∶1 为宜。同时可适量补充一些 5%～10%葡萄糖液，忌单独大量输注葡萄糖液，尤其是病情严重需长距离转送的患者。

(6) 转送治疗。原则上就近急救，若遇危重患者，当地无条件救治，需及时转送至条件好的医院。

转送过程中需要注意几方面：

① 保证输液，减少休克发生的可能性。

② 保持呼吸道通畅。伴有吸入性损伤者，轻度需抬高头部，中度需气管插管，重度需气管切开。

③ 留根导尿管，观察尿量。成人最好保证 80～100 mL/h；小孩 1 mL/h · kg 体重。

④ 注意创面简单包扎。

⑤ 注意复合伤的初步处理。

⑥ 注意患者保暖。

⑦ 运输途中要尽量减少颠簸，减少休克发生可能性。

8.5.4　烫伤的应急处理

烫伤时，如伤势较轻，涂上苦味酸或烫伤软膏即可；如伤势较重，不能涂烫伤软膏等油脂类药物，可撒上纯净的碳酸氢钠粉末，并立即送医院治疗。

8.5.5　玻璃割伤的应急处理

化学实验室中最常见的外伤是由玻璃仪器或玻璃管的破碎引发的。作为紧急处理，首先应止血，以防大量流血引起休克。原则上可直接压迫损伤部位进行止血。即使损伤动脉，也可用手指或纱布直接压迫损伤部位即可止血。

由玻璃片或管造成的外伤，首先必须检查伤口内有无玻璃碎片，以防压迫止血时将碎玻璃片压深。若有碎片，应先用镊子将玻璃碎片取出，再用消毒棉花和硼酸溶液或双氧水洗净伤口，再涂上红汞或碘酒(两者不能同时使用)并包扎好。若伤口太深，流血不止，可在伤口上方约 10 cm 处用纱布扎紧，压迫止血，并立即送医院治疗。

8.6　常见危险化学品的灭火及应急处理方法

本章习题及答案

第 9 章

生物类实验室安全

DI JIU ZHANG

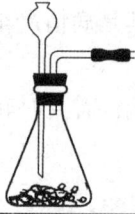

9.1 生物类实验室的安全风险

在生物实验室内，不仅存在着用水、用电、防火、防盗等一般安全问题，同时由于其实验特殊性，在实验过程还存在着可能涉及各种化学危险品、放射性物质、对人、畜有或轻或重传染性的细菌、病毒等微生物、生物样品、生物废弃物等，如果防范不当而引发安全事故，将造成实验室工作人员的感染，甚至可能因传染源的外泄而引发危及社会公众的生物灾难的发生。

9.1.1 生物类实验室的常见安全风险

生物类实验室究竟存在哪些安全风险？最常见的有以下四种：

1. 危险化学品的危害

教学、科研实验中使用的危险化学品数量众多、品种繁杂、性质各异，不论是生物样品的提取与分离中使用到的乙醇、丙酮等有机试剂，还是分子生物学实验中用到的苯酚、甲醛、氯仿、DTT、Trizol、TTC、EB、焦碳酸二乙酯、丙烯酰胺、甲叉双丙烯酰胺等，在储存和使用过程中潜藏着极大的危险性。有的化学品如果使用不当会引起燃烧爆炸、污染环境，有的化学品具有一定的毒性，可能对人体心肝脾肺等器官和组织造成不良影响或是严重伤害，更可能产生致癌性和致畸性。每位实验研究人员在进行实验之前必须充分了解这些化学品的性质、暴露途径，学会正确规范的使用与管理，以防止化学品事故的发生和可能造成的危害。

2. 火和电的危害

在生物类实验室中，火和电的不规范使用和管理，除了直接造成人员伤害和财务损失，更重要的是它有可能引发危险化学品、病原体泄漏等更为严重的安全事故。因此消防安全和电气安全也是生物实验室安全防范的重要环节。

3. 使用仪器设备不当造成的安全风险

在生物类实验室中，使用仪器设备不当造成的安全风险主要有：使用没有温度过高断路装置或没有可靠的接地装置的培养箱、干燥箱，而引发电火花，从而导致火灾事故的发生；不适当使用离心机，在离心之前未能将转轴上的离心桶吊篮进行平衡处理而引发的事故；家用型冰箱中存放危险性化学品不当而导致泄露引发的事故；厌氧培养箱中没有正确使用气体而引发的爆炸；高压灭菌器使用不当引起的烫伤和爆炸；酒精灯的不正确使用引发的火灾等。实验室应当建立实验室仪器设备管理制度，落实专人做好实验室仪器设备的维护、保养工作，保证仪器设备安全运行，并做好相应台账。

4. 实验室的生物危害

除了危险化学品、火和电以及仪器设备使用不当造成的危害这三种实验室所普遍存在的安全风险，生物类实验室因其专业特殊性，还存在一个特殊的安全风险——来自实验室的生物危害。生物危害指的是生物因子，如细菌、病毒、毒素或医疗废弃物等对生物体，尤其是人类健康造成的危害，是危害发生的概率和严重程度的综合。实验室的生物危害是指在实验室进行病原微生物的研究、检测等过程中，对实验室人员造成的危害和对环境造成的污染。在教学和科学研究活动中使用对人、畜有高度传染性的细菌、病毒等微生物时，如果管理疏忽和意外不仅会导致实验室工作人员的感染，甚至可能危及社会，引起大规模传染病的发生。下面列举几个典型事例。

(1) 出血热病毒

老话说“一颗老鼠屎，坏了一锅粥”，现在“一只老鼠能引发血案”，流行性出血热就是以老鼠为主要传染源的传染病。1961 年在莫斯科的一家研究所，实验人员从流行性出血热疫区捕捉到一些野鼠带回实验室，由于疏忽而把这些野鼠放在了室内暴露的场所。过了不久，该实验室中有 63 人出现发热状况，1 周后又增加了 30 人，最后事故被认为是野鼠身上带有的出血热病毒，它以气溶胶的形式污染了实验室空气，导致实验室人员感染了流行性出血热。1998 年西安某高校在使用大鼠实验时，学生给实验的大鼠放血、解剖，其中有 2 名学生被大鼠咬伤，29 名实验人员中 9 人感染流行性出血热。2006 年长春市某高校中药系实验室 76 名学生中 10 名感染流行性出血热。

(2) 布鲁氏杆菌

感染了布鲁氏杆菌后会产生布鲁氏病，这是一种人畜共患性全身传染病，简称“布病”。1899 年就有此菌实验室感染的记载。1938 年美国密歇根州立学院布氏杆菌病实验室，羊布氏杆菌泄露，感染了 45 人，其中 1 人死亡。20 世纪 50 年代中期，布鲁氏杆菌由于容易制造、不会引起无法控制的疫情等特点，成为美军发展生物武器时率先尝试的细菌。2010 年 12 月，4 只未经检疫的山羊进入了东北农业大学的实验室，27 位学生和 1 名教师在进行羊活体动物实验后患上了“布病”。布鲁氏病目前在我国被归类为乙类传染病，与我们更为熟悉的“非典”、“猪流感”、炭疽、艾滋病、流行性出血热等同属一类传染病。

(3) SARS 病毒

SARS 病毒因在 2003—2004 年肆虐全球而被世人所熟知。2003 年 9 月，由于不当的实验程序，西尼罗病毒样本与 SARS 冠状病毒在实验室里交叉感染，新加坡国立大学一名 27 岁的研究生感染 SARS 病毒。同年 12 月，台湾军方预防医学研究所的四级生物安全实验室的一位工作人员，由于人手不足，一名科研人员单独工作时，在处理实验室废弃物过程中出现疏忽，装有实验废弃物的塑料袋破裂，染上 SARS 病毒，在事故发生后没有主动通报，出现发烧症状也没有第一时间告知和上报，造成了严重后果。百密一疏，2003 年 SARS 疫情平息后，2004 年 4 月，被卫生部指定为 SARS 毒株的 6 家保管单位之一的中国疾病预防控制中心的实验室也发生感染事件。

这些与生物病原体相关的实验室感染事件，给国家带来了不同程度的财产损失的同时，对实验室工作人员的生命、身心健康造成了严重威胁和伤害，给世界和各国也敲响了警钟。

9.1.2 生物类实验室的生物安全

生物安全源于人们对生物安全性的担忧而出现，狭义上指用来防止非故意泄露病原体和毒素，使病原微生物在实验室受到安全控制而采取的一系列防护原则、技术和措施。广义上，生物安全包括自然或人为物种及人类活动导致的剧烈环境变化对其他物种、生物多样性和生态系统造成的危害，科学研究、开发、生产和应用过程中对人类健康、生存环境和社会生活造成的有害影响，自然爆发的传染疾病及人为发动的恐怖袭击对人类生命和财产安全的损害等生物安全威胁，以及对其采用的一系列有效的生物安全预防和控制措施。进入21世纪以后，生物安全更是涉及政治、经济、科学、社会、伦理和国家安全等一系列重大问题。实验室生物安全主要涉及病原微生物安全、实验动物安全、转基因生物安全等方面。

1. 实验室生物安全事故的特点

一般实验室生物安全事故具有以下特点：

(1) 传染的普遍性

尽管病原微生物只占微生物总量的极少一部分，但微生物实验室工作人员却时常有受到意外感染。人们逐渐认识到生物技术可能对人类和环境产生不良影响，却又无法确切知道这种影响到底有多大。

(2) 危害的公共性

病原体外泄是有可能污染外界环境与人群，它可能只局限于几个受害人，但背后却隐藏着巨大的公共风险。在经济全球化背景下，贸易和旅游业的日趋频繁，逐步增高的人口流动率大大增加了病原体在全球范围内传播的可能性。

(3) 后果的严重性

实验室生物危害的受害者不仅限于实验者本人，同时被感染者作为一种生物危害源，可能会进一步传染给家属、社会人群或实验动物。近年来生物安全问题变得更加的多样化、复杂化，形势越发严峻。像SARS和炭疽这些大型生物安全事件，不仅仅是人们肉体受到伤害，更严重的是打击了人们的心理，严重干扰了正常的生活、工作和学习，对社会的影响更是无法估量的。一旦生物安全无法得到保障，不仅影响了生物多样性、自然界的生态平衡、人类的身心健康，就连国家的政治安全、经济安全、军事安全、社会伦理道德等方面都会受到影响。

目前，生物安全已经引起了各国的高度重视，在发展生物科学的同时，也在积极进行生物安全方面的研究，制定、发布和实施一系列的法规、条例和规定。生物安全管理执行具有强制性，执行不力的研究单位和个人，严重者将被依法追究法律责任。

2. 实验室的生物感染事件发生原因

实验室内病原微生物如何暴露而造成人员感染，并向实验室外环境泄露的？一般实验室感染事件有以下三种类型。

(1) 事故性感染

事故性感染主要是实验室长期运行中，试验工作人员的疏忽或主观麻痹大意，未遵守实验室生物安全规则和程序，管理程序执行不严，以及仪器设备老化或故障，使本来接触不到的微生物直接或间接感染实验人员，污染了环境。

(2) 气溶胶感染

当操作液体或半流体，在操作琼脂平板划线接种，用吸管接种细胞培养瓶，采用加样器将感染性试剂混悬液进行转移时，对感染性物质及逆行匀浆、漩涡振荡，对感染性物质进行离心以及进行动物操作时，都会产生感染性气溶胶。这些感染性物质以气溶胶的形式飘散在空气中，人呼吸了这种空气，造成了感染。在这些能产生微生物气溶胶的操作中，有些是因为试验人员在操作过程中精力不集中、操作动作不稳定或违反操作规程的，有些是操作方法不当或器材使用不当，在操作方法上或器材使用上略加改进，即可大大减少微生物气溶胶的产生。

(3) 外力因素导致的感染

外力因素也是造成实验室生物泄露的重要因素，如地震、台风、洪水等自然灾害，人为偷盗破坏、恐怖袭击及战争等人为因素。生物武器就是一种人为的实验室感染。

针对存在的危险采取的一系列措施来消除风险，减少危害，是实验室生物安全需要解决的问题。

3. 生物类实验室的生物感染途径

无论是事故性事件、气溶胶感染还是人为破坏，这些病原微生物又是如何“逃逸”，通过什么样的传播途径感染人群？了解可能的感染途径，有助于我们找到阻断感染的有效方法。常见的实验室感染来源有四个。病原微生物分别借助于呼吸道、口、伤口、皮下或黏膜进入人体。

(1) 经呼吸道吸入

实验室的许多操作可以产生微生物气溶胶，比如微生物接种、吸液、注射、离心、实验动物解剖、人为不小心的溢出或溅洒，样品的混合、混旋、研磨、剧烈摇动、超声破碎，灌注和倒入液体，以及开瓶时两个界面的分离等。这些操作能在不知不觉中形成气溶胶，让人难以察觉。而病原菌随空气流动、扩散，污染了实验室的空气，当工作人员吸入污染空气，便会引起感染。除此之外，患有呼吸道传染病或皮毛上染有病原微生物的实验动物也可以产生微生物气溶胶。气溶胶在一个实验室产生后，会通过气流转移到同一建筑物的其他地方，污染整个建筑物内的空气。

(2) 经口摄入

用嘴吸吸管取液，液体溅洒进入口中，在实验室吃东西、饮水和吸烟，把手指放入口中(如咬指甲)，渗漏污染物(标签、钢笔)等都具有一定的风险，通过这些行为会直接导致感染的可能性。

(3) 锐物导致的意外接种

被污染的针尖刺伤、被刀片或碎玻璃割伤、动物或昆虫咬伤、抓伤等创伤导致引起的意外感染。

(4) 经皮肤和黏膜

含病原体的液体溢出或溅洒在皮肤或黏膜上，或操作时感染物外溅而与污染的表面和物品接触，以及手口间活动传播，通过由皮下或黏膜透入引起的感染。

通过对以往实验室感染事件的调查分析，发现通过呼吸道气溶胶传播是实验室生物安全事故发生的主要原因。

9.2 生物类实验室的生物安全防护措施

为了保证实验室生物安全，减少实验室事故的发生，1983 年世界卫生组织（World Health Organization，WHO）制定了《实验室生物安全手册》，手册对世界各国制定和建立实验室生物安全操作规范起了示范和指导作用。1983 年以来，已有许多国家地区在该手册的指导下制定了本国的生物安全操作规程。我国也在 2004 年正式颁布实验室生物安全国家标准《实验室生物安全通用要求》（GB 19489—2004），并于 2008 年更新为《实验室生物安全通用要求》（GB 19489—2008）之后又颁布了《病原微生物实验室生物安全管理条例》（国令第 424 号），《生物安全实验室建筑技术规范》（GB 50346—2011），《突发公共卫生事件应急条例》（国令第 376 号）等条例，目前我国已经建立了较为完善的生物安全实验室建设和管理的基本政策、规则、准则体系。

9.2.1 病原微生物的分类

根据生物因子的相对危害程度，世界卫生组织将感染性微生物划分为四级危险度，危险度从一级至四级依次提高，我国将病原微生物分为四类，第一类危险度最高，第四类危险度最低（表 9-1）。

表 9-1 感染性微生物危害度等级划分标准

危险度等级（WHO）	《实验室生物安全手册》（WHO）	类别（我国）	《病原微生物实验室生物安全管理条例》
1 级	不太可能引起人类动物疾病的微生物。（无或极低的个体和群体危险）	四类	在通常情况下不会引起人类或动物疾病的微生物。
2 级	病原体能够引起人或动物致病，但对实验室工作人员、社区、牲畜或环境不易导致严重危害。实验室暴露也许会引起严重感染，但对感染具有有效预防和治疗措施，并且疾病传播的危险有限。（个体危险中等，群体危险低）	三类	能够引起人类或动物疾病，但一般情况下对人、动物或者环境不构成严重伤害，传播风险有限，实验室感染后很少引起严重疾病，并且具备有效治疗和预防措施的微生物。
3 级	病原体通常能引起人或动物严重疾病，但一般不会发生感染个体向其他个人的传播，并且对感染具有有效的预防和治疗措施。（个体危险高，群体危险低）	二类	能够引起人类或动物严重疾病，比较容易直接或间接在人与人、动物与人、动物与动物间传播的微生物。
4 级	病原体通常能引起人或动物严重疾病，并且很容易发生个体之间的直接或间接传播，对感染一般没有有效的预防和治疗措施。（个体和群体的危险均高）	一类	能够引起人类或动物非常严重疾病的微生物，以及我国尚未发现或者已经宣布消灭的微生物。

根据卫生部制定的《人间传染的病原微生物名录》(卫科教发[2006]15号),基础实验室常用的枯草芽孢杆菌、猫肝炎病毒等属于通常不会引起人类或动物疾病的四类微生物。各型的肝炎病毒、流行性感冒病毒,肠杆菌属、金黄色葡萄球菌等属于能够引起人类或动物疾病,但不构成严重伤害,传播风险有限的三类微生物。艾滋病毒、SARS冠状病毒属于能够引起人类或动物严重疾病,比较容易直接或间接传播的二类微生物。埃博拉病毒、天花病毒、霍乱弧菌、炭疽杆菌等属于能够引起人类或动物非常严重疾病的一类微生物,且通常无预防和治疗方法。第一类、第二类病原微生物统称为高致病性病原微生物。

9.2.2　生物安全水平实验室的设计

要做到生物风险的防范,首先得对实验室生物安全风险进行评估,选择适当的实验室生物安全防护水平。根据危险度评估结果将微生物因子归入某一生物安全水平,不同级别的生物安全实验室需要具备不同水平的符合国家标准的实验室建筑、相应的安全设施和实验室操作技术。根据微生物的危险等级,结合实验室安全其他因素,采取了4个生物安全等级标准(BSL-1、BSL-2、BSL-3和BSL-4)来控制实验室的生物危害,生物安全实验室与之对应分为四级,分别对应1~4级生物安全防护水平,BSL-1防护水平最低,BSL-4防护水平最高。同时,以ABSL-1、ABSL-2、ABSL-3和ABSL-4对应动物实验室的相应生物安全防护水平。一般来说,基础的教学和科研,初级卫生服务,诊断、研究,操作的为危险度为一、二级的微生物,分别对应一级和二级生物安全防护水平(BSL-1、BSL-2)。三级、四级生物安全防护水平(BSL-3和BSL-4)对应的为高致病性微生物。这些措施能够帮助实验人员确定合理的防护等级,有效抑制不明原因的感染事件。表9-2列出了不同危险度等级的生物安全水平所对应的操作对象、操作和设备要求。

表9-2　与微生物危险度等级相对应的生物安全水平、操作和设备

危险度等级	生物安全水平	实验室类型	实验室操作	安全设施
1级	基础实验室—BSL-1	基础的教学、科研	微生物学操作技术规范	不需要;开放实验台
2级	基础实验室—BSL-2	初级卫生服务;诊断、研究	微生物学操作技术规范,加防护服、生物危害标准	开放实验台,此外需要生物安全柜用于防护可能产生的气溶胶
3级	防护实验室—BSL-3	特殊的诊断、研究	在BSL-2水平上增加特殊防护服、进入制度、定向气流	生物安全柜和/或其他所有实验室工作所需要的基本设备
4级	最高防护实验室—BSL-4	危险病原体研究	在BSL-3水平上增加气锁入口、出口淋浴、污染物品的特殊处理	Ⅲ级生物安全柜或Ⅱ级生物安全柜并穿正压服、双开门高压灭菌器(穿过墙体)、经过滤的空气

1. 一级生物安全水平实验室(BSL-1)

BSL-1在设计时,实验室台面、墙壁、天花板和地板等均需要按照行业标准进行设计,实验操作和安全设备也适用于基础的教学和科学研究,以及那些对人体不造成威胁的生物因子。实验室产生的垃圾或者废弃物还需要分类收集和处理。

除此之外,BSL-1还要为实验室安全运行、清洁、维护和物品储存提供足够的空间;实验室的门还应该有可视窗,并达到适当的防火等级,最好能自动关闭;在出口处安装洗手池;同时还需要消防、应急供电、应急淋浴以及洗眼器等安全系统;设置的机械通风系统,需要空气向内单向流动,如果没有机械通风系统,那么实验室窗户应当能够打开,并安装防虫纱窗;实验室产生的垃圾或者废弃物还需要分类收集和处理;实验室入口应当有生物防护级别标识,必要时应有毒性、放射性等危害标识,在黑暗中也能辨认的紧急出口和疏散标识。基础实验室常用的枯草芽孢杆菌、猫肝炎病毒就是需要BSL-1防护的代表微生物。

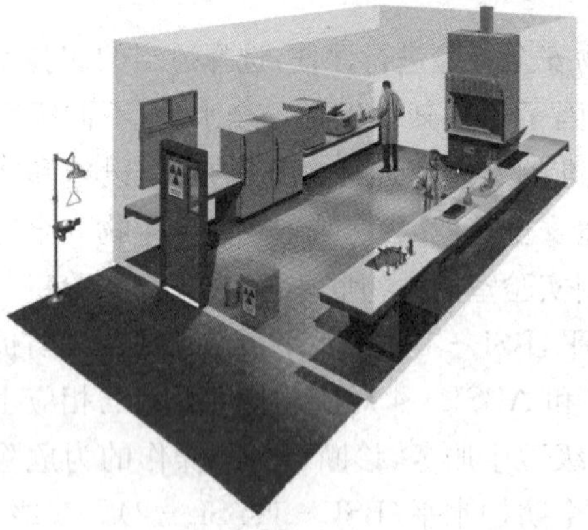

图9-1　典型的一级生物安全水平实验室(BSL-1)

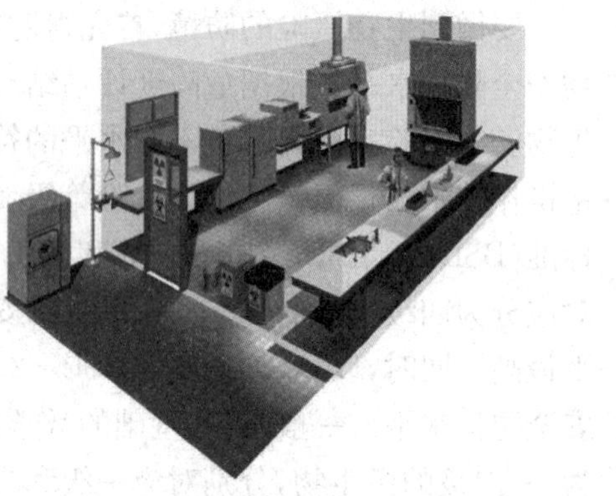

图9-2　典型的二级生物安全水平实验室(BSL-2)

2. 二级生物安全水平实验室(BSL-2)

BSL-2的实验室设施、安全设备和实验操作的设计,适用于临床、诊断、教学、研究具有二级危险度的生物因子。在BSL-2中,除了BSL-1的基本设施和配置之外,还应当配备生物安全柜,在生物安全柜中进行可能产生气溶胶的操作。实验材料尽量用一次性塑料用品,比如一次性塑料接种环,一次性塑料移液管,一次性培养皿等,尽量避免使用玻璃制品;在取液时使用移液辅助器,避免用口吸的方式进行移液;在靠近实验室的位置配备高压灭菌器或其他清除污染的工具;门上贴有生物危害警告标识,同时明确标示实验室名称、生物安全水平等级、实验室负责人及其紧急联系方式等信息。当然,更高的生物安全防护水平,还需要更严苛的垃圾分类和处理。

BSL-2防护的代表微生物是乙肝病毒、HIV、沙门氏菌属和弓形虫类等,也适用于操作人血液、体液、组织或原代人细胞系等可能存在未知感染性生物因子的标本。

图9-3　典型的三级生物安全水平实验室(BSL-3)

3. 三级生物安全水平实验室(BSL-3)

BSL-3适用于操作可经空气传播,感染剂量低,能导致严重的、甚至致命的感染微生物。其实验建筑与基础设施除了满足BSL-1、

BSL－2的要求外，还要同时满足隔离原则，通过设隔离区、隔离门、缓冲间，与自由活动区域分隔开；以及密封和密闭原则，为了便于清除污染，实验室应该密封；窗户也应该关闭、密封且防碎；还要建立可使空气定向流动的、由高效空气过滤器过滤、更新，不会逆流至该建筑物内的其他区域的可控通风系统。同时，应安装直观的监测系统，以便工作人员随时确保实验室内维持正确的定向气流；实验室内供水管还必须安装防逆流装置，使用非手控的水槽；以及在BSL－2基础上更严格的防护措施。

4. 四级生物安全水平实验室(BSL－4)

BSL－4提供在BSL－3基础上更严格的防护措施，是等级和安全性最高的生物安全实验室，是为进行能够引起人类或者动物非常严重疾病的微生物，以及人类尚未发现或者已经宣布消灭的微生物相关工作而设计的最高防护实验室。BSL－4研究的对象具有高度危险性，并可经过气溶胶传播导致严重甚至致命的感染，且这些感染通常没有可预防的疫苗或可治疗的药物。2018年1月中国科学院武汉病毒研究所的国家生物安全(四级)实验室正式投入运行，这是我国首个最高等级生物安全实验室，历经10余年设计建设而成，实验室为我国提供一个完整、先进的生物安全体系，标志着我国具备了开展烈性病原体研究与检测的硬件条件。

不同危险度等级的微生物必须在不同的物理性防护(隔离设备、实验室设计及实验设施)条件下操作，以此来有效阻止传染性微生物释放到环境中，也为实验研究人员提供安全保障。在确立适当的生物安全水平时，除了考虑危险度等级，另外还需要考虑其他一些因素。例如，归入危险度2级的微生物因子，进行安全工作通常需要二级生物安全水平的设施、仪器、操作和规程。但是，如果特定实验需要发生高浓度的气溶胶时，则需要三级生物安全水平对实验工作场所内气溶胶实施更高级别的防护。

9.2.3 生物实验室的安全防护装备

安全设备和个体防护装备是生物安全防护的第一道屏障，在保障实验室生物安全和实验人员健康方面起着关键作用。生物实验室安全设备包括生物安全柜、负压隔离装置、高效过滤器等屏障设备和高压灭菌器、污水处理系统、焚烧炉等消毒灭菌设备。个体防护装备包括对人身体、眼睛、头部、面部、手部和足部，甚至听力、呼吸等各方位的物理屏障，以防御物理、化学、生物等外界因素的伤害。

1. 安全设备

1) 生物安全柜

生物安全柜是生物类实验室最为常见的安全设备。在处理感染性物质、空气传播感染的危险系数大或进行极有可能产生微生物气溶胶的操作时，为保护操作者、实验室环境和实验样品而采取的保护措施。生物安全柜根据结构、正面气流速度、送排风方式可分为Ⅰ，Ⅱ，Ⅲ级三个级别。

(1) Ⅰ级生物安全柜

Ⅰ级生物安全柜内的空气为单向非循环式，房间空气从前面开口处进入安全柜内，空气经过工作台表面，微生物操作时产生的气溶胶经过高效过滤系统(HEPA)将粉尘颗粒或感染因子过滤掉，变为干净无污染的气体经排气口释放到外界环境。操作者的双手可以从生物安全柜前面的开口伸到工作台面上，并可以从玻璃窗观察到柜内工作情况。安全柜的玻璃窗在停止使用时能完全抬起来，以便于台面清洁或仪器设备、实验物品的摆放等。(图 9－4)

但由于是单向非循环排风，送入工作台面的风并没有经过高效过滤，因此仅能保护实验操作人员和环境免受生物危害，不能确保实验对象不会被实验室内的空气所污染，也不能完全避免交叉感染的可能性。因此Ⅰ级生物安全柜使用范围极为有限，已经落后于现代生物安全防护水平的需要。一般 BSL－1 无须使用生物安全柜，当然也可根据需要选用Ⅰ级生物安全柜。

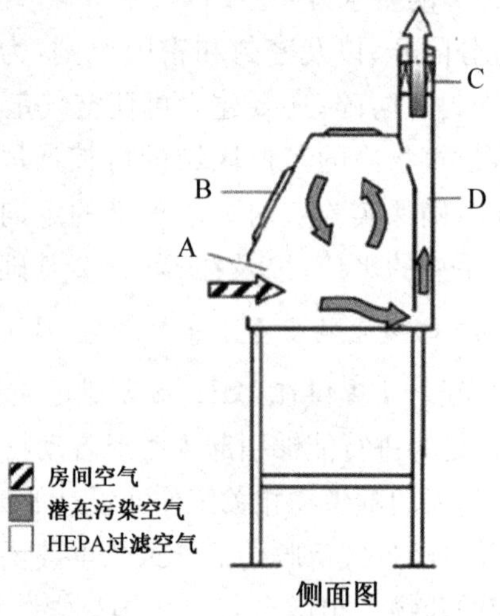

图 9－4　Ⅰ级生物安全柜原理图

A:前开口;B:窗口;

C:排风 HEPA 过滤器;D:压力排风系统

(2) Ⅱ级生物安全柜

Ⅱ级生物安全柜不但能提供个体防护，还能只让经过 HEPA 过滤的空气流进入工作台面，从而保护实验对象不受房间空气的污染。Ⅱ级生物安全柜可根据入口气流速度、排气方式和循环方式不同可分为四种不同的类型(分别为 A1、A2、B1、B2 型)，用以操作危险度 2 级和 3 级的感染性物质。Ⅱ级 A1 型生物安全柜内置风机将空气从前开口引入安全柜内并进入前面的进风格栅，经供风 HEPA 过滤器过滤向下流过工作台面，保护了安全柜内存放的样品和仪器不被外界空气污染。空气在流动至工作台面进行分流，一部分通过前面的排风格栅，另一部分通过后面的排风格栅排出，其进气流能防止操作微生物时产生的气溶胶从安全柜前面操作窗口逃逸到实验室内。生物安全柜中操作形成的所有气溶胶被这样的气流带走，经两组格栅排出，也为实验对象提供了最好的保护。风机将气流送至压力通风系统到达安全柜顶部，不同于Ⅰ级生物安全柜的 100%外排，Ⅱ级安全柜 70%气流经供风 HEPA 过滤器过滤重新返回生物安全柜内进行内循环，30%气流经排风系统的 HEPA 过滤器过滤外排入房间或连接专用通风管道或建筑物的排风系统排到建筑物外面。

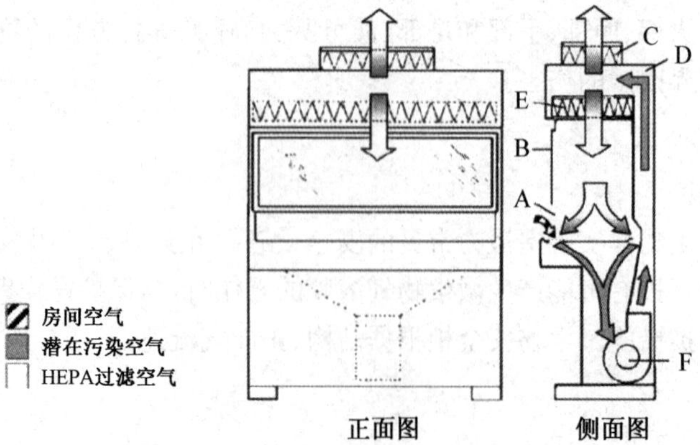

图 9－5　Ⅱ级 A1 型生物安全柜原理图

A:前开口;B:窗口;C:排风 HEPA 过滤器;D:后面的压力排风系统;E:供风 HEPA 过滤器;F:风机

Ⅱ级其他型号的生物安全柜都是由A1型生物安全柜变化而来,在前面开口吸入空气的速度、在工作台面上再循环空气的量以及从生物安全柜中排出空气的量、安全柜的排风系统以及压力装置等方面进行变化,设计上的每一种变化可以使不同的类型适用于特定的目的。Ⅱ级生物安全柜为目前应用最为广泛的生物安全柜,所有的Ⅱ级生物安全柜都可提供人员、环境和样品的保护,可以用于一、二、三级危险度生物因子操作使用。

(3) Ⅲ级生物安全柜

Ⅲ生物安全柜(手套箱)是为四级生物安全水平等级所设计的,以提供最高安全防护等级的生物安全柜,为研究人员在操作四级危险度级别病原体时提供人员、实验对象和环境最高等级的安全保护。当然,每一种生物安全柜的HEPA过滤器都有一定的使用寿命,使用过程中细菌和尘埃会在过滤器上积聚,导致过滤器压力增大。一般过滤器使用寿命到期后,需要立即请专业人员来进行更换,更换过程中需要进行必要的安全防护。

需要注意的是,超净工作台和通风橱,不能用于生物安全操作。超净工作台主要用于微生物的接种,室内空气经过高效过滤器过滤形成洁净气流吹向工作台面,保护实验样品免受工作区域外的粉尘或细菌的污染,但带有微生物气溶胶的空气向实验操作人员和环境溢出,对人员和环境是没有保护作用。通风橱则是用于防止有毒化学烟气对人员的危害,通过风机将气流由工作台面向外界排放,以此来保护工作人员和实验室环境,对外界环境和实验样品不具有保护作用。

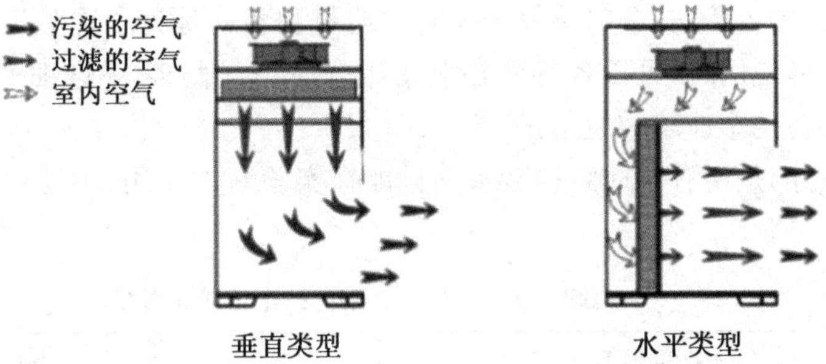

图9-6　超净工作台的工作原理图

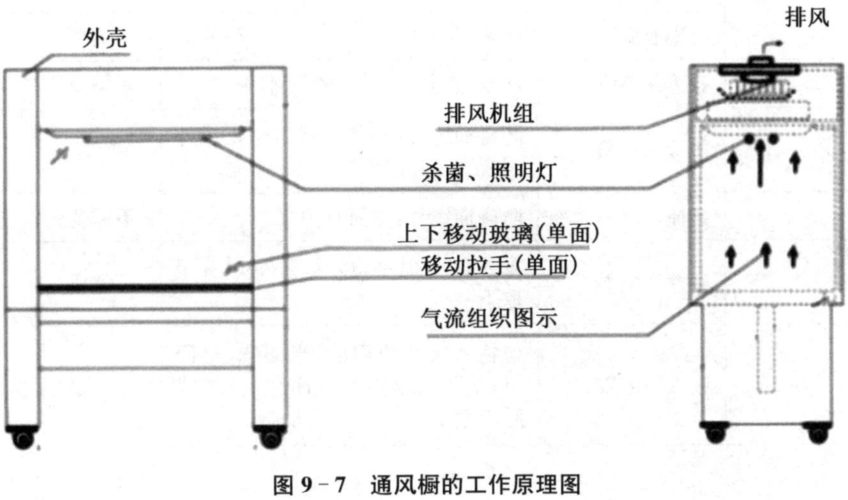

图9-7　通风橱的工作原理图

2）高压灭菌器

通过高压灭菌器的高温高压蒸汽可以杀死一切微生物，甚至包括细菌的芽孢、真菌的孢子等耐高温个体，是使用最广的、最有效的灭菌方法。高压灭菌器根据冷空气排放方式的不同可分为下排式、预真空式和燃料加热压力锅式。在基础教学、科研实验室中采用得比较多为燃料加热压力锅式高压灭菌器，其中电加热最为常见。其原理是将待灭菌的物品放在密闭的灭菌器内，通过电加热，使灭菌器隔套内的水沸腾而产生蒸汽；由下而上水蒸气混合灭菌器中的冷空气，并经排气口排出，待所有的空气排出后关闭排气阀；继续产生的水蒸气增加了密闭灭菌器内的压力，从而使水的沸点增高，得到了高于 100 ℃的温度，在 0.1 MPa 压力下灭菌器内温度可达 121 ℃，导致微生物细胞内蛋白质凝固变性而达到杀死微生物的目的。电加热高压灭菌器构造简单，操作容易，可用于医疗器械、敷料、玻璃器皿、溶液培养基等的消毒灭菌，广泛应用在生物、农业、卫生医疗等领域。但由于燃料加热压力锅式高压灭菌器到达的灭菌温度比较低，一般不作为高危害性传染微生物的灭菌应用。

另外安全设施还包括洗眼器、紧急喷淋装置、移液辅助器等。当需要取液时，可使用移液辅助器免于用口吸液，避免经口吸入或食入危险性物质。当试验人员的眼睛或者皮肤接触有毒、腐蚀性化学品或病原微生物时，可用洗眼器、紧急喷淋装置对眼睛或皮肤进行紧急冲洗、喷淋，避免有害物质对人体有进一步的伤害。

2. 个体防护装备

实验服、手套、护目镜、安全眼镜等个体防护器材和装备是为了屏蔽生物因子与人体发生直接接触，在具体使用时，可以各种防护装备组合使用。表 9－3 详细列出了 BSL－1 和 BSL－2 中需要配备的个体防护装备。

需要特别注意的是所有个体防护装备均只能在实验室内使用，不得穿离或者戴离实验区域。

表 9－3　BSL－1 和 BSL－2 配备的个体防护装备

装备	避免的危害	安全性特征	BSL－1	BSL－2
实验服、隔离衣、连体衣	污染衣服	背面开口，罩在日常服装外	实验服	罩衫或防护服
塑料围裙	污染衣服	防水	不需要	最好有
鞋袜，鞋/靴套	碰撞和喷溅	防水，遮盖鞋袜，不露脚趾	不需要	最好有
护目镜	碰撞和喷溅	防碰撞镜片(必须有视力矫正或外戴视力矫正眼镜)，侧面有护罩	需要	需要
安全眼镜	碰撞	防碰撞镜片，侧面有护罩	不需要	最好有
面罩	碰撞和喷溅	罩住整个面部，发生意外时易于取下	不需要	需要
防毒面具	吸入气溶胶	包括一次性使用的、半面罩，全面罩；全罩式动力空气净化；供气式呼吸面罩	不需要	最好有

（续表）

装备	避免的危害	安全性特征	BSL－1	BSL－2
手套	直接接触微生物划破	微生物学认可的一次性乳胶、乙烯树脂或聚腈类材料；保护手；网孔结构	需要	需要
帽子	污染头发	防水，保护头部、头发	不需要	需要

操作和BSL－1有关的微生物，一般不需要生物安全柜之类的特殊遏制装置或设备，但需要穿实验服、工作服等以避免污染，若手上有伤或出皮疹，则需要戴手套，必要时还需要佩戴保护眼睛的相关器具。

操作和BSL－2有关的微生物，需要配备生物安全柜安全防护设备和高压灭菌器之类的消毒设备。任何时候都要正确使用运行良好的生物安全柜，如果必须在生物安全柜外处理微生物时，需穿防护服装，佩戴安全眼镜、口罩、面罩、手套（戴两副更合适）或其他防溅装备。BSL－2所用的培养物、储存物及其他实验室废弃物都需要按规定进行严格的消毒灭菌处理后，才可进行转移。

9.2.4　动物实验室的生物安全防护

实验动物和动物实验是生命科学的重要研究手段，动物感染实验期间，存在人员感染和环境污染的各种危险因素。实验动物对人的潜在危害有三种，包括：人兽共患疾病的传染，实验动物的抓伤、咬伤、踢伤等导致的感染，动物尿液、唾液、毛发、皮屑等过敏原导致的过敏性疾病。实验动物对环境的潜在危害主要来源于实验所产生的废气（气溶胶、臭氧等）、废水（洗刷、手术和其他用水）、废弃物（垫料、动物尸体或组织、一次性物品等），这些都可能对周围环境造成一定的生物危害。

与生物安全水平实验室一样，随着动物生物安全防护水平的提高，动物生物安全水平实验室在实验室设计、安全设施和防护装备要求也逐渐增多。同时，由于动物本身的自然特性导致可能会产生新的危险。因而动物生物安全实验室除了满足一般生物安全实验室的要求外，还应有针对性的特殊要求：

（1）动物饲养区应与其他公共区域隔离；门、窗户需要具有关闭和防撞功能；空气不能循环回室内，必须直接外排；动物实验室内必须设置洗手池，除了工作人员洗手和消毒外，还用于动物笼具的清洗和消毒灭菌。

（2）动物尸体和相关废物必须严格按照相关规定处置。

（3）实验室仅接纳实验动物，因此需要防止昆虫、野老鼠等其他动物进入和实验动物外逃的措施。

在一级动物生物防护实验室（ABSL－1）一般不要求使用专用防护设备。但实验室工作人员必须穿戴必要的个体防护装备，兼顾方便操作和耐受动物的抓咬，以及防范分泌物喷溅。

二级动物生物防护实验室（ABSL－2）安全设施和防护设备指标要求，需要在ABSL－1和BSL－2的基础上进行累加的，也就是说高等级标准中包括低等级的标准。表9－4列出了ABSL－1和ABSL－2的安全设施和防护设备要求

表 9-4　ABSL-1 和 ABSL-2 的安全设施和防护设备要求

防护水平	危险度等级	安全设施要求	防护设备要求
ABSL-1	1级	1. 隔离 2. 门能自动关闭 3. 不建议安装窗户 4. 空气直接外排 5. 设置洗手池 6. 动物尸体和相关废物需按照相关规定处置 7. 具有防止动物进入和外逃的措施	一般不要求使用专用防护设备,但需要穿实验室工作服、手套、防护眼镜和面部保护器具;必要时可使用生物安全柜
ABSL-2	2级	满足 BSL-2 和 ABSL-1 基础上, 1. 出入口有缓冲间 2. 实验室保持负压 3. 污水需消毒灭菌处理 4. 排气需安装 HEPA 过滤器	满足 BSL-2 和 ABSL-1 基础上,必须使用Ⅰ级或Ⅱ级生物安全柜

9.2.5　实验室的生物安全操作与程序

实验室相关病原微生物感染和实验室伤害事故的发生大部分是由于实验工作人员的安全意识不强、人为操作失误、实验技术欠佳和仪器设备使用不当等原因引起。所以建立并自觉遵守良好的操作技术规范对实验室生物安全至关重要。规范的微生物学操作技术是实验室安全的基础,而专门的安全设备仅仅是一种补充,绝不能代替正确的操作规范。

标准的良好工作行为规范和正确使用适当的个人防护设备,能有效保护工作人员远离生物伤害。在实验室工作,必须明确几点原则:(1) 工作区是实验的场所,不能进行与实验操作无关的任何事情。(2) 实验室应保持清洁整齐,严禁摆放和实验无关的物品。(3) 所有潜在污染必须进行立即、彻底、有效地消毒。(4) 所有生物废弃物必须安装规定严格处置。(5) 所有实验材料、样本的包装、运输、储存、使用、消毒、销毁等均需严格按照相关规定进行严格管理和严肃执行。(6) 如果窗户可以打开,则应安装防止节肢动物进入的纱窗。

下面列出最基本的实验室工作行为规范和安全操作程序。

1. 准入制度

生物实验室需完善实验室准入考试制度,可结合网上考试系统、书面考试和实际操作等方式对实验人员进行培训考核。实验人员考试合格后,方可进入实验室参与实验教学和科研活动。生物实验室的最基本准入制度是:

(1) 实验室的门应保持关闭,只有经过批准的人员方可进入实验室工作区域,儿童、孕妇及易感人员不得进入实验室。

(2) 进入动物房应当经过特别批准,与实验室工作无关的动物不得带入实验室。

图 9-8　生物危害警告标识

(3) 在处理危险度 2 级以上级别微生物时,实验室门上应标有国际通用的生物危害警告标志(图9-8)。除了生物安全水平级别、责任人、紧急联系电话等基本信息,最好还能显示有关病原、免疫接种要求、在实验室中必佩戴的个人防护设施、出实验室所要求的程序等信息。

2. 人员防护原则

实验技术人员在从事生物安全相关工作时,应当遵守"一穿二戴常洗手,五禁止"基本原则:

(1) 在工作时,任何时候都必须穿着相关工作服。(穿)

(2) 在进行感染性材料或感染性动物的操作时,要戴上合适的手套。手套用完后要先消毒再摘除。(戴)

(3) 为了防止眼睛或面部受到包括来自泼溅物、碰撞物或人工紫外线辐射等伤害,必须戴安全眼镜、面罩或其他防护设备。(戴)

(4) 实验工作中和工作结束后,都必须经常地、彻底地洗手,在感染性实验材料和动物操作完之后更是必须要彻底地洗手。(清洗)

(5) 工作服只能在实验室工作时穿着,严禁穿着离开实验室,就连去休息室和卫生间也是不允许的。(禁止)

(6) 不得在实验室内穿露脚趾的鞋子,要穿能有效保护脚部的鞋子。(禁止)

(7) 禁止在实验室工作区域进食、饮水、吸烟、化妆和处理隐形眼镜。女生的长发应该扎在后面,或使用一次性发套,蓄胡须的男生也应当采取相同的预防措施,研究人员的手指甲也应经常修剪。(禁止)

(8) 禁止在实验室工作区域储存食品和饮料,也不要存放或饲养与工作无关的动植物。(禁止)

(9) 在实验室内用过的工作服或防护服应存放在专门放置处,不得和日常服装放在同一柜子内。(禁止)

3. 基本操作规范

所有操作者应熟悉掌握和严格遵守实验操作规范,保证实验室生物安全。

(1) 严禁用嘴移液,只能使用移液辅助器进行移液。

(2) 严禁将实验材料置于口内,舔标签,用鼻子靠近闻嗅等行为。

(3) 所有的技术操作尽量仔细小心,要按尽量减少气溶胶和微小液滴形成的方式来进行。

(4) 尽量不要使用皮下注射针头和注射器,可能时还应当用塑料器具代替玻璃器具。

(5) 至少一天一次进行台面消毒,感染物溅出时,应及时遵照应急程序处理,并消毒台面。

(6) 出现意外事故时,必须向实验室主管报告。实验室保存这些事件或事故的书面报告。

(7) 必须制定如何处理溢出物的书面操作应急程序,并遵照执行。

(8) 污染的液体不能随意排放到生活污水管道,在排放的生活污水管道以前必须采用化学或物理学方法清除污染,必要时需要准备污水处理系统。

(9) 需要带出实验室的手写文件必须保证在实验室内没有受到污染。

9.2.6 实验室的生物安全管理

实验室生物危害来无影去无踪，实验工作人员、周边相关人员、甚至环境都可能受到其直接或间接的危害，管理越不规范，防范条件越差，发生意外事故的可能性越大。防止病原微生物泄露，保证生物安全，关系到公众健康与安全的大事，必须引起足够的重视，需要不断提高实验室生物安全水平，更新仪器设备，完善管理体制。高校和科研单位应当坚持"以人为本、安全第一、预防为主、综合治理"的方针，认真贯彻落实国家有关安全法律法规，结合实验工作实际，制定各项实验室安全管理制度和处置预案。在高校里，学校还应当逐级落实实验室岗位安全责任制，明确实验室安全管理岗位职责，确定各级实验室安全岗位责任人；并定期组织开展实验室安全教育和宣传工作，营造浓厚的实验室安全校园文化氛围，提高师生员工安全意识和安全技能。

1. 实验室建设管理

我国对生物安全实验室实行分级、分层管理，首先应当依法依规落实生物安全实验室的建设、管理和备案工作，获取相应资质。一级、二级实验室在新建、改建、扩建需向市级相关主管部门申请和备案，三级、四级实验室则需经国务院科技主管部门审查同意。

2. 实验活动管理

实验室在开展病原微生物实验活动也需要进行资格审批，其中一级、二级实验室不得从事高致病性病原微生物实验活动。学校应当建立实验室仪器设备管理制度，落实专人做好实验室仪器设备的维护、保养工作，保证仪器设备安全运行，并做好相应台账；还应当规范生化类试剂和用品的采购、实验操作、废弃物处理等工作程序；实验室内务需要时刻保持整洁、有序、安全，实验室主任需要及时纠正不规范的行为；同时实验室应建立并执行严格的准入制度，完整的实验档案，包括实验室安全记录、菌种转移和保藏记录、人员培训记录等。

3. 人员管理

人为的失误和不规范的操作会极大影响所采取的安全措施对实验室人员的防护效果。因此，熟悉如何识别和控制实验室危害、有安全意识的工作人员，是预防实验室感染、差错和事故的关键。每个实验工作人员在上岗前必须经过专业培训，了解相关的法规，了解实验室可能存在的危害，正确使用生物安全设备、掌握规范的实验操作技术和实验安全操作程序、熟悉生物安全防护措施以及遇到意外事故时的应对方案等。当实验操作程序必须改变时，有关工作人员还必须每年更新知识，接受附加培训。

4. 实验材料管理

生物安全实验室内各种菌种、寄生虫、样品等各种实验材料，以及实验产生的废弃物等均可能带有病原，必须根据情况对其加强管理。

(1) 细菌、病毒、疫苗等物品

细菌、病毒、疫苗等物品应落实专人负责管理，并建立健全审批、领取、储存、发放登记制度。剩余实验材料必须妥善保管、存储、处理，并做好详细记录。

(2) 实验动物的管理

作为特殊的实验对象，实验动物应落实专人负责管理，实验动物的尸体、器官和组织应科学处理。同时，由于实验动物通常采用群体饲养，如果环境不良或管理不善，极易发生疾病和疫情。因此还必须创造实验动物的良好环境，保证食物营养、科学地卫生管理，经常对动物进行健康检查，尤其新接收的动物必须经过检疫；在实验动物发生疫情或是疑有传染，应立即隔离检疫，并通知有关单位做好预防和处置工作。当然，在符合科学原则的前提下，尽量减少动物使用量，减轻被处置动物的痛苦。

(3) 实验废弃物的管理

生物实验室的许多废弃物属于特殊垃圾，污染性、危害性很大，如细菌、病毒、病原微生物、实验动物的尸体或器官，带抗性标记的质粒类的垃圾，实验后废弃物品等。这些生物实验室废弃物进入环境有可能会对人体健康和生态环境产生危害，越高等级生物安全水平实验室产生的废弃物危害越大。废弃物处理的首要原则是所有感染性材料必须在实验室内彻底清除污染，达到生物学安全后，再分类处理。对这些生物废弃物，须经严格消毒、灭菌等无害化处理后，方可送有资质的专业单位进行销毁处理，严禁乱扔、乱放、随意倾倒(具体处理方法见表9－5)。妥善处理废弃物需遵照各级政府和管理部门颁布的法律法规或规章制度，并根据废弃物的具体情况科学改良和应对。

表9－5　生物实验废弃物的处理方法

废物种类	处置方式
非污染废弃物(日常用品)	可重复使用，或按普通“家庭”废弃物丢弃
大多数玻璃器皿、仪器、实验服	消毒后，可重复使用
微生物废物，如琼脂平板、微生物培养液等	高压蒸汽灭菌30 min，倒弃处理
实验动物的废弃辅料、垫料、粪便	经消毒剂消毒后装入专用废物转运袋中集中，按照危险废物处置
动物尸体、病理组织	经消毒液浸泡装入密封垃圾袋中，通过专用垃圾转移通道移至低温冰柜中冻存，定期有专门机构收集，统一无害化焚烧处理
医学生物废物	集中交废弃物中转站，请专业危险废物处置公司处理
重组基因和感染性的实验废物	严格标记，须经灭活后方能移出实验室
污染(感染性)锐器	在一次性容器内焚烧，如需要可先高压灭菌

需要重点注意的是，污染锐器(包括皮下注射针头、注射器、手术刀、毛细管及破碎玻璃等)应将其完整地收集在盛放锐器的一次性容器中，可先高压蒸汽灭菌后再焚烧处理，也可直接焚烧。破碎的玻璃器皿一律清除污染后丢弃，不得使用，以防割伤；打碎的玻璃器皿不能直接用手处理，必须用其他工具处理，比如刷子和簸箕、夹子或镊子；皮下注射针头和注射器用过后不应再重复使用；盛放锐器的一次性容器必须是不易刺破的，而且不能将容器装得过满；当达到容量的四分之三时，应将其放入“感染性废弃物”的容器中进行焚烧；盛放锐器的一次性容器绝对不能丢弃于垃圾场。另外，每个工作台上需要放置盛放废弃物的容器、盘子或广口瓶，最好是不易破碎的容器。

9.2.7　实验室的生物安全应急程序

生物实验室的生物安全应急预案应当是每个生物安全实验室，尤其是高等级生物安全水平实验室的必备制度，只有建立良好的预警、预报制度和安全应急程序，才能防患于未然。

每个生物安全实验室必须配备一些急救装备，包括：① 急救箱，急救箱应放置在显著位置并易于识别，里面包括常用的和特殊的解毒剂，还需有碘伏、创可贴、急救包、急救手册等常用物品；② 合适的灭火器和灭火毯；③ 带有能有效防护化学物质和颗粒滤毒罐的全面罩式防毒面具；④ 房间消毒设备，如喷雾器和甲醛熏蒸器；⑤ 另外还有一些常备工具，如锤子、斧子、扳手等常用工具。

在实验室显著位置还应张贴以下电话号码及地址：研究所和实验室本身的电话及地址，因为打电话者或呼叫的人员可能不知道详细地址或位置；还有研究所所长或实验室主任、实验室主管、负责的技术员和安全员、水、电、气等维修部门、消防队、警察、医院等联系方式，在紧急情况下能及时找到相对应的人员和部门。

同时，在生物安全防护实验室中，每位实验工作人员还应当熟知以下生物安全事故发生对应的应急处理程序。

1. 刺伤、切割伤或擦伤后

在发生剪刀、镊子或注射器针头等锋利物刺伤、切割伤或擦伤，为避免再污染，受伤人员，应当：

(1) 应当立即停止工作，脱下手套。

(2) 在同伴的帮助下用清水和肥皂水对伤口进行冲洗，必要时可使用适当的皮肤消毒剂，尽量挤出损伤部位的血液。

(3) 取出急救箱，对污染皮肤和伤口用碘酒或75%乙醇擦洗，反复多次。

(4) 对伤口适当包扎，必要时进行医学处理。

(5) 要记录受伤原因和相关的微生物，并应保留完整适当的医疗记录。

需要特别注意的是，受害人的防护服或实验服脱下后应进行消毒处理；受伤人员需及时报告，并观察几个工作日，必要时进行预防注射和抗生素等治疗。

2. 污染物泼溅

当有容器破碎，里面感染性物质溢出，应当：

(1) 立即用布或纸巾，覆盖感染性物质污染的破碎物品和台面上。

(2) 在上面倒上消毒剂，比如0.5%有效氯，并使其作用适当时间。

(3) 然后将布、纸巾以及破碎物品清理掉。

(4) 用消毒剂擦拭污染区域，对溢出区域再次清洁和消毒，用含0.5%有效氯的消毒液擦拭污染区域。

在处理过程中需要注意的是：

(1) 所有的这些操作过程中都应戴手套，穿工作服或防护服，必要时需要对脸和眼睛进行防护。

(2) 如果用簸箕清理破碎物，应当对它们进行121 ℃，30 min高压灭菌处理或放在有效的消毒液内浸泡，用于清理的布、纸巾和抹布等则放在盛放污染性废弃物的容器内。

(3) 玻璃碎片应用镊子清理，以防手被割伤。

如果发生大范围污染物泼溅事故时，还应立即通知实验室主管领导和安全负责人到事故现场查清情况，具体确定消毒的程序。

另外,如果工作服上被洒上感染性物质,需要立即脱下工作服,用消毒液浸泡,后高压灭菌消毒。对可能污染的空气,需要进行通风和紫外线消毒。如果实验表格、其他打印或手写材料被污染,建议将这些信息拍照复制,并将原件置于盛放污染性废弃物的容器内,及时焚烧处理。

3. 皮肤或黏膜被污染

当皮肤被污染,用水和肥皂冲洗污染部位,并用适当的消毒剂(如75%乙醇、碘伏或其他皮肤消毒剂)浸泡;如果黏膜污染,则用大量流水或生理盐水彻底冲洗污染部位。

4. 眼睛被溅入

当眼睛溅入感染性液体,应当:

(1) 立即停止工作。

(2) 在同操作者的配合下,用洗眼器冲洗,然后用生理盐水连续冲洗,注意动作不要过猛,以免损伤眼睛。

(3) 视情况隔离观察,其间根据条件适当地预防治疗。

(4) 填写意外事故报告,并上报相关负责人。

(5) 事后记录受伤原因和相关的病原微生物种类,并应保留完整适当的医疗记录。

5. 离心机内感染物外泄

如果离心机正在运行时发生盛有感染性物质的离心管破裂或怀疑发生破裂,应关闭机器电源,让机器密闭30 min使气溶胶沉积。如果机器停止后发现破裂,应立即将盖子盖上,并密闭30 min。随后的所有操作都应当:

(1) 戴结实的手套(如厚橡胶手套),必要时可在外面戴适当的一次性手套,同时戴上口罩。

(2) 当清理玻璃碎片时应当使用镊子,或用镊子夹着的棉花来进行。

(3) 所有破碎的离心管、玻璃碎片、离心桶、十字轴和转子都应放在无腐蚀性的、已知对相关微生物具有杀灭活性的消毒剂内浸泡。

(4) 未破损的带盖离心管应放在另一个有消毒剂的容器中,然后回收。

(5) 离心机内腔应用适当浓度的同种消毒剂擦拭,并再次擦拭,然后用水冲洗并干燥。

(6) 清理时所使用的全部材料都应按感染性废弃物处理。

根据情况,如果在二级生物安全防护实验室中,必要时这些操作可在生物安全柜内进行。发生这两种情况时都应及时通知实验室责任人和安全负责人。

9.3 典型的生物安全实验操作规范

9.3.1 实验操作技术规范

1. 病原微生物的接种

病原微生物的接种是微生物基本的,也是常见的操作技术,极易产生气溶胶,因此在使用接种环接种病原微生物时应该注意以下几点:

(1) 打开菌种管时,将安瓿管颈部烧热,用冷的湿棉球使之突然破裂,可以大大减少气溶胶的产生。

(2) 划板时,琼脂平板尽可能选用表面光滑的,而不是表面粗糙的平板;接种环应采用弹性小的金属丝制作,丝杆要短,环不宜过大,划板动作要轻。

(3) 接完种后,蘸有菌液的接种环应在含有消毒液的毛巾上吸干后再放到火焰上灼烧到红。

(4) 混匀微生物悬液的时候,旋转式摇动,不能左右摇动;摇动时动作轻柔不要使悬液弄湿试管塞。

做到这几点能最大限度地减少接种时气溶胶的产生。

2. 生物样品的移液

移液也是一项会产生潜在性气溶胶的实验操作过程。当实验中需要进行病原微生物或感染性液体的吸取操作时,应该:

(1) 严禁直接用嘴吸取液体,必须使用移液辅助器,以避免操作人员吸入病原体。

(2) 为了减少移液器具的污染,所有移液管应带有棉塞。

(3) 为了防止气溶胶的产生和液体的溅洒,不能向含有感染性物质的溶液中吹入气体,感染性物质的吸取更不能使用移液管反复吹吸混合。

(4) 放液时,应当将吸管放入操作液面下,让移液管内的液体自然流出,不能将液体从移液管内用力吹出,最好使用不需要排出最后一滴液体的刻度对应移液管。

(5) 移液管用过后,应该完全浸泡在盛有适当消毒液的防碎容器中,浸泡适当时间后再进行处理。

(6) 盛放废弃移液管的容器不能放在外面,应当放在生物安全柜内。

(7) 同时为了避免感染性物质从移液管中滴出而扩散,同样需要在工作台面放置一块浸有消毒液的布或吸有消毒液的纸,使用后将其按感染性废弃物处理。

在这里需要特别提醒的是有固定皮下注射针头的注射器不能够用于移液。

3. 基因工程实验操作

随着重组 DNA 技术的迅猛发展,相关的安全问题也日益凸显,对于从事基因工程实验人员来说,在所难免会接触到致癌物、诱变物和致畸物,同时也会采用进行基因改造、基因转移和基因合成等手段,更加增加了人们对生物实验安全的担忧。为了确保科研和生产的顺利开展,同时保证人员和环境的安全,我们实验技术人员在遵守生物安全规范操作的同时,对基因工程操作有特定的要求。

(1) 致癌物、诱变物和致畸物有可能通过呼吸吸入,或者通过污染的双手带入口内,所以所有操作均需戴口罩、橡皮手套和眼罩;更不允许在实验区域内饮食和吸烟,用嘴移液。

(2) 危险物质必须储存在瓶子内,盖紧,放置在阴凉处;瓶身还必须有鲜明色彩的警戒标签。

(3) 所有清洗工作也需戴手套,工作完成后需要用水冲洗手套外面,再脱掉手套,用肥皂和水将手洗干净。

另外由于某些重组 DNA 技术有无法确切知道的影响,所以工作时有三点禁忌:

(1) 严禁两个不同病原体之间进行完整基因组的重组。

(2) 转基因动物和“基因敲除”动物应当在适合外源性基因产物特性的防护水平下进行操作。实验室需要采取一切防护措施，确保受体转基因和“基因敲除”动物的实验安全。

(3) 表达动物或人源性基因的转基因植物应当严格限制在实验室设施以内，这种转基因植物也应当在与所表达的基因产物特性相应的生物安全水平下操作。

4. 实验标本(血液、尿液、唾液等体液、组织及排泄物)的操作

标本的收集、标记、运输、打开、取样、检测以及污染清除等一系列操作步骤都需要始终遵循标准防护方法：

(1) 所有操作均要戴手套。

(2) 应当有受过培训的人员来采集病人或动物的血样。

(3) 尽可能使用塑料制品代替玻璃制品，在静脉采血时，应当使用一次性的安全真空采血管，用完后自动废弃针头。

(4) 装有标本的试管应当放置于适当容器中运至实验室，在实验室内部转运也是如此，检验申请单应当分开放置在防水袋子内，中间接收人员不得打开这些袋子。

(5) 应当在生物安全柜内打开这些标本管，同时必须戴手套，必要时还需戴护目镜或面罩对眼睛和面部进行防护，穿防护衣对身体进行防护。

(6) 打开标本管时，应当用纸或纱布抓住塞子以防止喷溅。

(7) 用于显微镜观察的唾液、血液、尿液和粪便标本在固定和染色时，不必杀死涂片上所有的微生物和病毒，应当用镊子拿取标本，妥善储存，并按规定经清除污染和/或高压灭菌后再丢弃。

(8) 接收和打开标本包装的工作人员应当了解样品对身体健康的潜在危害，并接受过相关防护方法的培训。

9.3.2　仪器设备使用规范

1. 生物安全柜的使用

在处理感染性动物以及进行极有可能产生微生物气溶胶操作的时候需要使用生物安全柜。安全柜的使用需遵循以下几项原则：

(1) 生物安全柜运行正常时才能使用。

(2) 为了避免产生物品和物品之间的交叉污染现象，在柜内的物品应该一字摆开。

(3) 安全柜内应尽量少放置器材或标本，否则会影响气流循环；也不要使物品包括实验记录本阻挡空气格栅，因为这将干扰气体流动，影响正常风路，引起物品的潜在污染和操作者的暴露。

(4) 生物安全柜内尽量避免使用震动仪器，尤其是不能使用离心机、旋涡振荡器等，因为震动会使积留在滤膜上的颗粒物质抖落，使安全柜内洁净度降低。

(5) 所有工作必须在工作台面的中后部进行，并能够透过玻璃看到，使用时不能打开玻璃观察挡板；为避免干扰气流，操作者手尽量平缓移动，不能反复移出和伸进手臂，也要尽量减少操作者身后的人员活动。

(6) 生物安全柜内操作时不能进行文字工作，也不能使用明火，因为燃烧产生的热量会干扰气流并可能损坏过滤器。

(7) 最好使用一次性无菌接种环进行接种。

(8) 工作完成后以及每天下班前,应使用适当的消毒剂对生物安全柜的表面进行擦拭。

(9) 在安全柜内的工作开始前和结束后,安全柜的风机应至少运行 5 min 来完成"净化"过程。

(10) 生物安全柜需要定期维护和年检,生物安全柜的 HEPA 过滤器使用寿命到期后,需要立即请专业人员来进行更换,更换过程中需要进行必要的安全防护。

正确使用生物安全柜可以保护环境,有效减少由于微生物气溶胶暴露所造成的实验室感染、培养物交叉污染。生物安全柜如果使用不当,或出现溢出、破损或不良操作时,安全柜就不再能保护操作者,需要立即停止工作进行对应处理。

2. 离心机的使用

当使用离心机对感染性物质进行离心时,可能喷射出可在空气中传播的感染性颗粒,并产生气溶胶,所以除了保障仪器性能良好和按照操作手册规范操作离心机外,还需要注意:

(1) 离心机放置的高度适宜,小个子工作人员也能够看到离心机内部,以正确放置十字轴和离心桶。

(2) 离心管和盛放离心标本的容器应当由厚壁玻璃制成,或最好为塑料制品,应当始终牢固盖紧,并且在使用前检查是否有破损。

(3) 离心桶的装载、平衡、密封和打开这些人工操作都必须在生物安全柜内进行。

(4) 离心桶和十字轴应按重量配对,并在装载离心管后正确平衡,以防发生设备事故和病原微生物泄露。

(5) 同时不能将离心管装得过满,否则很容易导致漏液。

(6) 工作结束后,应当每天检查离心机内转子部位的腔壁是否被污染或弄脏,是否有腐蚀或细微裂痕。

(7) 还有要清除离心桶、转子和离心机腔的污染,并将离心桶倒置存放使平衡液流干。

3. 高压灭菌器

高压灭菌器的使用有几点注意事项:

(1) 消毒物品需要进行初步处理,凡接触过病原微生物的医疗器械、被单、衣物等均应先用化学消毒剂进行消毒,然后按常规清洗。特别是传染病房用后的各类物品要严格把关,先严密消毒后,再清洗、消毒。常规清洗时,先用洗涤剂溶液浸泡擦洗,去除物品上的油污、血垢等污物,然后用流水冲净。清除污染前后物品的容器和运送工具应严格区分,以防交叉感染。但对于生物安全实验室,为防止污染物扩散,灭菌前一般不对物品进行清洗。

(2) 消毒物品的包装和容器要合适,包装的容器和材料要允许物品内部空气的排出以及水蒸气的良好渗透。

(3) 消毒物品不能摆放得太挤,以免影响物品间蒸汽的流通而降低灭菌效果。

(4) 需要将灭菌器内冷空气排尽,灭菌主要的因素是温度而不是压力,只有完全排除冷空气,灭菌内全部是水蒸气,灭菌才能彻底。如灭菌器内有冷空气,则压力表指示的压强不是饱和蒸汽产生的压强,其温度低于饱和蒸汽所产生的温度。

(5) 灭菌完毕后,不可放气减压,须待自然降压至内外大气压相等后才可打开,操作者还应当穿戴合适的手套和面罩进行防护。

(6) 不能对任何有破坏性材料和含碱金属成分的物质进行高压蒸汽灭菌，否则会导致爆炸、腐蚀内胆、破坏垫圈。

4. 冰箱和冰柜

(1) 冰箱内物品的摆放应当规范，且应当定期除霜和清洁，及时清理出在储存过程中破碎的物品，清理时应当对内表面进行消毒。

(2) 储存在冰箱内的物品应当清楚地标明内装物品的科学名称、储存日期和储存者的姓名。未标明的或废旧物品应当按规定处理并丢弃。

(3) 实验室应当保存一份冻存物品的清单。

(4) 除非专业的防爆冰箱，普通冰箱内不能存放易燃溶液，冰箱门上应当注明这一点。

5. 超声破碎仪的使用

使用超声破碎仪进行感染性物质处理时，由于含有感染性物质的气溶胶可能从盖子和容器(建议使用塑料容器)的间隙逃逸出来，需要用一个结实透明的塑料箱覆盖设备，且尽可能在生物安全柜内操作，用完后所有物品均需消毒。同时还应当给工作人员提供听力防护装备。

6. 组织研磨器的使用

当使用组织研磨器进行感染性物质处理时，应当戴上手套、口罩、面罩、安全眼镜，并穿上实验防护服，并尽可能在生物安全柜中进行规范操作。

本章习题及答案

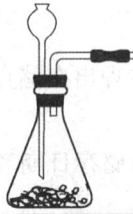

第 10 章
机械(加工制造类)实验室安全

DI SHI ZHANG

10.1 机械安全的概念

10.1.1 机械安全

1. 机械

1）概念

机械是由若干个零部件连接构成并具有特定应用目的的组合体，其中至少有一个零部件是可运动的，并且具有适当的机械运动机构、控制系统和动力系统等进行配置，其特定应用目的包括对物料的加工、处理、搬运、升降、包装等。机械的基本功能是能够转换机械能或完成有用的机械功，用来变换或传递能量。人类为了满足生产和生活的需要，设计和制造了类型繁多、功能各异的机械，帮助人们降低工作难度并省时、省力，提高生产效率，减轻劳动强度，改善劳动条件。

2）机械的组成

机械的种类很多，其用途、性能、构造、工作原理各不相同，但机械组成的一般规律是基本相同的。即在控制系统的作用(或干预)下，由动力系统将各种形式的动力能转变为机械能进行输入，经过传动机构转换为适宜的力或速度后传递给执行机构，通过执行机构与相关物料直接接触(或作用)完成机械作业或服务任务，而组成机械的各部分借助支承装置连接成一个整体，这就是机械组成的总体塑造。在机械运行过程中，其输出结果大体可分为两类：一类为输出能量，即输出电能、机械能或其他形式的能量；另一类为输出产品，即加工、制造或处理各类产品。通常，一台完整的机械应包括五个基本部分(图 10－1)：

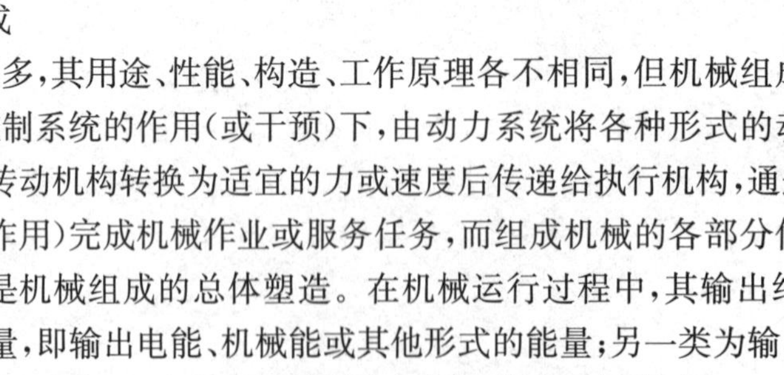

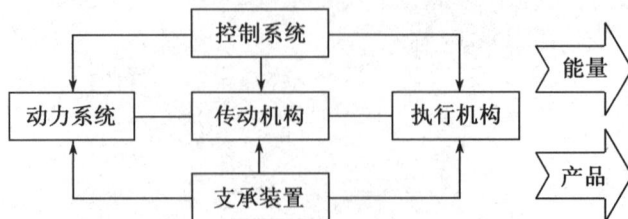

图 10－1　机械的组成示意图

(1) 动力系统。动力系统用于提供机械运动的动力源,使机械完成预定功能。常用的动力系统有电动机、内燃机等,动力系统的功能是将其他形式的能量变换为机械能。至于选择何种类型的动力系统和能量转换形式,设计者可根据机械产品的工艺要求进行制定。

(2) 控制系统。控制系统包括各种操纵器和显示器,用来操纵机械的启动、制动、换向、调速等运动,控制机械的压力、温度、速度等工作状态。工作中,操作人员通过操纵器来控制机械的运行状态;显示器可以把机械的运行情况适时反馈给操作人员,以便及时、准确地控制和调整机械的运行状态,以保证作业任务顺利进行,防止各类事故发生。

(3) 传动机构。传动机构用来将动力系统和执行机构连接起来,用于传递运动、力(或力矩)或改变运动形式。不同机械其传动机构可以相同或类似,传动机构是各种不同机械具有的共性部分。一般情况下,传动机构将动力系统的高速度转换成执行机构的低速度、将动力系统的小扭矩转换成执行机构需要的大扭矩等。常见的传动机构有齿轮传动、带传动、链传动、蜗轮蜗杆传动等(图 10-2)。

(a) 齿轮传动

(b) 带传动

(c) 链传动

(d) 蜗轮蜗杆传动

图 10-2　常见的传动机构

(4) 支承装置。支承装置用来连接、支承机械的各个组成部分,是承受机械工作外载荷和整个机械重量的装置。支承装置是机械的基础部分,用以支撑机械各工作部件稳定、安全地正常运行。支承装置按支承类型分为固定式和移动式两类。固定式支承装置与地基相连(如机械的基座、机身和支架等);移动式支承装置可带动整个机械相对地面运动。支承装置的变形、振动和稳定性,不仅影响机械的工作状态和作业质量,还直接关系到机械作业的安全性。

(5) 执行机构。执行机构是机械作业功能的核心部分,是一台机械区别于另一台机械的最有特性的部分。其功能是利用机械能变换或传递能量、物料、信号等。如发电机把机械能变换成为电能,电动机把电能变换成机械能等。机械的应用目的主要是通过执行机构来实现,机器种类不同,其执行机构的结构和工作原理就不同。

3) 机械的分类

机械分类大体有两种方法:一是按功能特性分类;二是按服务行业分类。

按照功能特性分类。根据《机械产品类种划分》(JB 3750—1984),机械产品按功能特性分为 129 大类,如:农业机械、林业机械、采矿设备、起重机械、工程机械、塑料机械、印刷机械、金属切削机床、锻压设备、铸造设备、木工机床、食品机械、包装机械、冶金设备、环保机械等。

按照服务行业分类可以分成 13 大类,如:农业机械工业、石油化工通用机械工业、重型矿山机械工业、机床工具工业、电工电器工业、食品包装机械工业和汽车工业等。

2. 安全

1）概念

这里所说的安全，是指人或机械在一个环境中不发生危险与不受到损害的状态。这种状态，消除了生产过程中可能导致人员伤亡、职业危害、设备和财产损失的条件。众所周知，安全是人类生存中最重要、最基本的需求，是人们生命与健康的基本保证，一切生活、生产活动都源于生命的存在。如果失去了生命，生存也就无从谈起，生活也就失去了意义。如果因机械事故导致残疾，因职业危害身患职业病，将大大降低人们的生活质量。在机械工业中，安全涉及人、机械和环境三个方面，同样导致不安全的原因也是这三个方面，即人的不安全行为、机械的不安全状态以及环境的缺失。过去，人们往往对人的不安全行为比较重视，而对机械的不安全状态及环境的缺失重视不够。近年来，人们在生产实践中逐步认识到，在导致伤亡事故的主要因素中，机械的不安全状态更为突出。

2）安全性

一般来说，安全性是人们在生产和生活中不发生事故的能力，是判断、评价生产系统性能的一个重要指标。安全性表明了生产系统在规定的条件下和时间内不发生事故，完成生产系统规定的功能和性能。

实际上，在任何环境下都没有绝对的安全可言，人、机械和环境都在不断的变化之中，这些变化到达某一个临界点时，不安全的状态就会出现，事故尤其是机械事故也就随之发生。发生的事故有大有小，有的直接损害人体健康或机械的应用，有的对人或机械并无影响或影响很小。有许多“事故”并不把它们作为事故，其原因在于这些“事故”对人的损害或损伤非常轻微，这种轻微的损害或损伤不足以引起人的不正常状态。因此，安全表明了人们在一个环境中对危险和损伤所能承受的最大能力，即安全性。

3. 机械安全

1）概念

机械安全是指机械在全生命周期内，风险被充分减小的情况下，执行其预定功能而对人体不产生损伤或危害健康的能力。也就是说，机械安全是从人的需要出发，在使用机械全过程的各种状态下（包括运输、安装、调试、维护等），达到人体免受外界因素危害的状态和条件。为确保机械安全，需从设计和使用方面采取安全措施。凡是能由设计阶段解决的安全措施，决不能留给用户去解决。当设计确实无力解决时，可通过使用信息的方式将遗留风险告诉用户，由用户使用时采取相应的补救安全措施，同时要考虑合理的、可预见的各种误用的安全性，采取的各种安全措施不能妨碍机械执行其正常使用功能。提高机械的安全性，防止或减少机械伤害事故，是当今人们共同关心的问题。

2）机械安全的基本特征

（1）系统性。机械安全自始至终运用了系统工程的思想和理念，将机械作为一个系统来考虑。

（2）综合性。机械安全综合运用了心理学、控制论、可靠性工程、环境科学、工业工程、计算机及信息科学等方面的知识。

（3）整体性。机械安全全面、系统地对导致危险的因素进行定性、定量分析和评价，整体寻求降低风险的最优方案。

(4) 科学性。机械安全全面、综合地考虑了诸多影响因素,通过定性、定量分析和评价,最大限度地降低机械在安全方面的风险。

(5) 防护性。机械安全使机械在全寿命周期内发挥预定功能,其防护效果要求人员、机械和环境等都是安全的。机械安全要求人与机械之间能满足人的生理、心理特性,充分发挥人的能动性,提高人机系统效率,改善机械操作性能,提高机械的安全性。

3) 机械安全主要控制环节

(1) 设计阶段。采用技术措施来消除危险,使人不可能接触或接近危险区。设计阶段可采用的技术措施包括:

① 本质安全措施。这是在机械功能设计中采用的、不需要额外的安全防护装置,而直接把安全问题解决在机械之中的措施,它属于机械设计中优先考虑的措施。一是将危险区安全封闭;二是采用安全装置;三是实现机械化和自动化等。这些都是设计阶段应该解决的本质安全问题。

② 安全防护措施。本质安全措施不能实现安全时,必须配备安全防护装置保证人体安全,由安全防护装置解决安全问题。

③ 信息安全措施。本质安全措施和安全防护措施都无效或不完全有效时,可将遗留风险通知用户,使用文字、标记、信号、符号或图表等信息做出说明,通过这些信息解决安全问题。

④ 附加预防措施。一方面是处理紧急状态时采取的措施,如急停、援救等;另一方面是处理特殊情况时采取的措施,如超大、超重机械的搬运等。

(2) 操作阶段。一是建立有计划的维护保养和预防性维修制度;二是采用故障诊断技术,对运行中的机械进行状态监测;三是避免或及早发现机械故障;四是对安全装置进行定期检查,保证安全装置始终处于可靠和待用状态;五是提供必要的个人防护用品等,如佩戴墨镜、安全帽、安全手套等;六是通过作业场地与工作环境的安全性解决安全问题,如设置安全防护网、安全防护栏等使机械与人体隔离。

(3) 管理阶段。一是指导机械的安全使用,向用户及操作人员提供有关机械危险性的资料、安全操作规程、维修安全手册等技术文件;二是加强对操作人员的教育和培训,提高操作人员发现危险和处理紧急情况的能力;三是通过安全管理措施解决安全问题,如建立安全管理制度、制定安全生产规程等。

10.1.2　机械安全标准

1. 概念

机械安全标准是规定机器全生命周期内设计、制造、使用、维护、维修、报废等各阶段必要的安全要求,实现机器在其全生命周期内的本质安全和安全生产的技术依据。其目的是实现避免和减小对人员的机械伤害、保证劳动者的职业健康。在当今国际贸易中,机械安全标准也已成为消除机械产品贸易技术壁垒的主要依据。

2. 机械安全标准的特性

(1) 统一性。为了保证机械安全所必需的工作秩序,确定适合于一定时期和一定条件下的机械安全一致性规范。随着时间的推移和条件的改变,旧的统一要由新的统一所代替。

(2) 协调性。为了使机械安全标准的整体功能达到最佳，并产生实际效果，必须通过有效的方式协调好各类机械安全标准之间的关系，建立和保持相互一致的技术要求，适应或平衡各种关系所必须具备的条件。

(3) 择优性。在一定的限制条件下，按照特定目标对机械安全标准体系的构成因素及其关系进行选择、设计或调整，使之达到最理想、最优化的效果。

(4) 系统性。机械安全标准分为基础类、通用类及专业类安全标准，各类标准之间有着紧密的联系，相互支撑，密切配合。

(5) 适用性。机械安全标准广泛适合于设计、制造、使用和管理等领域，紧贴市场，满足需求。

3. 我国的机械安全标准体系

与发达国家相比，我国的机械安全标准化工作起步较晚，1994 年，全国机械安全标准化技术委员会(SAC/TC 208)成立，成立之初标委会贯彻了“立足基本国情、蓄纳国际先进、放眼大机械、涵盖全过程、发展可持续”的指导思想，把握了体系建设的正确方向，使我国机械安全标准体系建设得以稳步而快速地完成。经过十多年的发展，我国机械安全标准化工作已逐步与国际接轨，并建立了较为完善的机械安全标准体系，使我国机械安全标准体系不仅与国际机械安全标准体系联系紧密，而且又保持了我国机械安全标准体系的相对独立。按照机械安全标准的适用范围，可将机械安全标准分为三类：

(1) A 类标准(基础安全标准)。该类标准给出了适用于所有机械安全的基本概念、设计原则和一般特征，全部属于推荐性标准。

(2) B 类标准(通用安全标准)。该类标准适用于机械的安全特征或使用范围较宽的安全防护装置。B 类标准按照标准的具体内容分为强制性标准和推荐性标准，是否强制执行是由市场需求决定的。一般情况下，如果不按照标准的规定执行，对人身健康和安全造成伤害的可能性非常大，并且伤害程度比较严重的标准应制定为强制性标准，否则制定为推荐性标准。B 类标准还可细分为：一是 B1 类标准——特定安全特征(如安全距离、表面温度、噪声等)标准；二是 B2 类标准——安全装置(如双手操纵装置、联锁装置、压敏装置、防护装置等)标准。

(3) C 类标准(特定机械安全标准，也称产品安全标准)。它是将一种特定的机械或一组机械规定出详细安全要求的标准。例如，分离机安全要求、铸造机械安全要求、空调用通风机安全要求、包装机械安全要求等，都属于 C 类标准。

我国 A、B、C 三类机械安全标准的关系可用图 10－3 所示的金字塔形状形象表出。A 类标准位于金字塔的最顶端，起到统领所有机械安全标准的重要作用，A 类标准中的基本概念、设计通则以及方法被几乎所有的 B 类标准和 C 类标准所引用。B 类标准确定的安全参数或规定的安全防护装置被部分 C 类标准所引用，但允许 C 类标准中的安全要求与 B 类标准不一致，此时优先采用 C 类标准。

我国机械安全标准体系有四个方面的显著特点：一是立足基本国情，蓄纳国际先进，并与国际机械安全标准紧密相连；二是立足“大安全”，把产品安全标准与基础安全标准紧密相连，并把产品安全标准视为体系的重要组成部分；三是该体系与安全生产实现无缝对接，为政府对行业和企业的安全监管提供了有效的手段；四是该体系为自动化技术、智能制造等新技术应用到安全领域提供了广阔的空间。

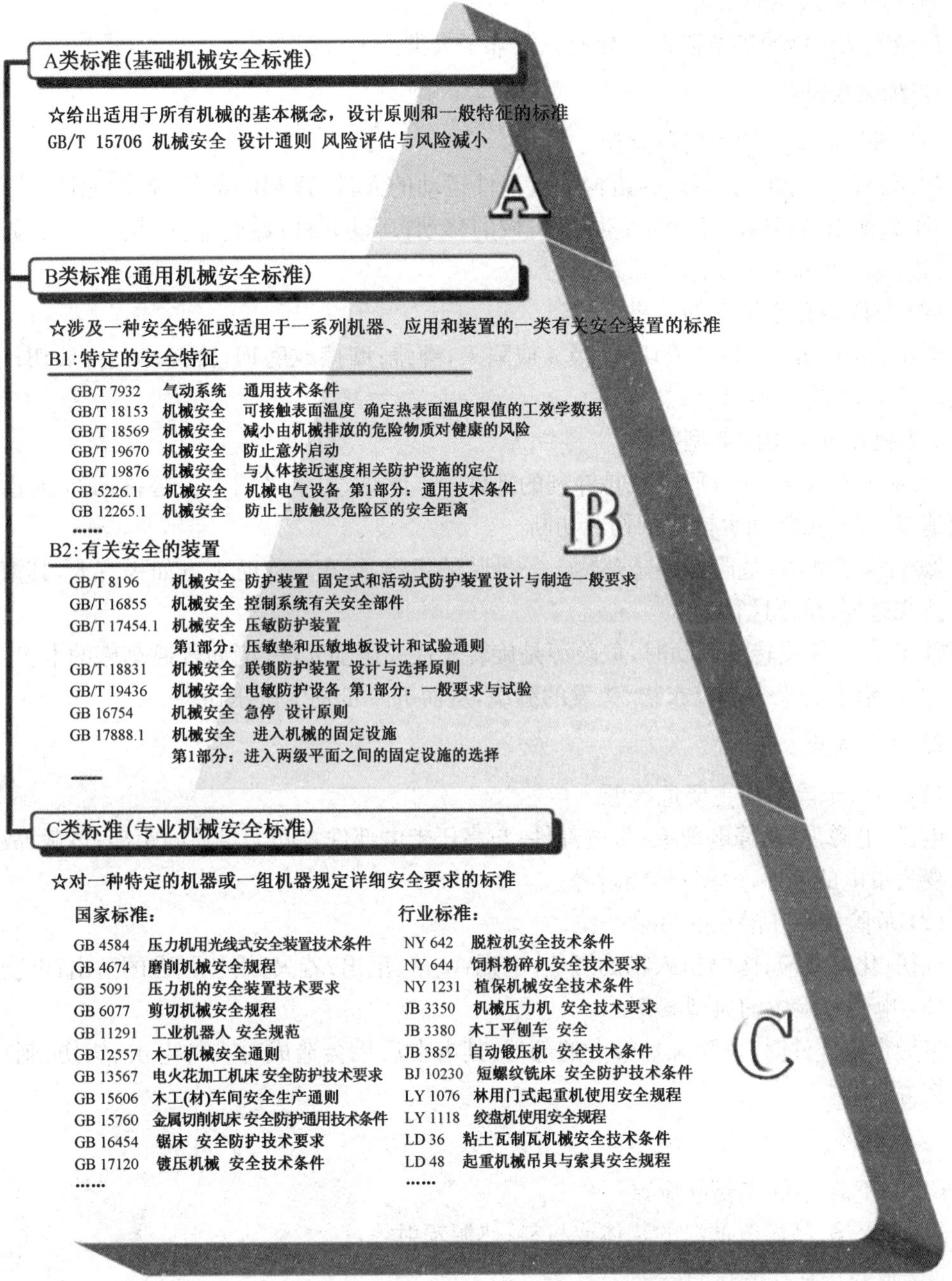
A类标准(基础机械安全标准)
☆给出适用于所有机械的基本概念，设计原则和一般特征的标准
GB/T 15706 机械安全 设计通则 风险评估与风险减小
A
B类标准(通用机械安全标准)
☆涉及一种安全特征或适用于一系列机器、应用和装置的一类有关安全装置的标准
B1:特定的安全特征
GB/T 7932 气动系统 通用技术条件
GB/T 18153 机械安全 可接触表面温度 确定热表面温度限值的工效学数据
GB/T 18569 机械安全 减小由机械排放的危险物质对健康的风险
GB/T 19670 机械安全 防止意外启动
GB/T 19876 机械安全 与人体接近速度相关防护设施的定位
GB 5226.1 机械安全 机械电气设备 第1部分：通用技术条件
GB 12265.1 机械安全 防止上肢触及危险区的安全距离
……
B2:有关安全的装置
GB/T 8196 机械安全 防护装置 固定式和活动式防护装置设计与制造一般要求
GB/T 16855 机械安全 控制系统有关安全部件
GB/T 17454.1 机械安全 压敏防护装置
第1部分：压敏垫和压敏地板设计和试验通则
GB/T 18831 机械安全 联锁防护装置 设计与选择原则
GB/T 19436 机械安全 电敏防护设备 第1部分：一般要求与试验
GB 16754 机械安全 急停 设计原则
GB 17888.1 机械安全 进入机械的固定设施
第1部分：进入两级平面之间的固定设施的选择
B
C类标准(专业机械安全标准)
☆对一种特定的机器或一组机器规定详细安全要求的标准
国家标准：
GB 4584 压力机用光线式安全装置技术条件
GB 4674 磨削机械安全规程
GB 5091 压力机的安全装置技术要求
GB 6077 剪切机械安全规程
GB 11291 工业机器人 安全规范
GB 12557 木工机械安全通则
GB 13567 电火花加工机床安全防护技术要求
GB 15606 木工(材)车间安全生产通则
GB 15760 金属切削机床安全防护通用技术条件
GB 16454 锯床 安全防护技术要求
GB 17120 锻压机械 安全技术条件
……
行业标准：
NY 642 脱粒机安全技术条件
NY 644 饲料粉碎机安全技术要求
NY 1231 植保机械安全技术条件
JB 3350 机械压力机 安全技术要求
JB 3380 木工平刨车 安全
JB 3852 自动锻压机 安全技术条件
BJ 10230 短螺纹铣床 安全防护技术条件
LY 1076 林用门式起重机使用安全规程
LY 1118 绞盘机使用安全规程
LD 36 粘土瓦制瓦机械安全技术条件
LD 48 起重机械吊具与索具安全规程
……
C

图 10-3　我国的机械安全标准体系中各类标准之间的关系

10.2　机械危险及来源

机械通常是由人来使用和维护的，在机械能量传递和转换过程中，如果有能量意外释放并作用到人体上，并且超过人们的承受力时，便会对人体造成伤害。

实现机械安全的关键首先需要识别危险源，然后采取相关措施对这些危险源进行消除和控制，避免对人体的伤害。

机械安全中涉及的危险源主要有以下几个大类。

1. 机械危险

(1) 机械危险中的主要危险源

加速、减速；有角的部件；接近向固定部件运动的元件；锋利的部件；弹性元件；坠落物；重力；距离地面高；高压；不稳定；动能；机械的移动；运动元件；旋转元件；粗糙表面、光滑表面；锐边；储存的能量；真空。

(2) 危险源存在潜在的后果

碾压；抛出；挤压；切割或切断；吸入或陷入；缠绕；摩擦或磨损；碰撞；喷射；剪切；滑倒、绊倒和跌落；刺穿或刺破；窒息等。

(3) 机械危险中的典型案例

① 木工机械加工时，危险源是锋利的部件——圆锯，由于采用手工送料，加工时潜在后果会造成上肢、手掌和手指的割伤或切断。

② 行车工作时，危险源是坠落物——吊装的货物，行车工作时下方如果有人，其潜在后果会造成碰撞、挤压性伤害。

③ 机器部件旋转或运动时，危险源是旋转元件或运动元件，例如普通车床的卡盘，高速旋转时，其潜在后果会造成衣物、头发的缠绕，从而进一步发生挤压伤害。

2. 电气危险

(1) 电气危险中的主要危险源

电弧；电磁现象；静电现象；带电部件；与高压带电部件之间无足够的距离；过载；故障条件下变为带电的部件；短路；热辐射等。

(2) 危险源存在潜在的后果

烧伤；化学效应；医学植入物的影响；电死；坠落、甩出；着火；熔化颗粒的射出；电击。

(3) 电气危险中的典型案例

接触带电部件时，危险源是带电的部件，其潜在后果会造成对人的电击、烧伤、刺穿、烫伤等伤害。

3. 热危险

(1) 热危险中的主要危险源

爆炸；火焰；高温或低温的物体或材料；热源辐射等。

(2) 危险源存在潜在的后果

烧伤；脱水；不适；冻伤；热源辐射引起的伤害；烫伤等。

(3) 热危险中的典型案例

维修汽车时，危险源是高温部件，刚刚熄火的发动机，由于发动机的各部件，例如水箱、排气管道、动力转向液箱和火花塞等温度都比较高，必须小心接触。其潜在后果会造成对人造成烫伤。

4. 噪声危险

(1) 噪声危险中的主要危险源

气穴现象；排气系统；气体高速泄漏；加工过程（冲压、切割等）；运动部件；刮擦表面；不平衡的旋转部件;气体发出的啸声;磨损部件等。

(2) 危险源存在潜在的后果

不适;失去知觉;失去平衡;永久性听觉丧失;紧张;耳鸣;疲劳等。

(3) 噪声危险中的典型案例

冲压车间生产中时,危险源是冲压的加工过程,潜在后果冲压过程产生的噪声给操作人员带来疲劳,产生紧张情绪,损伤听力系统。

用砂轮机打磨工件时,危险源是打磨的加工过程,潜在后果是给操作人员带来疲劳,产生不适、耳鸣等现象。

5. 振动危险

(1) 振动危险中的主要危险源

气穴现象;运动部件偏离轴线;移动设备;刮擦表面;不平衡的旋转部件;振动设备;磨损部件。

(2) 危险源存在潜在的后果

不适;脊椎弯曲病;神经失调;骨关节疾病;脊柱损伤;血管疾病等。

(3) 振动危险中的典型案例

手动钻机工作时,危险源是振动设备,其潜在后果是长期操作该类设备会产生骨关节疾病、血管疾病。

6. 辐射危险

(1) 辐射危险中的主要危险源

致电离辐射源;低频电磁辐射;光辐射(红外线、可见光和紫外线),包括激光;无线电频率电磁辐射。

(2) 危险源存在潜在的后果

烧伤;对眼睛和皮肤的伤害;影响生育能力;突变;头痛、失眠等。

(3) 辐射危险中的典型案例

接触激光加工设备工作时,危险源是激光束,其潜在后果是激光辐射能对人眼和皮肤造成严重伤害,大功率激光还会造成烧伤。

焊接工作时,危险源是焊接弧光辐射,主要包括:可见光辐射、红外线和紫外线光辐射,其潜在的后果是伤害人的眼睛和皮肤。

7. 材料/物质产生的危险

(1) 材料/物质产生的危险中的主要危险源

浮质;生物和微生物(病毒或细菌)制剂;易燃物;粉尘;爆炸物;纤维;可燃物;流体;烟雾;气体;雾气;氧化剂。

(2) 危险源存在潜在的后果

呼吸困难、窒息;癌症;腐蚀;影响生育能力;爆炸;着火;感染;突变;中毒;过敏。

(3) 材料/物质产生的危险中的典型案例

产生粉尘排放的加工过程中,危险源是粉尘,其潜在的后果是造成工作人员的呼吸困难、视力损伤,甚至产生爆炸。

进行汽车尾气检测时,危险源是烟雾,其潜在的后果是造成工作人员的呼吸困难、视力损伤，甚至产生爆炸。

8. 人类工效学危险

(1) 人类工效学危险中的主要危险源

通道；指示器和可视显示单元的设计或位置；控制装置的设计、位置或识别；费力；闪烁、玄光、阴影、频闪效应；局部照明；精神太紧张/精力不集中；姿势；重复活动；可见性。

(2) 危险源存在潜在的后果

不舒服；疲劳；肌肉与骨骼疾病；紧张等。

(3)人类工效学危险的典型案例

在生产线上弯腰搬运物体时，危险源是固定的操作姿势，长时间的固定姿势的操作其潜在后果是造成操作人员的疲劳，产生不适，引起肌肉与骨骼疾病。

9. 与机器使用环境有关的危险

(1) 与机器使用环境有关的危险中的主要危险源

粉尘和烟雾；电磁干扰；闪电；潮湿；污染；雪；温度；水；风；缺氧。

(2) 危险源存在潜在的后果

烧伤；轻微疾病；滑倒、跌落；窒息等。

(3) 与机器使用环境有关的危险

在车间里由于地面有油污而滑倒时，危险源是有油污的地面，如果不清理干净，会造成滑倒的风险，如果滑倒时触碰到坚硬物体会造成更大的伤害。

10.3 机械安全实现的途径和措施

10.3.1 机械安全实现的主要途径和措施

机械安全问题贯穿于机械的全生命周期内的各个阶段，为了实现机械安全，需要从设计制造、使用维护和安全管理三个方面来入手。

1. 设计阶段

采用技术措施来消除危险，使人不可能接触或接近危险区。如在设计中对齿轮采用远距离润滑或自动润滑，即可避免因加润滑油而接近危险区。设计阶段可采用的技术措施包括：

(1) 本质安全措施。这是在机械功能设计中采用的、不需要额外的安全防护装置，而直接把安全问题解决在机械之中的措施，它属于机械设计中优先考虑的措施。一是将危险区安全封闭；二是采用安全装置；三是实现机械化和自动化等。这些都是设计阶段应该解决的本质安全问题。

(2) 安全防护措施。本质安全措施不能实现安全时，必须配备安全防护装置保证人体安全，由安全防护装置解决安全问题。

(3) 信息安全措施。本质安全措施和安全防护措施都无效或不完全有效时，可将遗留风险通知用户，使用文字、标记、信号、符号或图表等信息作出说明，通过这些信息解决安全问题。

(4) 附加预防措施。一方面是处理紧急状态时采取的措施,如急停、援救等;另一方面是处理特殊情况时采取的措施,如超大、超重机械的搬运等。

2. 操作阶段

(1) 建立有计划的维护保养和预防性维修制度;

(2) 采用故障诊断技术,对运行中的机械进行状态监测;

(3) 避免或及早发现机械故障;

(4) 对安全装置进行定期检查,保证安全装置始终处于可靠和待用状态;

(5) 提供必要的个人防护用品等,如佩戴墨镜、安全帽、安全手套等;

(6) 通过作业场地与工作环境的安全性解决安全问题,如设置安全防护网、安全防护栏等使机械与人体隔离。

3. 管理阶段

(1) 指导机械的安全使用,向用户及操作人员提供有关机械危险性的资料、安全操作规程、维修安全手册等技术文件;

(2) 加强对操作人员的教育和培训,提高操作人员发现危险和处理紧急情况的能力;

(3) 通过安全管理措施解决安全问题,如建立安全管理制度、制定安全生产规程等。

10.3.2 设计阶段实现安全的途径与措施

机械设计阶段的机械安全主要通过风险评估与风险减小来实现。在我们国家也有专门的标准《机械安全设计通则风险评估与风险减小》(GB/T 15706—2012),这个标准中风险评估是核心内容,风险评估的目的就是通过风险评估的流程,了解机器限制条件,对危险进行识别,对风险进行估计和风险评价,最终目的是将风险降低到可以接受的程度。

1. 风险评估

风险评估主要包括风险分析和风险评价两个步骤。

1) 风险分析

风险分析又可依次细分为机械限制的确定、危险识别和风险估计三个步骤。

(1) 确定机械的限制

风险评估从机械限制的确定开始,确定机械的限制时需考虑机器全生命周期所有阶段。

为什么需要确定机器的限制呢?这是因为每种机械设备都有它本身独特的机器特性,因此,对于每一类机器都有其独特的使用限制条件。确定机械的限制对于下一步进行危险识别有很大的帮助。

在实际应用中,机械限制的确定一般需要考虑机器的使用限制、空间限制、时间限制和其他限制等四个方面。

① 使用限制

使用限制可以就机器设备安装、调试、生产以及维修等过程中常见的限制条件进行确认,例如:机器设备的各种运行模式,通常情况下,机器设备有自动模式、手动模式、维修模式等。每种模式都有可能因为执行不同的任务,存在不同的伤害风险。

② 空间限制

空间限制通常考虑机器运动范围的限制;是否有维修平台、通道以及密闭空间等因素。

③ 时间限制

在机器设备的时间限制方面,主要是需要了解机器设备及部件的寿命限制,以及操作人员或维修人员在危险区域工作时间长短,时间间隔等时间因素。

④ 其他限制。例如被加工工件的物理特性的差异,温度、湿度等环境条件的影响等。

(2) 危险识别

在确定了机械的限制后,将进行危险识别。危险识别在任何风险评估中都是最重要的一步。只有危险被识别后,方能确定风险大小以及后期采取什么样的措施,才能将风险降低到可以接受的程度。

在确认机器设备危险区域过程中,只要机器设备本身存在各种危险因素,我们都需要假设在没有安全防护装置及防护措施情况下,在机器设备危险区域都会存在危险。只有通过各个危险区域了解到机器设备所有危险点,才能根据这种危险等级程度,判定目前采取的安全防护措施是否合适。只要人的作业空间和机械的作业空间存在交叉作业区域,就有可能存在风险。从机器设备危险发生的原理图(图 10-4)中,我们可以看到往往一个危险事件可能由多种原因引发,而每种原因又有可能是某一事件或组合事件的起因。例如,接触机器设备运动部件这样一个危险事件,可能是由于误操作、机器意外启动或者防护装置失效等多种原因造成。

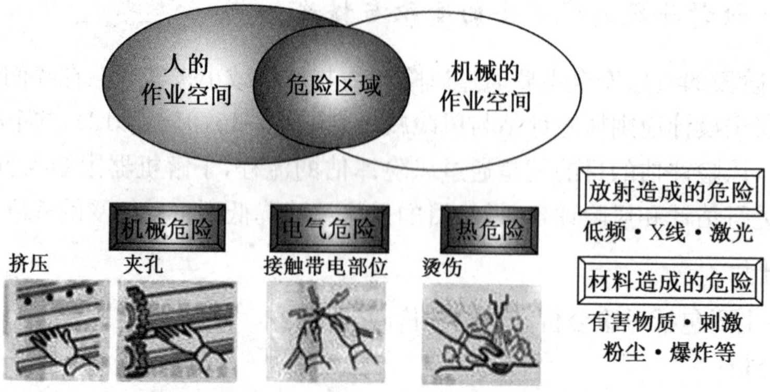

图 10-4 机器设备危险发生的原理

风险评估时,在确定机器设备危险过程中应考虑以下因素:

① 机器生命周期内人与机器的相互作用

危险识别需要考虑上述的机器生命周期内各个阶段的所有相关任务,例如:测试;示教和(或)编程;过程和(或)工具转换;启动;所有的运行模式;机器进料;从机器上取下产品;停机;急停;由卡滞或锁定到恢复运行;故障查找和(或)故障排除(操作者干预);清洁和保养;预防性维护;校正性维护。

② 机器设备的可能状态

需要了解机器正常运行状态,各种运行功能。通常还需要考虑被加工材料的性能或尺寸变化、机器设备故障、外部干扰、设计错误或缺陷(软件错误、程序丢失、意外启动或动作)等因素造成的伤害风险。

③ 非预期的操作者反应能力或可合理预见的机器误用。

在危险识别中，判断是否有：

① 操作者对机器失去控制(特别是手持式或移动式机器)的风险；

② 机器使用过程中发生失灵、事故或失效时，操作者的条件反射行为；

③ 操作者或其他人员因精神不集中或粗心大意的行为等情况，这些也是判定是否存在伤害风险的因素。

(3) 风险估计

进行危险识别后，对每种危险进行风险估计。通常需要考虑伤害的严重程度、暴露于危险的频率和时间以及避免危险的可能性等三要素。

第一要素：伤害的严重程度

每个危险状态(危险事件)可能造成几种不同严重程度的伤害。通常将具有最高风险的严重程度定为某种伤害的严重程度。实际评估过程中，还需要考虑下列因素：

① 危险能量的大小，能量越低，有关潜在伤害的严重程度也就越低；

② 人员暴露的部位，同样的危险状态，由于接触人体部位不同所导致伤害的严重程度也不同，例如，与人体其他部位相比若是头部暴露在同一危险区域中，其造成的伤害可能是致命的。

第二要素：暴露于危险的频率和时间

人员暴露于危险会影响伤害的发生的概率。估计暴露程度时，需要考虑到以下因素：

① 进入危险区的需求(如正常操作，故障维修，模式切换等)；

② 进入的性质(如人工进料，调整模具，对刀等工艺方面的需求)；

③ 处于危险区的时间；

④ 需要进入危险区的人数；

⑤ 进入危险区的频次。

第三要素：避免危险的可能性(P)

判定避免或限制伤害的可能性时，需考虑以下因素：

① 暴露于危险的不同人员的差异：操作熟练程度的差异，对机器设备熟悉程度的差异等。

② 导致伤害的速度因素：速度往往是风险评估过程中重要的考虑因素。根据运动部件的运行速度。

对于快速运行的机器设备，诸如速度高于 10 mm/s 的压力机，速度高于 250 mm/s 的机器人，一般选择避免的可能性低；

对于慢速运行的机器设备，诸如速度低于 10 mm/s 的压力机，速度低于 250 mm/s 的机器人，一般选择选择避免的可能性高。

③ 对剩余风险的警示：

机器设备是否有安全操作指南，危险处是否有危险警示标识等。

④ 人员避免伤害的能力(如条件反射、敏捷性、避开的可能性)。

⑤ 工厂是否有良好的安全管理制度，对员工是否进行定期或不定期的安全培训。

⑥ 现有的机器设备的防护措施有效性，决定避免可能性的高低。在实际现场评估过程中，经常遇到现有的安全防护装置固定不牢，防护不到位，强度不够，不符合标准设计要求，安全元器件使用不当，没有采用安全回路等情况。由于使用人员不了解防护措施而无法判

断其有效性，误以为这些安全防护装置仍然有效，就会导致更高的风险产生。

⑦ 现场人员是否配备个体防护装备，例如安全鞋，安全眼镜，防护手套等。

2）风险评价

完成风险分析后，应进行风险评价，以确定是否需要进行风险减小。如果需要减小风险，则应选用适当的保护措施。作为安全迭代过程的一部分，还应检查采用新的保护措施时是否引入了额外的危险或增加了其他风险。如果出现了额外的危险，则应把这些危险列入已识别的危险清单中，并重新评价。风险充分减小目标的实现和实际可行的风险比较结果，都可以作为风险已被充分减小的证据。

2. 风险减小

风险减小的原则：风险评估过程中确定什么样的风险，就要采取与之相对应的安全防护措施。安全防护措施包含的种类非常多：如机械类、安全控制类、人类工效学，以及其他所有经过验证的有效的安全防护措施等。每一种类的安全防护措施都需要参考相应的标准和规范实施。

图 10－5 示出了通过设计者和使用者采取保护措施减小风险的过程。其左侧纵列，表示由机器设备的设计者和使用者采取保护措施的优先顺序。基于机器设备的规定限制和预定使用，通过采取"本质安全设计措施""安全防护和补充保护措施"以及"使用信息"风险减小迭代三步法，并结合使用者最后采取的保护措施，最终将通过风险评估所得到的图中右侧纵列上方示出的总风险，减小到可以接受的程度。在风险减小的过程中，还应注意不能厚此薄彼，忽视其他步骤的安全防护作用，而影响安全防护的整体效果。

3. 风险减小过程迭代三步法

在这里我们重点介绍一下风险减小过程迭代三步法，这是风险减小的核心。

1）本质安全设计

本质安全设计要重点考虑以下因素：

（1）几何因素

① 机器设备是否有几何因素导致伤害的风险。例如由几何尺寸产生的盲区，或由机器设备的几何形状或相对位置造成的挤压或剪切危险，都可以采取本质安全设计措施来减小风险；

② 机器设备不应存在锐边、尖角、毛刺和突出等容易造成各种碰伤，刮伤等风险，减小此类风险可以通过采取钝角或防撞条设计等技术来实现；

③ 机器设备操作位置的设计应符合人类工效学原理，例如双手操纵装置，以及控制面板的操作位置和高度应适合操作者。

（2）物理特性

① 在保证机器设备能够正常工作的前提条件下，将机器设备的驱动力限制到尽可能低的水平，以此消除或减小被驱动部件可能产生的机械风险；

② 在满足机器设备正常功能的情况下，尽量限制运动部件的质量和（或）速度，即运动部件的动能；

③ 根据排放源的特性采取措施限制：

噪声的排放；

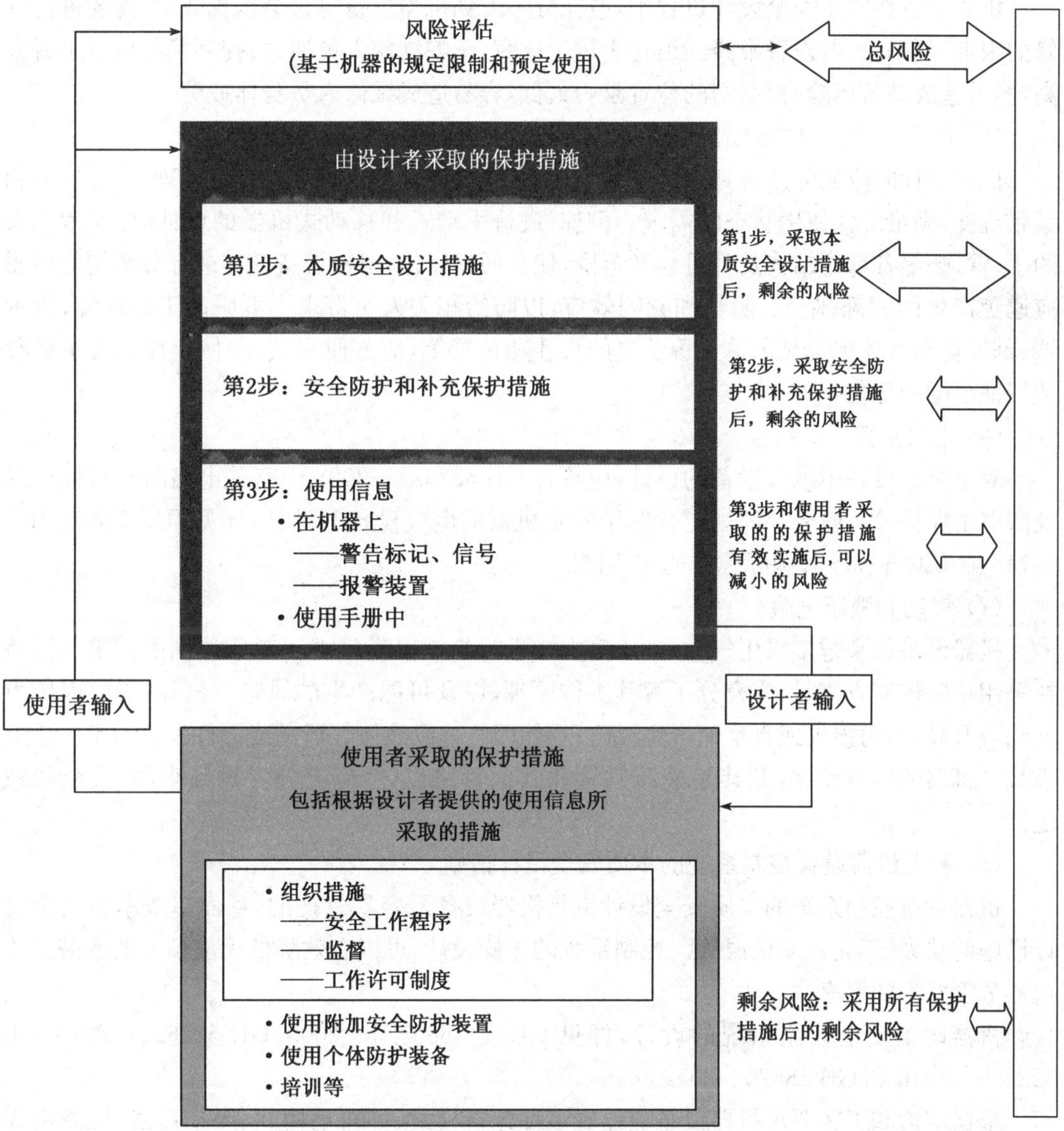

图 10－5　通过设计减小风险的过程

机械振动，例如：运动的频率和(或)振幅等；

有害物质的排放，包括使用更安全的物质或使用降低粉尘的工艺(用颗粒代替粉末、用铣削代替磨削)；

辐射排放，例如：避免使用有害辐射源；在满足机器正常功能的情况下将辐射功率限制在最低水平；通过设计使辐射源射线束集中于目标之上；加大辐射源和操作者之间的距离或提供远程操作机械的装置。

(3) 机器设备稳定性的考虑

机器设备的设计应保证其具有足够的稳定性，并使其在规定的使用条件下安全运行。例如：机器底座的几何形状、固定方式、机械设备的重心位置、吊装位置等的设计。

(4) 机器设备维修性的规定

机器设备在本质安全设计过程中，应充分考虑到机器设备总是会出现故障，需要进行维修的因素，例如：机器设备维修通道是否过于狭窄，影响维修人员通过；控制箱的位置是否太高，容易造成跌落风险；控制箱的位置是否太低，容易造成维修人员身体疲劳。

（5）遵循人类工效学原则

机械设计时应充分考虑到人类工效学原则，这样设计可以减轻操作者心理、生理压力和紧张程度，满足最佳使用状态的需求。例如：进行手动式和移动式机器的设计时，应考虑人的手、臂、腿等各部位结构及其可触及范围，使其便于操作；机器设备整体或部分结构的照明应避免产生的闪烁、眩光、阴影和频闪效应，以防给相关人员带来不舒服的工作环境；指示器、刻度盘和有关视觉显示单元等装置的尺寸和位置等，应方便观察，并便于操作者了解参数特征范围的变化。

（6）电气危险

对于机械设备中电气设备的设计，应符合 GB 5226.1—2008 中有关电路断开与接通以及防电击保护等一般要求的规定。对于特定机器的电气设备的设计，详见 IEC 61029、IEC 60745 或 IEC 60335 等国际标准的相应规定。

（7）气动和液压危险

机器设备越来越多采用气动，液压等方式进行控制以满足现代工业控制的需求。但是在采用这些控制方式时，应充分了解其工作原理，以及可能产生的风险。例如：不能因压力波动或升高，压力损失或真空而产生风险；不能因气体或液体等泄露或部件失效而发生危险事故。机器的所有元件，尤其是液压软管和其他管路设计，应充分考虑其牢固、安全和稳定性。

（8）有关机器设备控制系统的本质安全设计措施

机器设备控制系统的本质安全设计也是机器设备最容易忽视的，从而造成本质安全设计措施的缺失、不完善或错误等。控制系统的正确设计，可以有效降低无法预见的或潜在的机器危险发生的概率。

机器设备安全控制系统的设计，详见 GB/T 16855.1—2008、GB 5226.1—2016、GB 5226.2—2016 和 GB 28526—2012。

根据结构和工艺要求机器设备应设置多种运行模式，如自动模式、手动模式、维修模式和暂停模式等；以便于在不同模式时，体现出不同的安全功能得到各自最佳的安全应用。

用于多台机器的组合、复杂机器设备流水线、多个运行区域中的急停装置、动力断开装置或安全保护装置均应清晰标识，便于识别，利于在紧急情况时正确使用。

（9）机器设备动力中断后重新启动

对于机器设备，如果动力中断后重新恢复时，机器设备若能自动地重新启动，则可能发生危险，产生伤害，应防止重新启动造成的危害，例如：砂轮机等危险性设备直接连接到动力电路中，这类设备的启动开关都是采用自保式按钮，当设备启动后可以使用，但是在电源断开后（突然停电），再恢复供电，机器设备若自动启动就可能产生机械伤害的风险。因而在进行机器设备的本质安全设计时就应该考虑此问题。

（10）预防机器设备动力源中断需要采取的保护措施

在机器设备本质安全设计过程中，应防止因为动力源中断或波动太大，而造成的危险。机械设备的本质安全设计至少应满足以下要求：

应保持机器的停机功能；

对于为了安全而需要持久操作的所有装置，应采取有效的方式操作来保持安全(如锁紧，夹紧装置等)；

因势能的改变可能产生运动的机器部件、机器所夹持的工件或承受的载荷，应能保留允许其安全降低势能所需的必要时间。

(11) 自动监控的应用

如果执行功能的部件或元器件的能力被削弱或因工艺条件变化产生危险，应采用自动监控技术来确保机器设备的安全功能或由保护措施执行的功能不会失效。机械设备的自动监控功能，应能在执行功能的部件出现故障、失灵或因其他条件发生变化而产生危险时，自动监控系统应能正常工作，并能及时执行诸如危险停止、防止意外启动以及报警等安全功能，并确保机器设备和人员的安全。自动监控系统的设计详见《机械安全控制系统有关安全部件・第 1 部分：设计适则》(GB/T 16855.1—2008)、《机械安全机械电器设备・第 1 部分通用技术条件》(GB 5226.1—2016)等机械安全标准的相关要求。

(12) 可编程电子控制系统执行的安全功能

含有可编程电子设备(如可编程控制器 PLC)的控制系统，在符合应用条件时，可以用于执行机械设备的安全功能。但若采用了可编程电子控制系统，就要考虑其与机械设备安全功能有关的性能要求。对于执行安全功能的可编程控制器 PLC 需要达到相应的安全等级要求。针对某类机械设备所设计的可编程电子控制系统，应能有效降低会对设备安全相关控制功能的性能造成不利影响的硬件随机失效的概率和系统失效的可能性。如果可编程电子控制系统用于监控功能，还应考虑故障检测的系统性能。有关可编程电子控制系统的安全要求和设计指南，详见《机械安全控制系统有关安全部件・第 1 部分：设计适则》(GB/T 16855.1—2008)和《机械电气安全 安全相关电气、电子和可编程电子控制系统的功能安全》(GB 28526—2012)两项国家标准。

在设计可编程电子控制系统时，也可以参考可编程控制器 PLC 知名厂家的选型资料或使用手册等作为安全设计的技术依据，因为这些厂家经过严格的产品设计和相关测试，以及产品安全认证等过程的实践，参考他们的资料，可以省去使用者再去进行复杂的计算，确认等重复性工作。这类符合安全可编程控制器 PLC 功能要求的 PLC，可以作为安全监控的元器件使用，并与输入元器件和输出元器件等组合构成安全回路，即可达到相应的安全等级要求，或 GB/T 20438 中所要求的安全完整性等级(SIL)。

针对评估过程中所确定的风险等级，还要去了解实际采取的安全等级要求，并要大于等于实际需要的安全等级要求。有关安全控制系统的要求，可以参考第 5 章中的相关内容。

(13) 手动控制的原则

选择和设计手动控制装置，应遵循以下原则：

① 手动控制装置的设计和定位要符合有关人类工效学原则。

② 每个启动控制装置附近，在合适位置均应配置一个停止控制装置，对于以保持—运行控制方式来执行启动或停止功能的启动控制装置，当保持—运行控制装置释放后不能发出停止指令而存在风险状态时，应提供单独的停止控制装置。

③ 手动控制装置应位于危险区内能触及的区域之外。

④ 手动控制装置和控制位置尽可能设置在使操作者能观察到工作区或危险区。

⑤ 手动控制装置或控制台都可以控制设备，应在同一时间内只能有一个控制装置是有效的。

⑥ 手动控制装置，例如无线遥控装置，在没有收到正确的控制信号时，应执行自动停机功能，以确保机器设备安全。

⑦ 如果几个控制器可能启动同一危险元件，则控制回路的布置应使得在给定时间只能有一个控制装置是有效的。

⑧ 设定、示教、过程转换、故障查找、清洗或维护的控制模式。

当机器设备具有设定、示教、过程转换、故障查找、清洗或维护等多种控制模式并进行其中的某种操作时，需要不得不移开或拆除防护装置和(或)使保护装置不起作用，或者为了进行这些操作需要使机器或机器的某些部件运转时，应采用同时满足下列要求的特殊控制模式来保护操作者的安全：

使其他所有控制模式不起作用；

只有通过连续驱动使能装置、双手操纵装置或保持—运行控制装置，才允许危险元件运转；

只有在风险已被减小的条件下(如已利用有限运动控制装置等逐步减速、降低动力或力)，才允许危险元件运转；

通过机器的传感器监控人的有意或无意的动作防止任何危险功能运行。

机械设备的控制系统中最好带有辅助故障查找的诊断系统，以便及时发现故障或危险状态而无须使任何保护措施不起作用。这类故障诊断系统不仅会改善机器的实用性和可维修性，还可以减少维护人员在危险区的暴露。

⑨ 控制和运行模式的选择。

如果机器设备实际需要几种不同保护措施和(或)工作流程要求时，诸如调整、设定、维修、检查等控制或运行模式，则应在每个模式选择器配置相应的锁定功能，确保选择器的每个位置都明确对应一种操作或控制模式。

⑩ 最大程度降低安全功能失效的概率以提高可靠性。

机器设备的安全不仅取决于控制系统的可靠性，而且还取决于机器所有元器件及安全保护措施的可靠性。因此在进行机械设备的本质安全设计时，就要选用“可靠的组件”。所谓“可靠的组件”，即在固定的使用期限或操作次数内，能够经受住与设备使用有关的诸如：冲击、振动、冷、热、潮湿、粉尘、腐蚀、静电和电磁场等各种环境条件下所有干扰和应力，且由其发生失效致使机器失灵而产生危险的概率小的组件。经过验证的组件并不等于“可靠的组件”。通过使用“定向失效模式组件”和使用“组件或子系统冗余设计技术”也是提高整个机器设备可靠性的一种途径。实践证明只有提高了机器设备各组件的可靠性，才能提高整个机器设备的可靠性，从而减小了人员暴露于危险区进行干预机器设备的操作所带来的风险，实现保护人员健康和安全的目标。

通过加—卸载或装—卸料操作的机械化或自动化限制人员暴露于危险。

机器设备加—卸载(如加力、卸力，夹持、松开等)或装—卸料(如工件、材料、物资等的)搬运操作的机械化或自动化可以减少人员在操作点暴露于危险，从而限制由此产生的风险。

例如：可以通过机器人、搬运装置、传送机构或鼓风设备实现自动化。也可以通过进料滑道、推杆和手动分度工作台等实现机械化。

对于所装备的这些机械化或自动化装置,虽然能够预防机器操作者发生伤害事故,但在对装置自身的故障进行排除时也会发生危险,因此这些装置需要与机器设备本身做整体风险评估,并做好风险减小措施。

将设定和维护点的位置放置在危险区之外来限制人员暴露于危险。

机器设备本质安全设计过程中,特别是机械设计时,需要考虑将机器设备的维护、润滑和设定点尽可能设置在危险区之外,从而最大程度减小人员进入危险区的需求,保护操作人员的安全。

2) 安全防护及补充保护措施

“安全防护及补充保护措施”是在风险减小过程迭代三步法的第一步“本质安全设计措施”无法合理消除危险或不能充分减小风险的情况下,采取的第二步减小风险的措施。

实施安全防护及补充保护措施的两个重要原则:隔离和停止原则。

隔离的实施通常采用固定式防护装置,这是最简单,并且是最有效的防护方式。通常是在机器设备运行过程中,操作者不需要进入危险区,或维修人员不需要经常进入的场合,适合选用固定式防护装置,例如防护栅栏、防护罩等进行防护。

表 10-1 隔离和停止保护措施的基本功能和作用

隔离的实施	停止的实施
通过安全防护装置(例如:防护罩、防护栅栏和机械开口等)进行安全防护	通过联锁防护装置或敏感保护设备(例如:安全光幕、控制装置或急停装置等)进行安全防护
注:1. 机械防护装置对危险区采取隔离措施。 2. 机械开口限制人的上、下肢可及的范围使其达到安全标准规定的最小限值。	注:1. 在危险机构(区域)无法确认安全时,就执行停机指令。 2. 增加确认停止的安全防护装置。

停止的实施通常采用保护装置。由于需要进入危险区的频次增加,采用固定式防护装置又因其自身结构,或当其拆卸后无法及时复原等原因不适用时,而使用其他防护装置采取的补充保护措施,如安全联锁开关,安全光幕,及其他安全传感器和安全控制器等。

与风险减小一样,对于机器设备的防护,更多是采用固定式防护装置和安全保护装置的组合方式来减小风险。

机器设备通过风险减小过程迭代三步法的第一步“本质安全设计措施”和第二步“安全防护措施”,还可能存在剩余风险,此时需要采用其他补充保护措施进行安全防护。

通常补充保护措施有以下几种:

(1) 采用急停功能的元器件,这是机器设备采用最多,而且是最通用的补充防护措施。

(2) 被困人员逃生和救援措施:

用于某些元件反向运动的布置或操作指南;

受困人员的呼救通讯方式。

(3) 能源隔离和能量耗散的措施:

例如采用上锁/挂牌装置(或锁具),将机器设备不同种类的动力源锁定在隔离位置。

(4) 提供安全、方便的搬运辅助装置:

对于无法移动或人员用手无法搬运的机器设备及其零部件,对人员存在伤害的风险,因此应配备诸如吊索、吊钩、吊环、带起重吊钩的自动抓取设备用于辅助起重设备进行搬运,以保护操作者的安全。

(5) 安全进入机器设备的措施：

对于人员无法在地面完成的与机器设备的安装和(或)维护等相关的所有常规作业，应提供能安全进入机器的防护装置或设施。例如专用维修平台、机内平台、安全护栏、护笼、楼梯、通道等。

(6) 培训和监督：

通过对操作人员进行使用和操作机器设备的技术培训和安全培训，以提高操作人员和维修人员熟练操作设备，提高遵守操作规程和安全生产的意识。

(7) 个体防护装备(PPE)：

制造者应在机器设备操作手册中给出所有安全操作需要的个体防护装备，用户也有责任根据实际情况，添加配备个体防护装备。常用的个体防护装备包括听力保护装置、耳塞、防护眼镜、防护面罩、防毒面具、防护手套、防护服(抗热、防化学品以及防爆)、安全帽等。

3) 使用信息

机器设备的使用信息是机械设计的重要组成部分。使用信息是由文本、文字、标记、信号、符号或各种图表等组成的文档信息，是以单独或联合使用的形式提供给相关专业人员和(或)非专业人员学习和了解的文字资料。这种资料是传递机器设计者和制造者重要技术信息、使用信息和安全注意事项的主要媒介和载体，也是相关人员正确使用、学习、培训以及技术交流的重要技术文件。

使用信息往往是机器设备管理体系中容易忽视和缺失的部分，缺少这部分内容机械设备的管理体系是不完整的。环境安全部门、操作人员、维修人员、生产管理人员等与设备有关的部门和人员，都可以通过机器设备使用信息了解和掌握机器设备的工作状况。它也是涵盖机器的运输、装配和安装、试运转、使用(设定、示教、编程、过程转换、操作、清洗、故障查找和维护)等信息，以及记载机器是否经过拆卸、停用和维护等操作记录的，并贯穿机器整个生命周期的档案。

(1) 使用信息的主要作用

就机械安全而论，使用信息的主要作用如下：

① 帮助正确了解机器设备的结构、控制系统、安全操作手册和与机器设备有关的重要信息；

② 是描述机器设备的整体性能，指导机器如何维护保养和安全作业的指导书；

③ 帮助相关人员了解剩余风险以及可能造成的伤害，增强避免危险的安全意识；

④ 便于对机器设备各种文档资料的分类、归档、查找以及备份；

⑤ 通过信号、警示装置以及机器设备危险部位适当位置的警示标志，为现场人员发出危险预警的警报；

⑥ 有利于了解机器设备的制造者信息，便于机器设备的建档、管理和维护；

⑦ 有助于管理人员掌握和了解机器设备的功能现状，方便判定机器的工作状态，以及是否需要对操作人员进行培训，增添机器设备的防护装置和保护装置或个体防护装备，处理机器故障，做出对机器的维修或报废等决定；

⑧ 当面对突发事件或重特大事故时，有助于制定完善的应急预案和计划，并采取正确合理的应急管理、指挥、救援等措施。

(2) 使用信息、警示装置和警示标志的要求与规定

① 使用信息应使用操作者容易理解的语言文字和符号编写或制作，并根据需要和安全要求，以下述方式和在下列位置提供：

在机械内或机器上；

在随行文件中，特别是使用手册和说明书；

在包装上；

通过其他方式，如机器外的信号和警告。

② 信号和警告装置的要求与规定：

视觉信号(如闪光灯)和听觉信号(如报警器)可能用作警告即将发生的危险事件，如机器启动或超速。此类信号也可能在触发自动保护措施前用作警示操作者。

上述信号应满足下列基本要求：

在危险事件发生之前发出；

含义确切；

能被明显察觉到，并与所用的其他所有信号相区分；

容易被使用者和其他人员明确识别。

③ 警告装置的设计和位置应便于检查，在使用信息中也应规定警告装置应定期检查的要求；警示信号和警告装置的数目要以不引起人的“感官疲劳”为宜，以免导致警告装置被废弃而造成新的危险。

④ 机器设备应具有以下所有必要的标志和(或)标识：

供使用者明确识别用的标志，至少包括：制造者的名称与地址、机器的系列或型式的说明、序列号(如果有)；

表明机器符合强制性要求的标志，包括：标志、书面描述(如制造者的授权代表、机械设备的名称、制造年份以及预定用在潜在爆炸环境等)；

针对安全使用的标志，例如：旋转部件的最高转速；工具的最大直径；机器本身和(或)可移除部件的质量(kg)；最大工作载荷；穿戴个体防护装备的必要性；防护装置的调整数据；检查频次；

直接印刷在机器上的信息宜持久，并在预期的机器生命周期内保持清晰可见。符号或书面警告不应只写“危险”二字；

标志、符号和书面警告应易于理解且含义明确，特别是那些与机器功能相关的部分。与使用书面警告相比，宜优先使用易于理解的图形符号。建议只采用机器使用时所处文化氛围内能够理解的符号和形图符号；

机械设备的书面警告宜采用首次使用该设备的国家的官方语言，如有要求，可采用操作者容易理解的语言。标志或图形标志应符合我国通用标准的要求，例如：有关数控机床的图形符号应符合 GB/T 3168—1993 的规定；机械电气设备的标志应符合 GB 5226.1—2008 的规定；液压和气动设备的标志详见 GB/T 3766—2015 和 GB/T 7932—2017；

随行文件，特别是使用手册等使用信息的内容，以及起草与编制详见此标准的 6.4.5 条。

10.3.3 使用阶段实现安全的途径和措施

在实施风险评估并采取风险减小过程迭代三步法以后，为确保机器设备的安全，根据实际需要，机器设备的使用者可能还需要采取下述补充安全防护措施：

（1）根据设计者提供的使用信息，充分学习与应用，并根据使用信息采取其他相应保护措施。例如：通过设计图纸资料（机械图纸、电气图纸）、使用手册等确定所有危险点，标示出危险点位置，张贴警示标语，并标示出各种安全防护装置的名称等；

（2）建立机器设备工作流程及安全操作规程；建立定期或不定期的安全检查和安全装置的有效性确认流程，以及安全防护装置日常点检作业表；建立工作许可制度，只有符合条件的人员才能操作设备，符合安全要求的机器设备才能投入生产；建立能量装置正确使用制度（例如气缸阀门的 LOTO 程序）及使用规范等；

（3）使用预定使用或预定工艺，或设计者没有提供的附加安装防护装置；

（4）根据个体防护的需要，添加个体防护装备；

（5）建立培训制度，例如：对安全防护装置的功能、位置和使用方法的培训；事故总结分析培训；安全教育培训；应急预案演练培训；危险品使用，存放以及处理流程、特种设备使用说明的培训等。

10.4 实验室典型机械安全防护

本章习题及答案

第 11 章

实验室辐射安全

DI SHI YI ZHANG

11.1 核与辐射基础知识

辐射是自宇宙诞生就已存在的自然现象，只不过随着自然科学的进步，人们到了 20 世纪末才认识了辐射的存在。1895 年，德国维尔茨堡大学伦琴教授发现了 X 射线，而后居里夫人发现了放射性钍，并首次提出了放射性的概念。1939 年，奥地利-瑞典原子物理学家莉泽·迈特纳，证实了核裂变现象，从而开创了核时代。

在初期，人们对电离辐射生物危害效应和防护措施尚未认知，致使一些从事放射性工作的人员受到了大剂量照射而发生了严重的辐射损伤，逐渐引起了生物学界和医学界的重视。1997 年国际原子能机构、联合国粮食及农业组织、世界卫生组织等 6 个国际性组织出版了《国际电离辐射防护和辐射源安全的基本标准》，总结了几十年来研究进展和最新成果，为各国制定辐射防护和安全标准提出了建议、原则、导则和规范。核与辐射安全是一门新兴的综合性学科，包括了核安全和辐射安全，国际原子能机构将核安全、辐射安全、放射性废物安全和放射性物质运输安全统称为核安全。

11.1.1 核与辐射

1. 原子核

自然界中物质都由原子组成，原子是保持元素化学性质的最小粒子，原子在化学反应中不可分割。20 世纪 20 年代经过汤姆逊、卢瑟福、玻尔等人的改进与完善，形成了目前人们普遍接受的原子模型——电子云模型：原子由原子核和电子构成，电子绕核做不规则运动。

原子核(atomic nucleus)简称“核”，由质子和中子构成，原子核极小，却集中了 99.96% 以上原子的质量。构成原子核的质子和中子之间存在着巨大的吸引力，能克服质子之间所带正电荷的斥力而结合成原子核，在化学反应中原子核不发生分裂，整个原子呈中性。当一些原子核发生裂变(原子核分裂为两个或更多的核)或聚变(轻原子核相遇时结合成为重核)时，会释放出巨大的原子核能，即原子能，又称为“核能”。这也是核能发电的基本原理。

2. 核技术

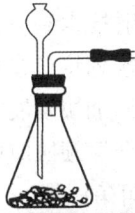

除了众所周知的核武器与核电，核工业领域还有应用广泛的轻工业，即非动力核技术应

用，简称“核技术”(nuclear technique)。

我国核技术应用行业经过几十年的发展，年产值已突破3 000亿元人民币，形成了具有一定规模和水平且较为完整的体系，并已在辐照材料改性、辐照加工服务、辐射技术装备、公众健康、公共安全、环境保护等方面形成一定的产业规模。2015年，国家“十三五”规划将核技术应用纳入加强前瞻布局的战略性新兴产业，提出在核技术应用等核心领域取得突破，加快发展非动力核技术，持续推动核技术在工业、农业、医疗健康、环境保护、资源勘探、公共安全等领域应用。虽然核能技术应用的社会影响有争论，但核技术用于发电、医学诊断和治疗是无可争议的。

3. 辐射

广义的辐射是一种不需要介质参与的传递能量的现象；狭义的辐射仅限于电离辐射，包括能产生电离效应的高能光子辐射(如X射线、γ射线)和粒子辐射。电离是指从一个原子、分子从其束缚状态释放一个或多个电子的过程。根据辐射与物质相互作用时使物质电离能力的不同，把辐射分为两类，电离辐射和非电离辐射。

辐射防护领域所讨论的辐射都是电离辐射，也称致电离辐射(ionizing radiation)，简称辐射或射线。电离粒子具有足够的动能，通过与物质碰撞就能直接引起被穿透的物质发生电离，一般像α粒子、β粒子、质子这样的高速带电粒子均属此类，称为直接电离；像X射线、γ射线等光子，在与物质相互作用时能够释放出除了直接电离粒子还有次级带电粒子或次级光子，其传递能量而引起物质的电离，属间接电离。常见的电离辐射包括：α射线、β射线、X射线、γ射线、中子等。

各类射线比较

4. 放射性与核反应

原子弹主要利用铀-235或钚-239等重原子核的裂变链式反应原理制成的裂变武器。核裂变可以在没有外来中子的情形下出现，称为自发裂变，是放射性衰变的一种。放射现象一般与衰变过程有关，元素从不稳定的原子核自发地放出射线而衰变形成稳定的元素而停止放射，这种现象称为放射性。许多天然和人工生产的核素都能自发地放射出射线，称为放射性核素，以前常称为放射性同位素，也叫不稳定核素。实验表明，温度、压力、磁场都不能显著地影响射线的发射，这是由于温度等只能引起核外电子状态的变化，而放射现象是由原子核内部变化引起的，同核外电子状态的改变关系很小。

衰变的快慢通常用“半衰期”表示。半衰期(half-life)即一定数量放射性同位素原子数目减少到其初始值一半时所需要的时间，用$T_{1/2}$表示。如磷-32的半衰期是14.3天，钴-60其半衰期为5.27年。半衰期是放射性同位素的一个特征常数，不同的放射性同位素有不同的半衰期，衰变的时候放射出射线的种类和数量也不同。

原子序数在83(铋)或以上的元素都具有放射性，但某些原子序数小于83的元素(如锝)也具有放射性，放射性核素(包括同位素)有2 300多种，又可分为天然放射性核素和人工放射性核素两大类。

5. 常用的辐射量与单位

历史上，把度量电离辐射的多少所需要的量称为辐射剂量，这个量是自X射线被发现后在实际应用中常遇到的问题。长期以来，剂量的单位和名称经过长期变革，最终由国际计量委员会将辐射剂量划入计量科学的分支，采用国际单位制(SI)单位。

由于人不能用眼睛或其他感官直接观察射线，总是通过射线与物质相互作用的各种效应来进行观测。例如，利用射线在物质中产生的电离原理制造出各种气体电离探测器和半导体探测器；利用射线使某些物质激发，通过观察退激时放出光子的闪烁探测器；利用射线使胶片感光原理制成各种核乳胶及用于测量剂量用的胶片；利用射线在过饱和蒸汽中使蒸汽产生的凝结作用制成威尔逊云室以及利用射线使过热液体产生气泡来观察粒子径迹的气泡室等等。实际射线测量装置通常有探头和分析、记录仪器两部分组成，统称为核子仪器。

下面介绍几个关键的辐射相关基本单位。

(1) 放射性活度(A)：一个放射源在单位时间内发生衰变的原子核数称为它的放射性活度(或者叫衰变率)，表示放射性核的放射性强度。放射性活度的国际单位制(SI)单位，符号为 Bq(贝可)，即放射源每秒产生一次衰变为 1Bq。

放射性活度遵从指数衰变规律。根据指数衰变规律可得放射性活度等于衰变常数乘以衰变核的数目。由于有些放射性核一次衰变不止放出一个粒子或 γ 光子，用放射探测器实验计数所得的不是该核的放射性活度，还需利用放射性衰变的知识加以计算。

放射性活度的旧时常用单位是居里(Ci)，Bq 与 Ci 的换算关系为

$$1\ \text{Ci} = 3.7 \times 10^{10}\ \text{Bq}$$

下面几个单位与人体辐射效应有关。

(2) 照射量(X)(放射医学常用)是 X 射线沿用的最早的量，只能说明 X 射线与 γ 射线在空气中的电离的性质，不能用于其他类型的辐射，也不能用于其他物质，它仅适用于 10 keV～2 MeV 范围的 X 射线与 γ 射线。

照射量表示射线空间分布的辐射剂量，即在离放射源一定距离的物质受照射线的多少，以 X 线或 γ 线在空气中全部停留下来所产生的电荷量来表示。照射量的 SI 单位是库伦/千克(C/kg)，其专用单位是伦琴。

(3) 比释动能(K)是指间接带电粒子在于物质相互作用时，电离辐射授予特定单位质量物质的体积元内所产生的所有带电粒子的初始动能的总和。比释动能适合于任何不带电的电离辐射场，反映了不带电的间接带电粒子形成带电的电离粒子的能量的多少。

比释动能的 SI 单位是焦耳/千克(J/kg)，专用名是“戈瑞”(Gray，简写为 Gy)。

(4) 吸收剂量(D)是指辐射施与单位质量物质的能量的平均值，可以用于任何类型的电离辐射和任何被电离的物质，这一点与照射量不同。它的 SI 单位为焦耳/千克(J/kg)，符号是戈瑞(Gy)，过去吸收剂量曾用单位为拉德(rad)。

$$1\ \text{Gy} = 1\ \text{J/kg} = 100\ \text{rad}$$

吸收剂量率：指单位时间(t)内的吸收剂量。SI 单位为戈瑞/秒(Gy/s)。

(5) 有效剂量(E)：人体在受到任何照射时，不可能只局限于一种组织或器官，不同的组织或器官对于设想的敏感程度不同，所以不同组织或器官接受相同的照射，所产生的辐射生物效应也不可能相同。为了评价辐射对生物体所产生的损伤效应，了解不同组织接受辐射所造成的总危险度，需要通过组织权重因子对当量剂量加权，即原来的有效剂量当量。有效剂量的定义是人体各组织或器官的当量剂量乘以相应的组织权重因子的和。

$$E = \Sigma W_T H_T$$

式中：W_T——组织 T 的权重因子，没有量纲；

H_T——组织或器官 T 的当量剂量。

单位：希伏特(Sievert)，符号 Sv。

吸收剂量(D)与有效剂量(E)的换算系数:联合国原子辐射效应科学委员会(UNSCEAR)报告推荐,吸收剂量(D)与有效剂量(E)的换算系数取0.7,即

$$有效剂量(E)=吸收剂量(D)\times 0.7\ Sv/Gy$$

6. 生活中的辐射来源

按人体接受辐射的来源,一般划分为天然辐射和人工辐射。这些天然辐射源主要包括:宇宙射线、室内外地表层的γ贯穿辐射、以及放射性氡气体和食入天然放射性物质的辐射,前两者基本构成外照射,后两者基本构成内照射。据联合国原子辐射效应科学委员会估计,全世界人均天然辐射的剂量约为2.4 mSv/年,日常生活中天然辐射占人们所接受剂量的85%。

人工辐射主要包括:核试验、放射性同位素、射线装置、核设施、大科学装置等,其中医疗辐射是最大的人工辐射来源,各种人工放射性核素中大约80%用于医学目的。根据统计,来自大气层核试验和切尔诺贝利事故引起的放射性沉降物约0.007 mSv/年,来自核电站排放约0.002 mSv/年,要远低于医疗辐射对个人的影响。

表11-1　日常生活中可能遇到的辐射

类　型	剂量水平(mSv)
看电视每天2小时	<0.01 mSv/a
夜光表	0.02 mSv/a
乘飞机2 000 m	0.005 mSv/h
眼镜(局部)	0.01~0.04 mSv/a
家用天然气(局部)	0.06~0.09 mSv/a
假牙(局部)	1 μSv/a
吸烟每天20支("钋弹")	0.5~1 mSv/a
诊断X射线人均年有效剂量	0.3 mSv/a
CT人均单次有效剂量	8.6 mSv/a
使用火力发电厂带来的照射	0.005 mSv/a
核电站附近人均年有效剂量	0.001~0.02 mSv/a
核设施附近人均年有效剂量	0.001~0.2 mSv/a

11.1.2　辐射效应

电离辐射作用于生物体后,其能量传递给生物体的分子、细胞、组织和器官,造成的各种形态和功能的生物效应的总和称为辐射生物效应。电离辐射作用于生物体引起生物活性分子的电离与激发是辐射生物效应的基础,主要包含物理因素和生物因素。物理因素是指辐射类型、能量、吸收剂量、照射方式等;生物因素主要是指生物体对辐射的敏感性。

1. 辐射效应

辐射作用于人体主要有三种方式:外照射,是指辐射源位于人体外对人体造成的辐射照射;内照射,是指存在于人体内的放射性核素对人体造成的辐射照射;放射性核素的体表沾

染，是指放射性核素沾染于人体表面（皮肤或黏膜），沾染的放射性核素对沾染局部构成外照射源，同时尚可经过体表吸收进入血液构成体内照射。

生物体细胞主要由生物大分子和水组成，电离辐射的能量直接沉积在生物大分子上，引起电离和激发，造成损伤，称为直接作用，可使 DNA 单链或双链断链和解聚，酶的活性降低与丧失、细胞器和细胞膜的破坏等。电离辐射引发水分子的辐解，其辐解产物（H·、·OH、H_2O_2等）作用于生物大分子，引起物理或化学效应，称为间接作用。辐射会引起人体某些特有的生物学效应，国际辐射防护委员会（ICRP）处于辐射防护目的，又把辐射诱发的生物学效应分为确定性效应和随机性效应。

随机性效应（Stochastic effect）：是指辐射效应的发生概率（而非其严重程度）与剂量相关的效应，不存在剂量的阈值。遗传效应与某些躯体效应，主要指致癌效应和遗传效应，均属于随机效应。随机性效应中的遗传效应是指辐射诱发突变率与剂量呈线性关系。

确定性效应（Deterministic effect）：是指辐射效应的严重程度取决于所受剂量的大小。这种效应有一个明确的剂量阈值，在阈值以下不会见到有害效应，这类效应与剂量呈非线性有阈的关系，即有阈剂量。这种效应的发生必须是机体在接受某以最低剂量以上的照射才能产生效应。如眼晶状体白内障、放射性皮肤损伤、生育障碍、骨髓造血障碍等。单个或少量细胞受到照射损伤，可出现随机效应，辐射使大量细胞或组织受到破坏可导致确定性效应。

人体确定性效应阈值

剂量与生物体之间存在复杂的关系，一般吸收剂量越大，生物效应也越大。表 11－2 说明了不同剂量对人体损伤的估计。

表 11－2　不同剂量对人体损伤的估计

剂量，Gy	类　型		初期症状或损伤程度
＜0.25			不明显和不易觉察的病变可恢复的机能变化
0.25～0.5			可能有血液学的变化
0.5～1			机能变化，血液变化，但不伴有临床症状
1～2	骨髓型急性放射病	轻度	乏力，不适，食欲减退
2～3.5		中度	头昏，乏力，食欲减退，恶心，呕吐，白细胞短暂上升后期下降
3.5～5.5		重度	多次呕吐，可有腹泻，白细胞明显下降
5.5～10		极重度	多次呕吐，腹泻，休克，白细胞急剧下降
10～50	肠型急性放射病		频繁呕吐，腹泻严重，腹疼，血红蛋白升高
＞50	脑型急性放射病		频繁呕吐，腹泻，休克，共济失调，肌张力增高，震颤，抽搐，昏睡，定向和判断力减退

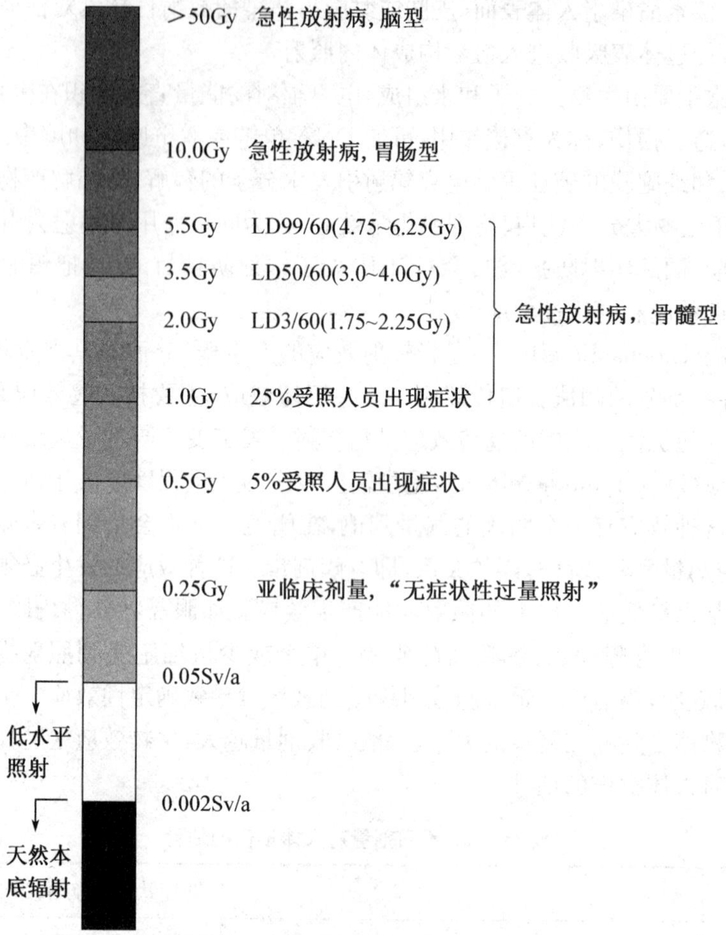

图 11－1　不同剂量对人体损伤的估计

不同生物种系对辐射的敏感性不同，辐射敏感性是指生物体、组织、细胞、细胞内含物或生物分子在一定剂量的射线影响下，在形态上和机能上发生相应变化的大小。生物系统辐射敏感性与 DNA 的含量有一定关系，生物进化程度愈高，有机体组织结构愈复杂，其辐射敏感性愈高。

表 11－3　不同生物种系对辐射的敏感性

生物种系	人	猴	大鼠	鸡	龟	大肠杆菌	病毒
LD50/Gy	4	6	7	7.15	15	56	2×10^4

注：LD50 为半数致死量。

2. 电离辐射对人体作用

射线对人体作用时，有三种生化指标可能会发生变化：白细胞、血小板、染色体。辐射致癌是电离辐射的远后效应，其致癌的发生是一个非常复杂的过程。辐射致癌是辐射因素与机体交互作用的结果，是一个渐进式的发展过程，发生机理上包括基因组不稳定性和与细胞增殖相关的多个信号转导通路机制的异常。

辐射致癌效应的出现具有一定的潜伏期，具体辐射致癌的潜伏期要看自身的身体状况，人体受到照射后，发生白血病的潜伏期为 3～5 年，甲状腺癌/瘤为 10～15 年，肺癌、乳腺癌等为 15～20 年，甚至更长，故一般计算潜伏期时取 25 年。电离辐射是一种物理性的有害因素，射线具有超距作用、放射性人工无法消除等特点，其人体的生物效应，不仅取决于电离辐射的作用还取决于机体的反应。

总结一下射线对人体的作用，目前的认识大致可分为两方面：有益的方面，辐射是人类生存条件之一，天然辐射提高免疫力、刺激作用；有害的方面，大剂量照射时，可能得各种放射病。而小剂量照射时，有三个大家关心的问题：遗传、致癌、寿命，根据目前所掌握的知识来看，这些影响可忽略、可被接受。

11.2　辐射防护基础

11.2.1　辐射防护

辐射防护是原子能科学技术的一个重要分支，它研究的是人类免受或少受电离辐射危害的一门综合性边缘学科。辐射防护研究的主要内容包括辐射剂量学、辐射防护标准、辐射防护技术、辐射防护评价和辐射防护管理等。

辐射防护的基本任务：

(1) 允许可能产生辐射的实践；

(2) 保护人员、后代、环境。

辐射防护的目的：

(1) 防止有害的确定性效应；

(2) 限制随机性效应的发生率，合理并尽可能低。

辐射防护三原则：

(1) 实践的正当性：在施行伴有辐射照射的任何实践之前，都必须经过正当性判断，确认这种实践具有正当的理由，是获得利益大于代价(包括健康损害和非健康损害的代价)。

(2) 辐射防护的最优化：应避免一切不必要的照射，在考虑到经济和社会因素的条件下，所有辐射照射都保持在合理达到的尽量低的水平。

(3) 对个人剂量的限制：用剂量限值对个人所受的照射加以限制。个人剂量限值只适用于可控源或实践，不适用于事故照射、正常的天然辐射照射、室内的氡照射等已经存在的照射。

《电离辐射防护与辐射源安全基本标准》(BG 18871—2002)规定的个人剂量限值见表 11-4，以上实践都不包括医疗照射。

表 11-4　剂量限值

应用范围	剂量限值	
	职业工作者	公众
年有效剂量	50 mSv	不超过 1 mSv。若按终生剂量平均的有效剂量不超过 1 mSv，则在某些年年份允许以每年 5 mSv 作为剂量限值
眼晶体	150 mSv	15 mSv
其他单个器官或组织(皮肤\手\足)	500 mSv	50 mSv(皮肤)

11.2.2　辐射防护方法

辐射源主要包括密封放射源、非密封放射性物质和射线装置。放射工作人员在生产、销售和使用放射源的过程中，难免受到照射，为减少对人体的照射，最大程度减少辐射危害，应采取相应的辐射防护措施。

1. 外照射防护措施

(1) 时间防护：对于相同条件下的照射，人体受照剂量与照射时间成正比。缩短受照时间，可以减少受照剂量。对于一些事故应急情况下的操作，可以通过模拟，提高熟练度，减少受照时间。

(2) 距离防护：对于点源，人员受到的外照射剂量与距离的平方成反比。对于非点源，近距离情况比较复杂，对于较远距离地点，受照剂量随着距离增加而减少。对于放射源，尽量避免用手直接拿取，采用可靠的长柄工具，增大与辐射源的距离，可有效减少受照剂量。

(3) 屏蔽防护：在人体与外照射源之间设置适当材料的防护屏障，从而减少人员受照剂量，称为屏蔽防护。

屏蔽材料的选择应根据辐射类型、能量和源的活度。对于 α 射线，在体外基本不会造成人体危害。对 α 射线的屏蔽防护，α 粒子因射程短，一般无外照射的危险，但进入人体可能造成严重的内照射，因此操作这类开放型源应在密闭容器中。

对于 β 射线，先用低原子序数的材料(铝或有机玻璃)阻挡，以减少轫致辐射，再在其后面用高原子序数的材料(铁或铅)屏蔽激发的 X 射线。对于 X、γ 射线，采用原子序数高的材料(如铅)屏蔽效果好，当然混凝土和水也可用于光子的屏蔽，只是厚度增加。

中子是一种穿透力很强的间接电离粒子，其屏蔽较为复杂，一般采用均匀含氢材料(如水、石蜡、聚乙烯等)、非含氢较轻材料(石墨、碳化硼、铝等)和多层屏蔽材料制作。另外还要计入元素衰变的影响，充分考虑辐射场内放射性核素的衰变，合理安排工作，以最大限度地减少人员的受照剂量。

2. 内照射防护措施

非密封的放射性物质会通过呼吸、消化系统和完整的皮肤及伤口进入人体。因此内照射防护的基本原则是制定各种规章制度，采取各种有效措施，阻断放射性物质进入人体的各种途径，在最优化原则的范围内，使摄入量减少到尽可能低的水平。内照射防护的一般方法是“包容、隔离、净化、稀释”，以及“遵守规章制度、做好个人防护”。

11.2.3　电离辐射分类与电离辐射标志

1. 放射源分类

根据《放射性同位素与射线装置安全和防护条例》(国务院令第 449 号)关于放射源实行分类管理的规定,《放射源分类办法》(国家环境保护总局公告 2005 年第 62 号)已经发布。参照国际原子能机构的有关规定,按照放射源对人体健康和环境的潜在危害程度,从高到低将放射源分为Ⅰ、Ⅱ、Ⅲ、Ⅳ、Ⅴ类,Ⅴ类源的下限活度值为该种核素的豁免活度。

2. 非密封放射源工作场所分级

根据《电离辐射防护与辐射源安全基本标准》(GB 18871—2002)和《关于发布放射源分类办法的公告》的规定,非密封源工作场所按放射性核素日等效最大操作量的大小分为甲、乙、丙三级。

表 11－5　非密封源工作场所的分级

级　别	日等效最大操作量/Bq
甲	$>4\times10^9$
乙	$2\times10^7\sim4\times10^9$
丙	豁免活度值以上$\sim2\times10^7$

3. 射线装置分类

根据《放射性同位素与射线装置安全和防护条例》(国务院令第 449 号)和《放射性同位素与射线装置安全许可管理办法》(国家环境保护总局令第 31 号)规定,根据射线装置对人体健康和环境的潜在危害程度,从高到低将射线装置分为Ⅰ类、Ⅱ类、Ⅲ类。

4. 辐射警示标识

放射工作场所、射线装置、源容器和放射性废物桶等显著位置应设置电离辐射的标志和警告标志。电离辐射的标志和警告标志见图 11－2。

电离辐射标志　　电离辐射警告标志

图 11－2　电离辐射标志与电离辐射警告标志

除此之外,辐射工作场所有时还应设置指示灯、声光报警装置、警戒绳或警戒线,提醒人们当心电离辐射,避免潜在事故发生。

5. 辐射安全与防护法规

我国建立了健全的辐射安全与防护法律法规体系,主要有国家法律、国务院条例、监管部门规章、监管部门相关文件和要求、国家标准、地方标准和工作导则组成。

《中华人民共和国放射性污染防治法》是调整和规范我国核设施、核技术利用、铀(钍)矿、伴生放射性矿开发利用中发生放射性污染的防治活动。《放射性同位素与射线装置安全和防护条例》是针对核技术利用的放射性同位素与射线装置的生产、销售、使用,以及放射性同位素的转让、进出口等活动进行调整和规范。《放射性同位素与射线装置安全许可管理办法》中对辐射防护相关专业名词做了规范,对相关人员遵守放射防护法规和规章制度,接受职业健康监护和个人剂量监测管理等做了具体规定。

放射工作人员上岗前必须接受放射防护知识和有关法律知识培训,经培训考核合格者方可上岗。放射工作人员的个人剂量监测周期、个人剂量档案、上岗前后体检、放射工作人员健康档案管理(同个人剂量档案)等都做出了具体要求。

辐射防护领域的核心标准是《电离辐射防护与辐射源安全基本标准》(GB 18871—2002),标准规定了对电离辐射防护和辐射源安全的基本要求。该标准适用于实践和干预中人员所受电离辐射照射的防护和实践中源的安全;不适用于非电离辐射(如微波、紫外线、可见光及红外辐射等)对人员可能造成的危害的防护。

11.3 辐射事故分级

11.3.1 辐射事故分级

1. 国际核事件分级表

国际核事件分级表(International Nuclear Event Scale,INES)是由国际原子能机构(International Atomic Energy Agency,IAEA)和经济合作与发展组织(Organization for Economic Co-operation and Development ,OECD)的核能机构(Nuclear Energy Agency,NEA)设计,国际原子能机构(IAEA)监察。

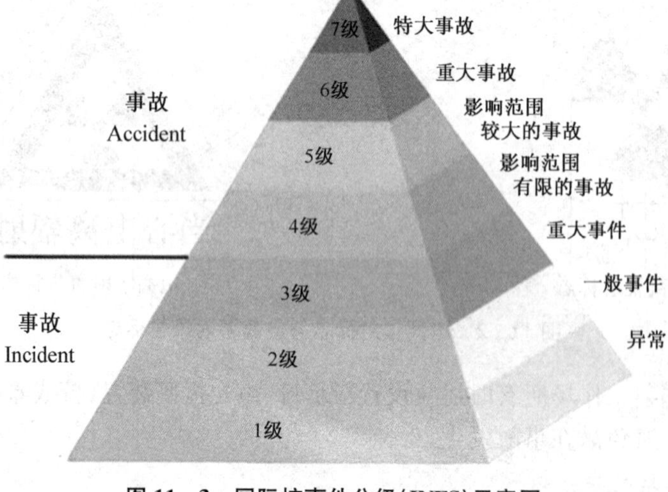

图 11-3 国际核事件分级(INES)示意图

国际核事故分级标准(INES)制定于 1990 年,作为核电站事故对安全影响的分类,旨在设定通用的标准以及方便国际核事故交流通信,以协调一致的方式迅速向公众通报有关核事件和放射事件的安全重要性。核事故分级类似于用于描述地震的相对大小的震级。每增加一级代表事故比前一级的事故影响和后果要严重约 10 倍。

核事故分为 7 级,灾难影响最低的级别位于最下方,影响最大的级别位于最上方。最低级别为 1 级核事故,最高级别为 7 级核事故,但核事故等级评定往往缺少精密数据评定,往往是在发生之后通过造成的影响和损失来评估等级。7 个核事故等级又被划分为 2 个不同的阶段。最低影响的 3 个等级被称为核事件,最高的 4 个等级才被称为核事故。

2008 年国际原子能机构对国际核事件分级表进行了修订,使其适用范围从核设施事件扩大到与辐射和放射性物质有关的所有事件,包括核运输相关事件。因此,修订后的 INES 分级表称作“核事件和放射事件分级表”。

其中 7 级事故为特大事故,在人类历史上仅有两例:

1986 年 4 月,苏联乌克兰境内的切尔诺贝利核电站 4 号机发生爆炸。

2011 年日本将福岛第一核电站核泄漏事故,大量核污染泄漏到工厂以外,造成巨大健康和环境影响。

2. 我国辐射事故分级

《放射性同位素与射线装置安全和防护条例》(国务院令第 449 号)第四十条规定:根据辐射事故的性质、严重程度、可控性和影响范围等因素,从重到轻将辐射事故分为特别重大辐射事故、重大辐射事故、较大辐射事故和一般辐射事故四个等级。

特别重大辐射事故,是指Ⅰ类、Ⅱ类放射源丢失、被盗、失控造成大范围严重辐射污染后果,或者放射性同位素和射线装置失控导致 3 人以上(含 3 人)急性死亡。

重大辐射事故,是指Ⅰ类、Ⅱ类放射源丢失、被盗、失控,或者放射性同位素和射线装置失控导致 2 人以下(含 2 人)急性死亡或者 10 人以上(含 10 人)急性重度放射病、局部器官残疾。

较大辐射事故,是指Ⅲ类放射源丢失、被盗、失控,或者放射性同位素和射线装置失控导致 9 人以下(含 9 人)急性重度放射病、局部器官残疾。

一般辐射事故,是指Ⅳ类、Ⅴ类放射源丢失、被盗、失控,或者放射性同位素和射线装置失控导致人员受到超过年剂量限值的照射。

11.3.2　辐射事故案例

1. 丢失探伤机放射源受照事故

2001 年 9 月 2 日,某施工队在探伤检测后,放射源(192Ir)从仪器中掉出,遗留在工地上。一工作人员在第二天上班时,发现放射源并拾起,双手来回玩耍、观看约 20 分钟,然后放入右裤兜;2 小时后放入工具箱内,并在工具箱边吃饭、休息,下午下班洗澡时,发现右大腿有 2×2 cm 的充血性红斑。当晚入院治疗。

事故后果:① 严重的确定性效应:红斑红疹,失去肢体,乃至死亡;② 增加随机性危险:致死性癌症;③ 环境污染;④ 社会及经济后果。图 11－4 表明了受照人被辐照受伤部位随时间的变化。

2. 医用放射源丢失

2010 年 11 月 22 日，某医院核医学科在使用一枚活度约为 25 mCi（9.25 E＋08 Bq，V 类）的 Sr－90 放射源对患者进行敷贴治疗后，未及时将放射源返回贮存库，致使该源丢失。11 月 23 日，市级监管部门获知此事故，立即将有关情况上报省级监管部门。24 日中午，省级监管部门事故处理人员在该院核医学楼一侧的树丛下监测到被遗弃的放射源。25 日，公安部门将偷盗遗弃放射源的嫌疑人抓捕归案。事后，省级监管部门责成事故单位将丢失的放射源连同其他 4 枚放射源一并送往省城市放射性废物暂存库暂存；对事故地点及周围环境进行了监测，未发现异常；对事故单位依法给予行政处罚；医院对相关责任人给予相应的行政处分。

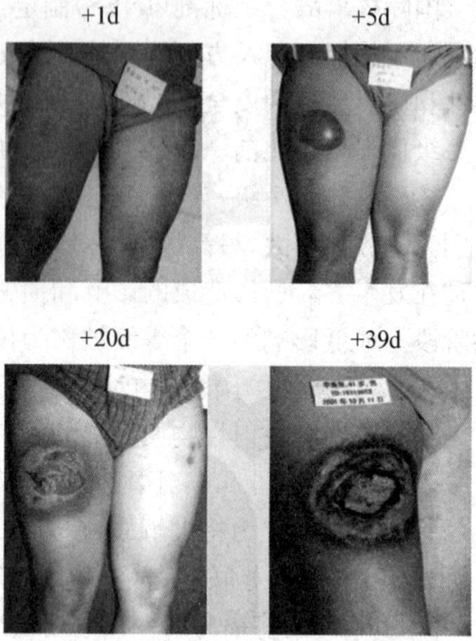

图 11－4　事故后果——受照部位随时间变化

3. 误拿放射性物质储藏罐

某高校进行实验室搬迁，雇了一些民工来负责搬运清理，其中某人发现某仓库中有十几只篮球大小的铅罐，就打开了一只，看到只有几颗小金属粒就准备重新盖好，这是正好有老师过来，告诉他这是放射性物质专门储藏罐，并告知这位民工已受到了辐射，需马上送医检查。所幸是该放射性物质强度一般，接触时间短，送医及时，这位民工住院半个月，就恢复了健康。

分析与教训：该实验室的管理虽采取了一定措施，但仍不规范，台账不清楚，搬运又没有专门人员管理负责，是管理问题。而从民工角度，缺乏基础知识，盲目操作，最终受到辐射危害。因此，对于放射性物质的采购、保管、使用和废弃都必须严格按照规定执行，杜绝不负责任行为，保障人身安全。

11.4　放射性废物处理

11.4.1　放射性废物

放射性废物为含有放射性核素或被放射性核素污染，其浓度或比活度大于国家审管部门规定的清洁解控水平，并且预计不再利用的物质。在核技术应用时使用放射性核素的相关工作中，会产生许多放射性废弃物，根据形态可分为气体废物、液体废物和固体废物，简称“放射性三废”。主要存在于非密封放射性实验室，以及核工业或者核技术应用单位涉及核素泄露的事故场合。

放射性废物尽管有各种各样，但却具有一些共同特征：

（1）含有放射性物质。它们的放射性不能用一般的物理、化学和生物方法消除，只能靠放射性核素自身的衰变而减少。

(2) 射线危害。放射性核素释放出的射线通过物质时发生电离和激发作用，对生物体会引起辐射损伤。

(3) 热能释放。放射性核素通过衰变放出能量，当废液中放射性核素含量较高时，这种能量的释放会导致废液的温度不断上升甚至自行沸腾。

放射性废物的危害包括物理毒性、化学毒性和生物毒性。通常主要是物理毒性，有些核素，如铀，还具有化学毒性。此外，对于混合废物含有有毒、有害化学污染物，至于生物毒性，仅来自医院的个别废物才可能掺有。物理毒性指的是辐射作用，大剂量照射可出现确定性效应，小剂量照射会出现随机性效应。

放射性废物产生的重点应用为放射性示踪剂及核医学，高校中主要产生自操作非密封放射性核素的实验室。

固体放射性废物主要包括：带放射性的手套、废注射器及针头、棉签、棉球、试纸、敷料、安瓿、碎玻璃、实验动物尸体及其排泄物。

液体放射性废物主要包括：含放射性的废液、用药后患者的排泄物、呕吐物、器械清洗液、污染物洗涤水等。

气载放射性废物包括放射性碘蒸气、放射性气溶胶等。

2012 年，我国国务院第 183 次常务会议通过和施行了《放射性废物安全管理条例》。规定了放射性废物的产生、收集、处理、运输、贮存及处置等各个环节在设计和运行中的管理目标和基本要求。本标准适用于核燃料循环各阶段所产生的放射性废物的管理，也适用于同位素生产和应用中所产生的放射性废物的管理。其他核设施及实践所产生的放射性废物的管理亦应参照执行。

11.4.2　放射性废物处理

放射性废物处理指使放射性废物适于最终处置(包括往大气或水体排放)的一切操作实践，例如收集、分类、浓缩、焚烧、压缩、去污、固化、包装、储存和运输等。废物处理的目标是尽量减少放射性废物的体积，以减少储存、运输和处置的费用；并尽可能回收或复用，减少向环境的排放。排放的放射性总量和浓度必须符合有关规定。废物必须分类收集和存放，分别处理，防止交叉污染或污染的扩散。

放射性废物在处理过程中有时还会产生新的废物，这种新产生的废物被称为二次废物。例如处理放射性废液时，往往需要用絮凝沉淀、离子交换等方法多次处理，比活度才能达到允许排放的水平，而处理过程中产生的泥浆沉淀、废树脂等都是带有放射性的二次废物，这些废物仍需要进一步处理。

放射性废物不能以普通废弃物的方法进行处理，要根据废物的性状、体积、所含放射性核素的种类、半衰期、比活度情况进行相应处理。

放射性固体废物包括短半衰期核素废物和长半衰期核素废物两种，短半衰期废物主要采用放置衰变法处理，即将放射性固体废物比活度降低到 7.4×10^4 以下后或存放大约 10 个半衰期后，即可按一般废物处理。长半衰期核素废物可采用缩小体积，主要用焚烧法和埋存法处理，集中封存或按当地规定送交指定地点或部门统一处理。焚烧法是将可燃烧的放射性废物充分燃烧，燃烧应在特质焚烧炉中进行，周围有足够的隔离区，烟囱应足够高，并有滤过装置，以防止污染环境。产生的放射性气体如量小则直接排入大气，量大用冷凝法或吸附剂捕集。埋存法是将不可燃烧的放射性固体废物及可燃烧的固体废物燃烧后的残渣埋在地下，选择远离市区没有居民活动的地方，不能靠近水源，不易受风雨袭击扩散的地方。

放射性废液一般有两类：一类是水溶液或与水可以相互溶解的有机溶液，其处理方法基本与固体废物相同，即短半衰期的核素主要以放置为主，长半衰期核素以焚烧和埋存为主，不可排入下水道以免造成污染。而另一类是不能与水混匀的有机溶液，排放入下水道为主要处理途径，但排出水中放射性浓度不超过 1×10^4 Bq/L。废水处理主要有稀释法、放置法和浓集法。稀释法适用于量不多且浓度不高的放射性废液，放射性废液用大量水稀释，再排入本单位下水道。放置法适用于短半衰期核素，浓集法是采用沉淀、蒸馏或离子交换等措施，将大部分本身不具放射性的溶剂与其中所含的放射性物质分开，使溶剂排入下水道，浓集的放射性再做其他处理。

放射性气载废物对低密度的放射性气体或气溶胶，可通过实验室内的通风橱排气烟囱(高度应在周围 50 m 以内建筑物的 3 m 以上)排入大气，利用大气使其稀释和扩散。

11.5 常见辐射仪器及防护

常见的辐射仪器：一是医药卫生行业，是核技术应用领域的“大户”，二是工业，此类单位涉及最广，而高校中各类辐射仪器和设备更加常见，只是总数量没其他应用行业多。

射线装置类：X 射线机(包括诊断、治疗)、CT、直线加速器、X 刀、正电子扫描仪、射线探伤、射线照相、中子照相术、辐射加工、电子束焊接机等，相对于放射源，射线装置在断电时，其放射性自动消失。

密封源类：钴-60 治疗机、镭治疗机、后装机(铱-192)、γ 刀、中子刀、辐照装置、γ 测井、中子测井、自动控制(控制密度、厚度、浓度、质量、料液位等)、设备(如感烟报警器、静电消除器等)，用于辐射育种、昆虫不育、辐射杀虫、辐射保藏食品等。

开放型同位素应用类：放射治疗、放射免疫分析(标记、诊断)、发射计算机断层术(ECT)、放射性核素显像(RI)、介入内放疗、放射性同位素示踪，其他核农学研究，放射生态、生物学研究。

11.5.1 常见的辐射仪器与装置

1. 辐照装置

辐照加工技术为民用非动力核技术，利用放射性同位素 60Co 或其他放射性核素所释放出的高能射线或电子加速器产生的电子束，将产生的电离辐射作用到被照射的物质上，使其物理性能和化学分子结构发生变化，从而达到杀虫、灭菌消毒、食品保鲜、有机化工材料合成及改性等目的。目前已经商业化或产业化的应用领域有食品辐照保藏、医疗用品辐射灭菌消毒、辐射材料加工、辐射化学合成、三废治理等。

其中值得一提的是电子加速器辐照，电子束辐照已进入辐射交联电线电缆、热收缩材料、辐射表面固化、辐射橡胶硫化、辐射泡沫塑料、辐射烟气脱硫脱硝、辐射材料和半导体器件改性和辐射农作物育种、辐射灭菌、辐射农产品保质保鲜十个领域。由于电子束辐照相对于射线辐照的装置固有的安全性、经济性以及电子相对于射线的化学反应方面的优势，近年来进入了快速发展阶段。

2. 工业探伤装置

工业射线探伤是射线检测应用技术之一，它是利用 X 射线、γ 射线和中子在穿透被检物体各部分时强度衰减的不同，进行摄片或成像，以检测被检物内部宏观几何缺陷的一种无损检测手段和方法。广泛应用于国防工业、锅炉、压力容器、造船、高铁、核电、造纸、石油化工、航空航天及工业机械等重大装备制造业中，对铸造、焊接和其他一些不可拆卸的连接器件进行探伤，一直是设备安装、制造、检修的主要无损检测手段，也是产品质量控制的重要技术手段之一。根据检测方式不同，分为固定式和移动式两类。其中移动式探伤，没有固定的作业场所和良好的辐射屏蔽设施，作业场地情况复杂，正确运用好距离、屏蔽、时间防护三要素显得十分重要。

3. 同位素仪表

同位素仪表是利用放射性同位素发射的粒子、光子和中子与物质作用时会发生吸收、散射、电离、激发与慢化等效应，在这个过程中，射线的能量传递给物质，物质相应的发生物理、化学和生物变化。同位素仪表就是利用射线与物质的相互作用进行测量，从而确定被测物体的位置、密度、厚度、水分、浓度、固液化、流量、缺陷和成分等的检测设备。

适用于同位素仪表的核素需要以下基本条件：

半衰期长，能发射具有合适能量和能谱的射线，放射性比活度高，易得价格低廉。常用的放射源有 137Cs、60Co、192Ir、75Se 等。

同位素仪表按基本原理与作用方式可分为以下几类：

强度型测量仪表，包括核子料位计、密度计、厚度计、浓度计、泥沙含量计、中子水分计和核子称等。主要是利用物质对射线的吸收、散射和慢化等使射线的强度发生变化，反映出被测物的某些有关的宏观物理参数。

能谱分析仪表，指现场和野外用分析仪表，如 X 荧光分析仪、核子测井和在线活化分析的仪器，用来测定某些特定能量的射线，确定被检物质成分和结构。

数字图像处理仪表，包括无损检测装置工业断层显像(CT)，主要是利用胶片照技术、数字图像处理技术等确定射线的空间或平面分布，反映被测物体的有关信息。常见的如集装箱安全检查系统、X 射线行李检查等。

其他同位素仪表，包括无法分类的同位素仪表，如放射性同位素火灾报警装置，放射性同位素电离真空计，这类仪表主要利用放射性同位素的电离效应。

4. 核测井

核测井是将核技术应用于井中测量，根据岩石及其空隙流体的核物理性质，研究井地质剖面，勘探石油、天然气、煤以及金属、非金属矿床，研究石油地质、油井工程和油田开发的核地球物理方法，也称放射性测井。

5. 核技术分析

核技术在元素分析领域有独到之处，除对加工样品进行分析以外，可以对原样实现非破坏性的分析，也可以进行在线快速分析，实现工业自动化控制等。主要包括：中子活化分析、X 射线荧光分析、X 射线衍射分析等。

中子活化分析，又称仪器中子活化分析，是采用中子照射样品，使样品原子核发生核反应，生成具有一定寿命的放射性核素，然后对生成的放射性核素进行鉴别，从而确定样品中的元素成分和含量的分析方法。目前，在工业、农业、地球和宇宙科学、环境科学、生命科学、材料科学领域和考古学以及参考物认证等方面均有广泛的应用。中子活化分析成为分析痕量（$10^{-6} \sim 10^{-9}$ g）和超痕量元素（$10^{-9} \sim 10^{-12}$ g）的一种极其重要的分析手段。

X射线荧光分析（XRF）和X射线衍射分析（XRD），二者都为高校实验室常见射线装置，均是利用X射线轰击被测样品，通过对样品产生的特征X射线的测量分析，从而确定样品物理参数和特性的分析方法。X射线荧光分析仪和X射线衍射仪均属于Ⅲ类射线装置。X射线为波长短的电磁波，X线诊断常用的波长范围为0.008～0.031 nm，肉眼看不见，它的特性为：穿透性、荧光效应、摄影效应、电离效应。

图 11－5　X射线衍射仪（简写为XRD）

X射线荧光光谱仪主要用于元素分析，具有重现性好，测量速度快，灵敏度高。分析的元素范围广，从4Be到92U均可测定。用X射线光谱仪扫描的方法可以探测土壤表层下面的元素，是X射线无损检测技能的一个主要使用范畴。

X射线衍射仪是一种利用X射线轰击样品，测量所产生的衍射X射线强度的空间分布，以确定样品微观结构的仪器。可以精确测定物质的晶体结构，结构及应力，进行物相分析、定性、定量分析，广泛应用于冶金、石油、化工、科研、航空航天、教学和材料生产等领域。

6. 非密封源工作场所

在γ辐照装置、γ射线探伤、核子测井、同位素仪表等的应用中，放射性核素处于密封状态，不会逸出造成环境污染。而非密封源工作场所使用的放射性核素处于非密封状态，并向工作环境扩散，可能造成环境污染的放射工作成为开放型放射性工作，其工作场所称非密封源工作场所。非密封源，呈气、液或者粉末状固体的放射性核素的存在形式，在储存、使用过程中，存在着扩散、挥发、泼溅等可能性，会造成人员吸入的内照射及物体表面沾污的辐射危害。因此，对非密封源的管理除了像密封源一样考虑辐射防护外，还要考虑工作场所的选址、分区、操作设施，废物的管理等更加严格。

11.5.2　常见的放射源

1. 常见的可用作α源的放射性同位素

制备α源的放射性核素有钋-210、镭-226、钍-228、钚-238、钚-239、镅-241、锔-242和锔-244等。α放射性核素都是极毒的，半衰期又较长，它们对人体的主要危害是内照射。制备α源的技术要求高，既要保证α放射性核素不被泄漏，又要保证有效利用α辐射。α放射源的制备方法主要有三种：玻璃、陶瓷、搪瓷法，粉末冶金法，电镀法。

用玻璃、陶瓷、搪瓷法制源是把放射性物质烧结在表层的面釉中，然后在活性层外再加一层保护膜。α粒子在固体中射程一般为10～20 μm，因此，源的活性层一般不大于3～5

μm，表面保护层也只有 3～5 μm。粉末冶金法生产 α 源，是把热稳定性好的化合物（如二氧化镅、三氧化二锔、二氧化钚、草酸钋）与金粉或银粉混合加压成型、灼烧成坯，封在银板（底托）和金片或金钯合金片（面层）中，轧制成箔源，其表面的金或金钯合金的厚度约为 3 μm。电镀法用于制备镅 241 -金合金源和钋- 210 等源，放射性物质分布均匀、镀层薄，源表面上再镀金或镀镍保护。α 放射源还可用作露点计、真空电子管的电离源和实验室用的仪表检验源等。

2. 常见的可用作 β 密封源的同位素

适于制备 β 源的放射性核素有磷- 32、锶- 90、钷- 147、钇- 90 等。发射正电子的 β 源又称为正电子源，如钠- 22 制备的 β 源。β 源用于测量材料的厚度和密度以及临床体表治疗中。

3. 常见的可用作 γ 源的同位素

γ 放射源利用能发射 γ 射线（包括 X 射线）的核素制备的。用制备 γ 放射源的核素有铁- 55、钴- 57、钴- 60、硒- 75、铯- 137、铥- 170、铱- 192、钚- 238、镅- 241 等。

密封源的形状、尺寸不一。小的只是一个几毫米到几厘米尺度的小金属物；大的其长度大于 1 米。放射源的活度也大小不一。

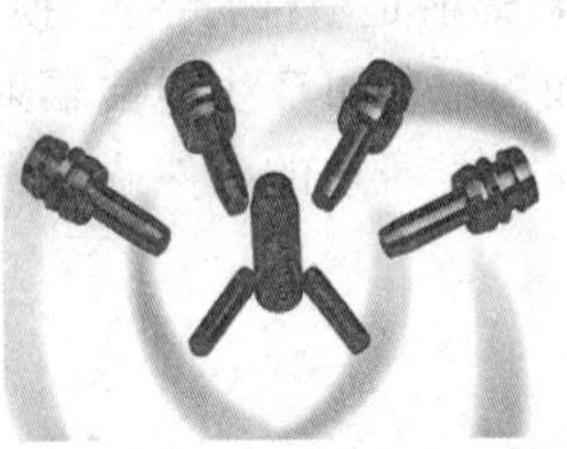
钴-60伽玛刀治疗源

钴-60工业辐射源

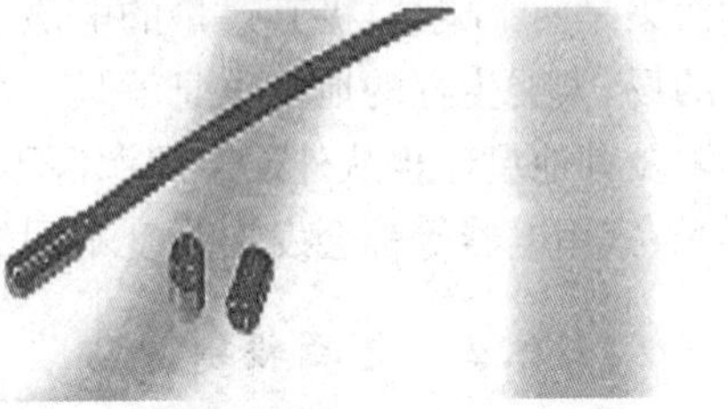
无损检测用铱-192γ源

图 11 - 6　常见的 γ 密封源

4. 常见的中子源

利用放射性同位素核衰变放出的高能粒子去轰击某些靶物质，实现发射中子的核反应，这样的源称为同位素中子源或放射性中子源。同位素中子源的主要特点是体积小，制备简单，连续发射中子，使用方便，故在中子测井中得到广泛应用，例如镅-铍（Am-Be）中子源。利用镅衰变产生的 α 粒子去轰击铍原子核，给铍原子核以能量，引起铍发生核反应释放出中子来，产生快中子的平均能量是 5 MeV。

加速器中子源是用人工方法使带电粒子获得较高能量的装置。利用各类加速器所加速的带电粒子去轰击某些靶核，可以引起发射中子的核反应。如 D - T 加速器中子源，用加速器加速氘核（D）去轰击氚核（T）产生快中子，与同位素中子源相比较，这类中子源有下列特点：强度高，可以在广阔能区获得单色中子，可以产生脉冲中子，加速器不运行时，没有很强的放射性。

反应堆中子源，反应堆产生大量中子。反应堆是最强的热中子源，在反应堆的壁上开孔，即可把中子引出。所得的中子能量是连续分布的，很接近麦克斯韦分布，特点是中子注量率大，能量谱形比较复杂。

11.6 电磁辐射

11.6.1 电磁辐射基础

电磁辐射的主体是电磁波，电磁波是由相同且互相垂直的电场与磁场在空间中衍生发射的震荡粒子波，是以波动的形式传播的电磁场，具有波粒二象性，电磁波在真空中速率固定，速度为光速。

电磁辐射量与温度有关，通常高于绝对零度的物质或粒子都有电磁辐射，温度越高辐射量越大，但大多不能被肉眼观察到。频率是电磁波的重要特性，按照频率的顺序把这些电磁波排列起来，就是电磁波谱。电磁辐射由低频率到高频率主要分为：无线电波、微波、红外线、可见光、紫外线、X 射线和 γ 射线。人眼可接收到的电磁波，称为可见光(波长 380～780 nm)。应该注意的是大部分低于紫外线频率的电磁辐射，包括微波都属于非电离辐射。

电磁辐射是物质内部原子、分子处于运动状态的一种外在表现形式。电磁辐射与电磁污染是两个概念，极其过量的电磁辐射才会造成电磁污染。电磁辐射是一种看不见、摸不着的场，人类生存的地球本身就是一个大磁场，它表面的热辐射和雷电都可产生电磁辐射，太阳及其他星球也从外层空间源源不断地产生电磁辐射。围绕在人类身边的天然磁场、太阳光、家用电器等都会发出强度不同的辐射。

11.6.2 电磁辐射危害

电磁辐射危害人体的机理主要是热效应、非热效应和积累效应等。

1. 热效应

人体受到无线电流和微波辐射后，会产生电流，从而引起人体发热。一般人们所处的空间中的无线电波和微波是比较弱的，引起的发热非常小，完全可以忽略。

2. 非热效应

人体的器官和组织都存在微弱的电磁场，它们是稳定和有序的，一旦受到外界某些频率电磁波的干扰，处于平衡状态的微弱电磁场可能遭到破坏，从而对人体的机能产生影响。哪些频率的电磁波能产生这种干扰，这种干扰对人体有多大的影响，都需要进一步的研究。

3. 累积效应

太阳除了向外辐射红外线和可见光外，还会辐射大量的能量较高的紫外线，这些紫外线对人体也是有益的，但过强的紫外线会灼伤皮肤，还有可能诱发皮肤癌。这就属于累积效应。

有科学家经过长期研究证明：长期接受电磁辐射会造成人体免疫力下降、新陈代谢紊乱、记忆力减退，甚至导致各类癌症、男女生殖能力下降等。但是，暂时未经实验证明，也无大规模的数据统计证实存在必然的联系。

11.6.3 微波对生物体的危害

微波是高频电磁波，频率约在 300 MHz～300 GHz。微波对于水和食物等就会吸收微波而使自身发热，而对金属类东西，则会反射微波。一定剂量的微波作用于人体可产生致热效应，由此给生物体内的不同部位带来相应影响。如使局部血管扩张，并通过热调节系统使血循环加速、组织代谢增强、白细胞吞噬作用增强、促进病理产物的吸收和消散等。大剂量的微波辐射，则可能引起肺部充血、水肿，可影响自主神经系统的变化，皮肤会出现凝固性坏死，对眼晶状体造成损害。对于男性，当微波辐射使睾丸温升超过 35 ℃时，精子的产量即明显减少甚至停止。

微波的非热效应包括电效应、磁效应及化学效应等。在微波电磁场的作用下，生物体内的一些分子将会产生变形和振动，使细胞膜功能受到影响，使细胞膜内外液体的电状况发生变化，进而可影响中枢神经系统等，会导致心脏活动、脑神经活动及内分泌活动等一系列障碍。对微波的非热效应，人们还了解的还不是很多。

当生物体受强功率微波照射时，热效应是主要的，一般认为，功率密度在 10 mW/cm^2 者多产生微热效应，且频率越高产生热效应的阈强度越低；长期的低功率密度 1 mW/cm^2 以下的微波辐射主要引起非热效应。

11.6.4　电磁辐射防护

电磁屏蔽是电磁辐射防护的主要方式。在绝大多数情况下，屏蔽体可由低电阻的导体材料（如铜、铝、钢等金属）制成，由于导体材料对于电磁能波具有反射和引导作用，但对于恒定和极低频磁场，也可采用铁氧体等材料作为屏蔽体。

真正影响屏蔽体屏蔽效能的只有两个因素：一个是整个屏蔽体表面必须是导电连续的，另一个是不能有直接穿透屏蔽体的导体。

我国现行的《电磁辐射防护规定》(GB 8702—1988)是国际上最严格的标准之一，通信公司建基站和环保部的检查，依据的就是这个标准。在 30～30 000 MHz 范围内的电磁波，频率越高则穿透人体能力就越差，因此从对人体影响的角度出发，频率越高则允许的功率密度就越大，即从 30 MHz 的 0.4 W/m^2 到 30 000 MHz 的 2 W/m^2。

人员容易误入的危险区域应设有警告标记。除非有紧急情况，凡经计算或用场强计测量超过标准的区域不允许人员在未采取防护措施的情况下进入。应利用保护用品使辐射危害减至最小，必须保证在发射天线射束区内工作的维护人员穿好保护服装。应该禁止身上带有金属移植件，心脏起搏器等辅助装置的人员进入电磁辐射区。应给受到辐射源，电磁能和高压装置辐射的人员做定期身体检查。

11.7　激光防护

激光是原子受激辐射而发出的光，是 1960 年出现的一种新光源。激光能量高度集中，方向性强，在工业、农业、国防、医疗卫生、机械加工等科学研究领域中得到广泛应用。它是一种人造的特殊类型的非电离辐射。

11.7.1　激光产品分类

产生激光的介质主要有四种类型，固体（晶体、玻璃等）、气体（原子气体、离子气体、分子气体)、液体(有机或无机液体)和半导体。这些激光介质发射出的激光覆盖了电磁波的大部分范围,可以从远紫外(100 nm)波段到远红外(10 mm)波段。

《激光产品的安全》(GB 7247.1—2012)中对激光产品进行了分类:

(1) 1类激光:其连续波功率很小,只达微瓦,例如:激光打印机;

(2) 2类激光:功率为0.1～1 mW,虽不是绝对安全的,但眼睛对这类激光源看久了会自动生厌(眨眼)而自我保护,例如:游戏用激光枪、条码扫描;

(3) 3A类激光:其连续波输出功率达1～5 mW,通常应加防护措施,其工作区及激光源本身均应挂相应的警告标记,利用光学仪器直视这类激光源会对眼睛带来危害,也应加强防护。例如:激光棒及直线校准仪器;

(4) 3B类激光:其输出功率为5～500 mW,直接靠近这类激光源会对身体有危害;通过漫反射器观看这类激光源,距离在150 mm以上。观看时间短于10 s则是安全的。此类激光源应设警告标记。如:激光治疗仪;

(5) 4类激光:激光输出功率在0.5 W以上,即使通过漫反射也有可能引起危害,会灼伤皮肤,引燃可燃物。用户操作这类激光源时应特别小心。这类激光源应配备明显的警告标记。例如大功率激光表演机、激光工业加工机等。

11.7.2 激光辐射危害

强烈的激光辐射能够干扰人体的生物钟,产生头痛、乏力、记忆力衰退、激动、心悸、心律失常、血压失常等症状;对脑和神经系统的影响,松果体素减少、节律紊乱;损伤细胞膜,影响儿童发育,影响生殖系统;直接的激光辐射能够灼伤人的皮肤(特别是紫外到蓝光波段)。

激光对视觉的伤害是激光产品最大的潜在危害,直接激光辐射会对视力造成永久性伤害甚至失明。又分为以下几种情况:

(1) 可见光激光:眼屈光介质(角膜、房水、晶状体)对可见光谱(400～700 nm)的激光透过率很高,吸收率低,造成眼底视网膜和脉络膜损伤。

(2) 近红外、远红外激光:1 064 nm激光(YAG、Nd玻璃)能量一半损伤屈光介质,一半损伤视网膜,10 600 nm辐射(CO_2激光)可完全被角膜吸收。

(3) 紫外激光:眼屈光介质透过率随波长变短迅速下降,被角膜吸收,引起角膜炎和结膜炎。

11.7.3 激光安全防护

激光的防护可以从激光器、周围环境和激光工作人员三方面综合考虑。在激光实验室中,首先要充分照明,使瞳孔缩小,减少进入眼内的激光量。设计实验室时要考虑墙壁的反射和室内物品的反射,尽量减少反射的危害。墙壁应采用白色漫射墙壁,在激光易到达处用黑色吸收体,墙面不要涂油漆。

设备上每个激光产品必须装有防护罩,以防止人员接触超过1类的激光辐射,可接触的发射水平不低于给定类别的可达发射极限AEL值;激光产品需要安全联锁,安全联锁的设计必须能防止挡板移开;属于3B类和4类的任何激光系统必须安装钥匙控制器,钥匙控制器是指用钥匙操作的总开关,对于4类激光产品宜采用遥控操作,避免工作人员直接进入激光辐射区域;激光辐射发射警告应是可闻的或可视的报警;光束终止器或衰减器应能防止人员接触超过标准的激光辐射；激光产品的防护罩正常情况下应能防护伴随辐射（例如：紫外、可见、红外）的危害。

用户通常可采用制造厂商提供的激光产品类别对激光设备进行分类。若有大于 3A 类的激光设备，宜指定一名激光安全员。对于 3B 类或 4 类激光器应使用可靠的防护围封，防护围封可移动部位或检修接头处应贴有警告标记。管理使用激光器必须由专业（职）人员来进行，未经培训教育人员不得擅自开启使用激光器。在开动激光器之前，必须告诫现场中人员可能出现的危害，并戴上安全防护眼镜。不能完全依赖防护镜，即使佩带防护镜也不能直视激光束。激光受控区域，安装由防燃材料制成并且表面涂敷黑色或蓝色硅材料的幕帘和隔光板吸收紫外辐射并阻挡红外线。

11.8　实验室辐射安全

11.8.1　辐射探测器

不论是放射性同位素还是加速器、射线管发射的射线，它们是看不见、摸不着的，为了更安全地利用它们，只有借助辐射探测器发现它们的存在和知道它们的性质及其辐射量的大小。核辐射探测器的发展与核探测技术的发展同步，经历了由计数，测谱，到图像显示的发展历程。

最近十几年来，陆续研制成功多种新型核辐射探测器，最常用的主要有气体电离探测器、半导体探测器和闪烁探测器三大类。常用的辐射测量仪器根据测量射线性质、场所的不同有 X、γ 辐射测量仪，α、β 表面污染监测仪，中子监测仪和个人剂量计等几种。

常见的还有一类，热释光探测器，是利用热致发光原理测量核辐射的装置。其基本原理是具有晶体结构的某些固体，常含有多种晶格缺陷，当射线照射时，在固体中产生的电子和正离子被其俘获。检测时加热固体，则释放的电子和正离子与固体其他部分的异性电荷复合并发光。其发光光线穿过并导致光电倍增管产生光电流，最后通过记录器记录。

热释光探测器具有体积小能量响应好，灵敏度高，使用方便，可测 α、β、γ、X、n 等多种射线的优点，与通常采用的电离室或胶片等方法比较还具有组织等效性好，可测较长时间内积累的剂量，性能稳定等优点。热释光剂量计是从事辐射工作人员必备的辐射剂量测量用品。

11.8.2　工作场所辐射监测

工作场所辐射剂量率测量是辐射防护常规检测的重要内容之一，主要是对 X、γ 射线的监测，也有针对中子和 β 射线的监测。X、γ 射线剂量率一般使用 X、γ 辐射测量率仪来瞬时测量。主要有两类仪器，能够分别给出空气比释动能率（Gy/h）或辐射剂量当量率（Sv/h），但对与 X 射线和 γ 射线而言，均属于光子，其辐射权重因子为 1，故可以认为是同等量级的。

另外还有表面污染监测，其对象主要是发射 α、β、γ 的核素。工作场所表面污染监测，重点是对非密封源工作场所，对操作、使用高毒性、高水平放射性物质或从事放射性粉尘作业的工作人员，应在每次工作后，对手、皮肤暴露部分及工作服、鞋帽和操作室或实验室的地面、操作台面、墙壁、门窗把手处进行表面污染监测。另外，还要对控制区或监督区进出的物件进行污染检查监测，定期对放射性废物贮存地面、门窗把手以及使用密封源源罐等可能被反射性核素污染表面的检测。

11.8.3 个人剂量监测

个人剂量监测分外照射和内照射个人剂量监测，是对从事辐射工作人员进行辐射防护的重要手段之一。

外照射个人剂量监测是指佩戴在工作人员身上的装置，即个人剂量计对工作人员所做的测量和对此测量结果的解释。佩戴个人剂量计是辐射工作人员实现外照射个人累计剂量监测的主要方法。

内照射个人剂量监测主要是对操作非密封源工作场所工作人员的监测，当其年摄入放射性核素的量可能超过年摄入量限值的 1/10 时，应根据实际情况接受常规的工作场所空气污染监测、表面污染监测和内照射剂量监测。内照射个人剂量包括活体测量、生物样品分析、个人空气采样分析三种方法。按测量的快捷方便型和测量结果解释的准确度分析，其选择的顺序时活体测量、生物样品分析、个人空气采样分析。所测量的量时放射性核素在全身或器官(组织)中的含量(活体测量)，或在排泄物等生物样品中的含量(生物样品分析)，或放射性核素的空气积分浓度(个人空气采样分析)。

11.8.4 安全文化

在《中华人民共和国放射性污染防治法》出台后，高校辐射安全管理工作既面临着深刻的挑战，又面临着前所未有的发展机遇。除极少数从事核技术、核应用研究外，绝大多数实验室是利用放射性同位素或射线装置进行本专业的实验，高校实验室所用的放射性同位素一般活度较小，以Ⅳ、Ⅴ类放射源为主，但实验频次较高，很多是经常性实验。

高校建立安全防护管理体系，实施有效监督与管理，注重对师生的安全教育，并倡导安全文化。进一步提高每个人的自我防护意识，把“不伤害自己，不伤害他人，不被他人所伤害”作为大家的自觉行动。

高校辐射防护工作中，安全文化表现为一种正确的思维习惯：始终坚持安全第一；“除非证明是安全的，否则我们就认为是有问题的”。高校辐射防护工作中，应牢固树立风险管理的理念，要有强烈的风险意识，要有应急计划或应急预案。在核安全文化中个人的响应包括：质疑的工作态度，严谨的工作方法，相互交流的工作习惯。这些都是在高校广大师生中应当贯彻学习的主要安全文化内容。

本章习题及答案

第三篇

管理篇

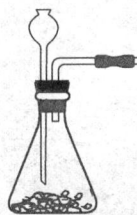

第 12 章 实验室安全管理基础

DI YI ZHANG

12.1 概述

12.1.1 实验(室)与安全

近代以来,实验作为一项重要的研究手段,不仅促进了科学技术的长足发展,而且改变了整个人类社会。

1590 年,一位年轻的比萨大学的教授,邀请一批学者和大学生来到著名的比萨斜塔下面,让两个体积相同、一个重十磅、一个重一磅的铁球,同时从塔顶自由下落,结果轻的和重的几乎同时落地。这个实验被称作自由落体实验,做实验的这个人就是我们熟悉的伽利略。他通过实验,开辟了经典力学的新时代。

图 12-1 伽利略·伽利雷
(Galileo Galilei,意大利人,1564—1642)

1774 年,一个叫约瑟夫·普利斯特里(Joseph Priestly,1733—1804)的英国人,用一个大凸透镜聚光,来对氧化汞加热,发现很快产生了水银和一种气体。他收集了这种气体,发现蜡烛在它里面能剧烈燃烧。普利斯特里是一个非常有情怀的科学家,他在实验记录里写道:“我把老鼠放在‘脱燃素气’里(脱燃素气是当时人们对氧气的称呼),发现它们过得非常舒服;我又拿自己进行实验,自从吸过这种气体后,身心一直觉得十分轻快舒畅。”这是科学史上著名的普利斯特里氧气实验。

1854 年的夏天,奥地利人孟德尔开始种植豌豆,经过 12 年的努力,最终从 34 株豌豆中,挑出 22 种豌豆株系、筛选出 7 个特殊的性状,并进行了 7 组单变化因子的杂交实验,从而揭示出遗传学的两个基本定律,即分离定律和自由组合定律,最终也催生了现代遗传学诞生。这个实验是遗传学上的孟德尔豌豆实验。

图 12－2　普利斯特里发现氧气的实验情景

图 12－3　格雷戈尔·孟德尔(Gregor Johann Mendel,奥地利人,1822—1884)

英国物理学家卢瑟福,从1909年起开始α粒子散射实验,实验的最初目的是想证实约瑟夫·约翰·汤姆逊(Thomson,Joseph John;1856—1940)的原子模型的正确性。然而,到了1911年,其实验结果却成了否定汤姆森原子模型的有力证据,卢瑟福进而提出了原子核式结构模型。他的发现开创了原子结构研究的先河,为建立现代原子核理论打下了坚实基础。这个实验被称为卢瑟福α粒子大角度散射实验。

图 12－4　欧内斯特·卢瑟福(Ernest Rutherford,英国人 1871—1937)

实验室的作用怎么强调都不过分,甚至说实验室是大学的心脏!

——南京大学·冯　端院士

实验室就像一个熔炉,让学生进实验室去,通过严格训练,可以培他的创新能力!

——复旦大学·杨福家院士

同样,在当代,实验教学研究及实验教育育人已成为各高等院校及科研院所人才培养的重要一环,实验在培养我们的动手能力、实践能力、创新能力以及协作能力等方面发挥了越来越重要作用。

2008年7月11日10时许,云南大学北院云南省微生物研究所5楼510实验室,一名博士生在做实验时发生化学爆炸,该博士生被严重炸伤。

2009年10月23日下午1时许,北京理工大学新5号楼一实验室发生爆炸,导致5人受伤,一名实验室负责老师、两名学生和两名设备调试工程师。

2010年5月25日晚上9点31分,杭州市潮王路浙江工业大学,一名学生在教室做化学实验时引发火灾,火势较大,有学生被困。

2011 年 4 月 14 日 15 时 45 分，四川大学江安校区第一实验楼 B 座 103 化工学院一实验室，3 名学生在做常压流化床包衣实验，实验物料意外爆炸，导致 3 名学生受伤。

2011 年 12 月 7 日上午 11 点左右，南开大学一名女生在做化学实验时发生了意外，手部严重受伤。

2013 年 4 月 30 日上午 9 点左右，南京理工大学校内一废弃实验室拆迁施工发生意外爆炸，现场施工的 4 名工人 2 名重伤，2 名轻伤，其中 1 名重伤人员经医院抢救无效死亡。

2014 年 12 月 4 日中午 11 时左右，江苏省常州工程学院合一楼化工系顶楼实验室发生爆炸，现场一片狼藉，伤亡不详。

2015 年 4 月 5 日中午，位于徐州的中国矿业大学化工学院一实验室发生爆炸事故，致 5 人受伤，1 人抢救无效死亡。

2015 年 12 月 18 日 10 点，清华大学化学系实验室发生一起爆炸事故，一名博士研究生在实验室内使用氢气做化学实验时发生爆炸，后被确认身亡。

2015 年 6 月 17 日 16 时 30 分左右，苏州大学物理楼二楼实验室在处理锂块时发生爆炸，苏州消防调集 7 辆消防车参与救援，无人员受伤。

2016 年 9 月 21 日，位于松江大学园区的东华大学化学化工与生物工程学院一实验室发生爆炸，两名学生受重伤，一名学生受轻微擦伤，暂无教师受伤。

2017 年 3 月 27 日 19 时，复旦大学的一化学实验室发生爆炸，一名学生手被炸伤。

2018 年 11 月 11 日 10 时许，南京中医药大学翰林学院一实验室在做实验的过程中发生了爆炸，造成多名师生受伤。

2018 年 12 月 26 日 9 时 30 分，北京交通大学东校区 2 号楼实验室内学生进行垃圾渗滤液污水处理科研试验时发生爆炸，事故造成 3 名参与实验的学生死亡。

……

但是近年来，随着社会的发展，我国高等教育进入了大众化阶段，高等学校（科研院所）实验室安全事故频发，安全状况非常不容乐观，这不仅严重威胁师生的人身财产安全，而且扰乱了学校正常的教学研究秩序、影响了社会的和谐稳定。

12.1.2　安全事故规则

面对实验实验室安全事故造成的危害，我们不禁要问：为什么会发生实验室安全事故？这些事故又是怎样发生的呢？其实，答案很简单，因为安全事故的发生都是遵循一定规律与法则的。

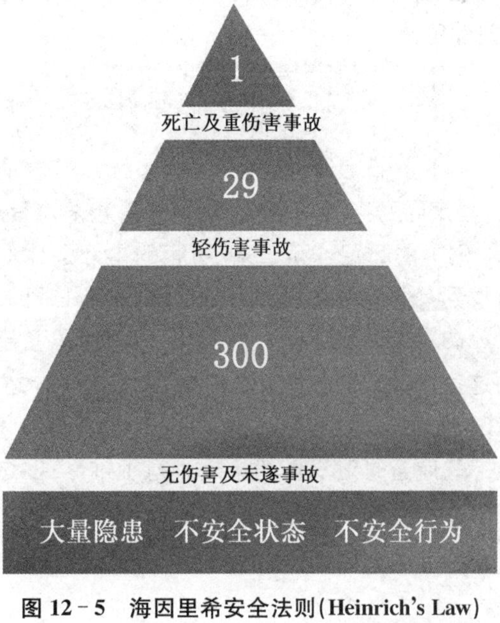

图 12-5　海因里希安全法则（Heinrich's Law）

为了研究灾害事故的发生规律，美国安全工程师海因里希（Herbert William Heinrich）系统地统计了 55 万件机械事故，其中包括死亡、重伤事故 1666 件，轻伤事故 48334 件，其余的为无伤害事故。经过研究分析，他得出了一个重要结论：在机械伤害事故中，死亡（重伤）、轻伤和无伤害事故的比例为1∶29∶300，这就是国际上非常著名的海因里希安全法则。该法则广泛用于的安全管理领域，即在一件重大的事故背后必有29件轻度的事故，还有300件潜在的隐患。这个统计规律说明了，在进行同一项活动中，无数次意外事件，必然导致重大伤亡事故的发生。要防止重大事故的发生必须减少和消除无伤害事故，要重视事故的苗头和未遂事故，否则终会酿成大祸。

某机械师企图用手把皮带挂到正在旋的皮带轮上，因未使用拨皮带的杆，且站在摇晃的梯板上，又穿了一件宽大长袖的工作服，结果被皮带轮绞入碾死。事故调查结果表明，他这种上皮带的方法使用已有数年之久。查阅四年病志（急救上药记录），发现他有33次手臂擦伤后治疗处理记录，他手下工人均佩服他手段高明，结果还是导致死亡。这一事例说明，重伤和死亡事故虽有偶然性，但是不安全因素或动作在事故发生之前已暴露过许多次，如果在事故发生之前，抓住时机，及时消除不安全因素，许多重大伤亡事故是完全可以避免的。

对于实验室安全事故，上述比例关系不一定完全成立，但这个法则充分说明了，在进行实验研究过程当中，无数次意外事件，必然会导致重大伤亡事故的发生。所以，我们要防止实验室大事故的发生，必须减少或消除小事故；要最大可能的杜绝实验室小事故的发生，必须发现和排除实验室存在的安全隐患；也就是要重视事故的苗头和未遂事故，否则终会酿成大祸。

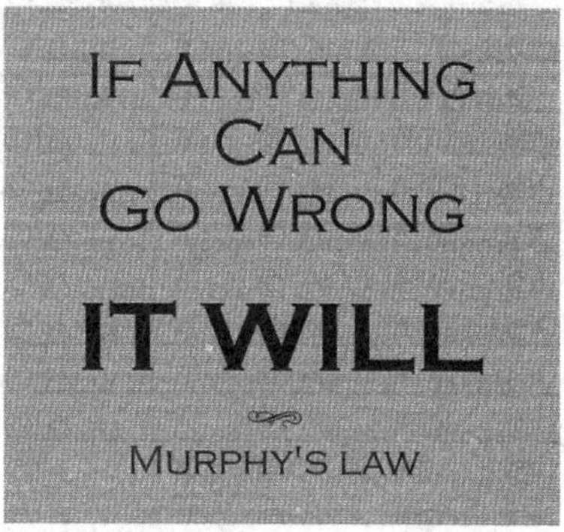

图 12－6　墨菲定律(Murphy's Law)

“Anything that can go wrong will go wrong”，这句英文翻译成中文的意思是：“事情如果有变坏的可能，不管这种可能性有多小，它总会发生，并会引起最大可能的损失”，也可以被译为：“凡事只要有可能出错，那就一定会出错。”这就是心理学上的墨菲定律。

马航失联事件终极分析——致命的墨菲定理

（1）墨菲定理第一条“任何事都没有表面看起来那么简单”：马航客机失联后，众说纷纭，马来西亚当局隐瞒信息，事件看起来没有那么简单。

（2）墨菲定理第二条“所有的事都会比你预计的时间长”：目前各国搜寻工作，还是没有找到有价值的线索，马航客机截至今日已失联达十几天，比很多人预计的时间还长。

（3）墨菲定理第三条“会出错的事总会出错”：在2012年8月9日，MH370航班所用的这家波音777－200型客机发生过一次意外。当时它在上海浦东机场与东方航空的MU583航班（机型为A340－600）在右道口发生剐蹭，并在这次事故中被蹭断了右机翼。虽然马航当时对受伤的机翼进行了维修，但这难保这架受过伤的飞机在今后的飞行中不再出事。按照马航失联事件发生后某空管人士的说法，这次事件也有可能是由2012年那次事故的后遗症引发的。

(4) 墨菲定理第四条“如果你担心某种情况发生，那么它就更有可能发生”：2013 年 7 月 6 日，一架韩国亚洲航空公司波音 777－200 型客机在美国旧金山国际机场降落过程中发生事故，燃起大火。事故造成 2 名中国学生死亡，百余人受伤。而目前失联飞机与韩亚空难机型一样，都是老式旧款的波音客机，很多人担心会再次出现类似的事故。

——摘自智通财经网

爱德华·墨菲(Edward A. Murphy)，是美国爱德华兹空军基地的上尉工程师。1949 年，他和他的上司一起参加火箭减速超重实验，这个实验的目的是为了测定人类对加速度的承受极限。当时，有两种方法可以将加速度计固定在支架上，一种是正确的，另外一种是错误的。然而，不可思议的是，竟然有人有条不紊地将全部的 16 个加速度计，全都装在错误的位置。于是，墨菲做出了一著名的论断：如果做某项工作有多种方法，而其中有一种方法将导致事故，那么一定有人会按这种方法去做。由此墨菲认为：如果有两种或两种以上的方式去做某件事情，而其中一种选择方式将导致灾难，则必定有人会做出这种选择(If there are two or more ways to do something, and of those ways can result in a catastrophe, then someone will do it)。

墨菲定律的内容其实并不复杂，道理也不深奥；关键在于，它揭示了在安全管理中，人们为什么不能忽视小概率事件的科学道理；也揭示了安全管理必须发挥警示职能及预防为主的重要意义；同时也指出，对于人员进行有效的安全教育，是提高安全管理水平重要手段。

由上分析，我们可以得出两点结论：一，实验安全事故很难完全避免，我们没有绝对的安全；二，实验室安全管理是消除安全事故，或者说是控制安全事故的一个最重要的有效手段。

12.1.3　实验室安全管理

对于实验室安全管理，其实在国外、境外的很多高等院校都有很好的理论研究和实践探索。

“Safety is for life!”，这是在欧美地区高校实验室的最显著位置，张贴的安全宣传标语。应该说，非常需要想象力，也非常有冲击力，但在我们大陆高校的实验室，类似的标语却非常少见；我们的邻居日本，更是通过制度精细化建设和技术手段创新，把实验室安全管理做到了极致。

当然，我国台湾、香港地区的高校，在实验室安全管理方面也有很好的经验值得我们学习、借鉴，比如他们已建立起完整的环境(Environment)、健康(Health)、安全(Safety)为主体的管理体系，简称为 EHS 体系，如图 12－7。

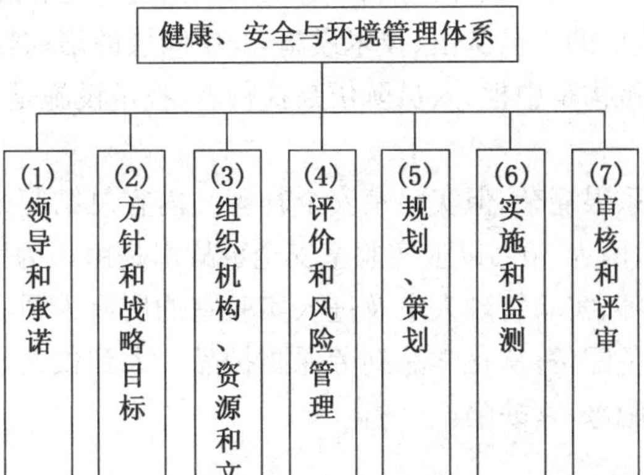

图 12－7　EHS 实验室安全管理体系

那么什么是实验室安全管理？首先，我们来了解一下与此相关的四个最基本的概念：

第一个是安全：没有危险即安，没有缺陷即全。安全是指没有受到威胁、没有危险、危害、损失。安全是在生产过程中，将系统运行状态对人类的生命、财产、环境等可能产生的损害，控制在人类能够接受的水平以下的一种状态。安全是一种幸福感、也是一种愉悦感。

第二个是事故：事故是什么？事故是人（包括个人或集体），在为实现某种意图而进行的活动过程中，突然发生的、违反人的意志、迫使活动暂时或永久停止、或迫使之前存续的状态发生暂时或永久性改变的事件。事故可以直接造成伤害。

第三个是危险：危险是警告词，指某一系统、产品、或设备或操作的内部和外部的一种潜在状态，其发生可能造成人员伤害、职业病、财产损失、作业环境破坏等。危险时刻都在，比如我在这里讲课，有危险吗？我认为有。有发生地震的危险、也有头顶天花板坠落的危险，还有脚下地板下陷的危险等等，只不过发生的概率有大小区别而已。所以，零危险的安全状态几乎不存在。

第四个是隐患：隐患就是在某个条件、事物以及事件中，所存在的不稳定，并且影响到个人或者他人安全利益的因素，它是一种潜藏着的因素，“隐”字体现了潜藏、隐蔽，而“患”字则体现了不好的状况。

由上述基本定义，我们可以很好地理解，我们安全管理的目标，是寻求一种安全的状态或者叫安全感；没有危险的安全状态是不可能存在的，如果我们一味去追求没有危险，我们将更加危险；所以说我们只有想方设法，通过排除隐患来消灭事故，通过控制危险来减小事故的发生概率。

因而，我们实验室安全管理的目标可以总结为：排除隐患，控制危险，消减事故，寻求安全。

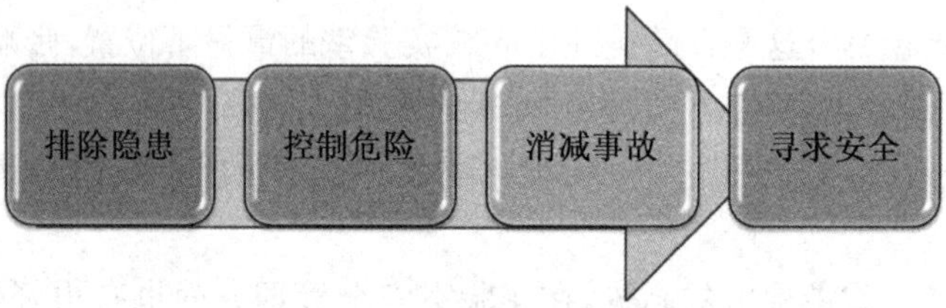

图 12－8　实验室安全管理目标示意图

那么，实验室安全管理是什么呢？其实，它是一个内容广泛、复杂的管理体系，有顶层的法律规章、组织机构，基层的人员队伍、技术设施，及中间层的培训教育、文化职责等。其中，法律规章是依据，组织机构是中枢、人员队伍是执行者、技术设施是基础，培训教育和文化职责则是有力的保障。

虽然，安全管理体系很复杂，但实验室安全管理的内容总结起来却比较简单，主要可以归纳为三点：一是管人，因为80%以上实验室安全事故都是由人为因素引起的，人主要包括本硕博的学生、指导教师、实验管理人员及进入实验室的所有人员。二是管物，从实验室设计改造施工，到设施设备配备；从化学品到劳保防护品。大到仪器设备小到一个门闩钥匙，等等。三是管问题，管隐患，管缺陷。

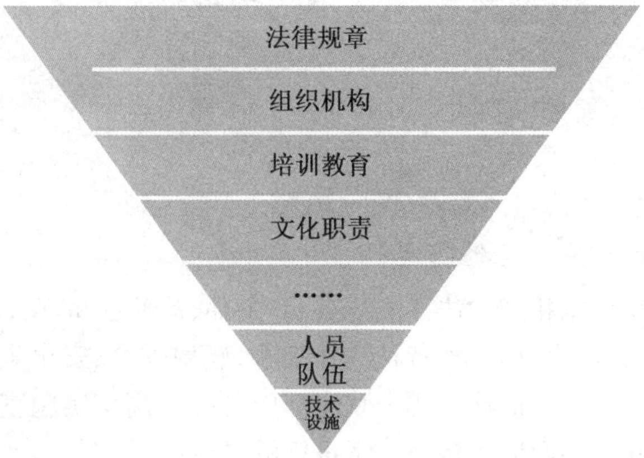

图 12-9　实验室安全管理体系示意图

12.2　实验室安全法规及标准

12.2.1　法规标准体系

科学管理，制度先行；实验室安全管理，同样需要有法可依、有标准可参照，这样我们的管理才能更高效、更科学。因而，做好实验室安全管理工作，需要我们学习安全知识、了解法律法规标准及规章制度。

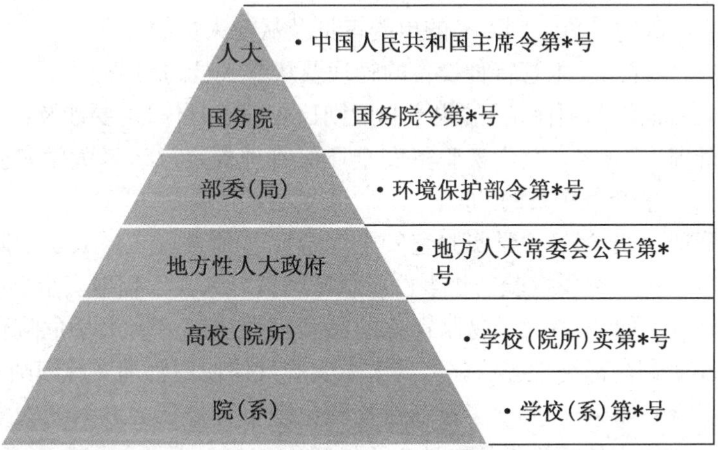

图 12-10　实验室安全法律法规与规章制度体系示意图

当前，实验室安全法律法规与规章制度，从上层到下层，主要由人大、国务院、部委(局)、地方性人大政府、高校(院所)、院(系)等制订发布，其中人大、国务院、部委(局)主要以宏观指导性法律法规为主，地方性人大政府、高校(院所)、院(系)制订的规章制度较为具体、微观、可操作性强。而与实验室安全相关的国家标准规范的制订(通常指 GB 系列)，主要由国务院各专业部(局)来制订。

实验室安全法律法规：

环境保护(11 部)、消防安全(3 部)、化学安全(22 部)、生物安全(9 部)、特种设备(7 部)、辐射安全(15 部)、安全生产(6 部)、职业防护(4 部)、其他(4 部)。

实验室安全标准(GB 系列)：

环境保护(11 项)、建筑与消防安全(10 项)、化学安全(14 项)、生物安作(3 项)、特种设备(12 项)、辐射安全(33 项)、其他(3 项)。

据统计，与实验室安全相关的法律法规有 80 余部、标准近 90 项；主要涉及环境保护、建筑与消防安全、化学安全、生物安全、特种设备安全、辐射安全、安全生产、职业防护等方面。由于我们国家的客观现实，目前没有哪个政府部门直接对高校实验室安全环保工作进行监管；实验室安全管理相关的政府机构与分工也比较复杂：

(1) 教育部门　主要围绕高校教学、科研进行实验室建设与管理。

(2) 公安部门　负责消防和伤亡事故的调查与处置，以及剧毒品、易制毒品、特定易制爆品的监管。

(3) 环保部门　主管辐射安全、环境污染(废气、废水、固体废弃物)。

(4) 卫生部门　负责涉及与人有关的病原微生物方面的生物安全管理及生物安全事故的调查与处置。

(5) 食药部门　负责麻醉品和精神药品的申购审批。

(6) 农林畜牧兽医部门　主要负责涉及与动物有关的病原微生物方面的生物安全管理、实验动物跨境运输的审批等。

(7) 海关部门　对进出口仪器设备的进行监督、检查。

(8) 出入境部门　负责购买进口实验动物的审批。

(9) 安全生产部门　负责剧毒品的申购审批及从业人员的培训。

(10) 质量监督部门　主管特种设备的管理及从业人员的培训。

相对而言，各高校(科研院所)的规章制度则比较明确具体，主要涉及：

(1) 综合管理　如《××大学实验室安全环保管理规定》《××大学实验室安全准入制度》《××大学安全生产工作条例》等。

(2) 应急管理　如《××大学实验室安全综合应急预案》《××大学危险化学品事件应急处置方案》《××大学突发实验动物事件应急预案》《××大学辐射安全事故应急预案》等。

(3) 化学安全　如《××大学易制毒化学品管理办法》《××大学危险化学品安全管理办法》《××大学管制药品管理办法》《××大学实验气体使用管理实施细则》等。

(4) 生物安全　如《××大学实验动物福利伦理审查委员会》《××大学实验生物安全管理规定》《××大学人体实验伦理委员会章程》等。

(5) 辐射与特种设备管理　如《××大学辐射安全与防护管理办法》《××大学放射安全管理办法》《××大学实验室特种设备安全管理细则》等。

(6) 环保与废弃物管理　如《××大学实验废弃物管理办法》《××大学环境保护与工业卫生管理规定》《××大学实验废弃物处置管理办法》等。

(7) 消防安全　如《××大学安保管理办法》《××大学实验消防管理规定》《××大学消防工作管理办法》等。

当然还有其他，比如《××大学实验明火电炉管理规定》《××大学加热设备管理办法》

《××大学实验室安全钥匙管理制度》等。

12.2.2　法规标准解读

各高校及科研院所，实验室安全管理之间基本是相通的，所以实验室安全管理的规章制度类同性也比较高，我们不再赘述。为了扩充我们的实验室安全管理知识、提升我们的实验室安全管理技能，主要结合法律法规及国家标准所涉及的实验室安全相关条款，分项逐一进行解读。

1. 化学品管理法律法规及标准

主要涉及：《医疗用毒性药品管理办法》（国务院令第 23 号）、《易制毒化学品管理条例》（国务院令第 445 号）、《危险化学品安全管理条例》（国务院令第 591 号）、《危险化学品事故灾难应急预案》（国家安监总局）、《危险化学品登记管理办法》（国家经济贸易委员会令第 35 号）、《常用危险化学品安全周知卡编制导则》（HG 23010—1997）、《化学品安全标签编写规定》（GB 15258—2009）等。其相关条款规定如下：

（1）剧毒品：购买使用单位每年需做一次安全使用评估；评估报告拟由安监部门出具；持相关材料，报所在地安监部门和公安部门审批；获取剧毒化学品购买凭证；明确规定遵守“五双”制度——双人、双锁保管、双人收发、双人使用、双人运输。

（2）易制毒品及特定易制爆品：需报所在地公安部门审批后方可购置、存储、使用等。

2. 电离辐射管理法律法规及标准

主要有：《放射性同位素与射线装置安全和防护条例》（国务院令第 449 号）、《电磁辐射环境保护管理办法》（国家环保局令第 18 号）、《射线装置分类办法》（国家环保局公告第 26 号）、《放射性同位素与射线装置安全和防护管理办法》（环保部令第 18 号）、《放射性废物管理规定》（GB 14500—2002）、《放射事故管理规定》（卫生部令第 16 号）、《电离辐射防护与辐射源安全基本标准》（GB 18871—2002）等。其条款明确规定：

（1）购买：一般放射源经省环保部门审批，进口源需经环保部审批。

（2）运输：需要通过运输所经地环保部门和公安部门审批。

（3）退役：需通过环保部门审批后方可进行。

（4）许可证制度：需通过环评、申请，以获取辐射安全许可证；对于地点改变、核素增加都需要做辐射安全许可证变更审批。

3. 生物安全管理法律法规及标准

主要有：《实验动物管理条例》（国家科学技术委员会令第 2 号）、《医学实验动物管理实施细则》（卫生部医学实验动物管委会）、《病原微生物实验室生物安全管理条例》（国务院令第 424 号）、《病原微生物实验室生物安全环境管理办法》（国家环保局令第 32 号）、《动物病原微生物菌（毒）种保藏管理办法》（农业部令第 16 号）、《生物实验室建筑技术规范》（GB 203456—2011）等。其条款明确规定：

（1）全等级认证制度：共分 BSL－1、2、3、4（其中动物 ABSL）四级，且需经政府部门审批，获取相关资质。

（2）等级匹配制度：危险性生物实验必须在相应的生物安全等级实验室中进行。

（3）上岗资质制度：实验人员需经过有关机构的培训，获取相应的证书。

(4) 档案管理制度：详细做好菌、毒种台账(包括采购、保存、实验的记录)。

(5) 固废管理方面：必须对涉及病原微生物的废弃物进行灭菌处理后方可排放。

4. 环境保护相关的法律法规及标准

相对比较多，相关性较强的有：《中华人民共和国环境保护法》(主席令第 22 号)、《环境行政处罚办法》(环境保护部令第 8 号)、《关于加强高等学校实验室排污管理的通知》(教育部、国家环境保护总局教技 3 号)、《危险废物贮存污染控制标准》(GB 18597—2001)、《废弃危险化学品污染环境防治办法》(国家环保局令第 27 号)、《中华人民共和国固体废物污染环境防治法》(主席令第 31 号)等。其条款规定如下：

(1) 处置需资质：必须要请有废弃物处置资质的单位进行清运处理(化学废弃物、生物固废)。

(2) 废物管理设施：实验室需建有相应的废气、废水处理设施，减少有害废物的排放；建立实验室废液回收系统；需实行雨污分流，实验废液要排入处理池。

(3) 仓储管理原则：无论是废弃物临时仓库或中转点需由环保部门审批，生活垃圾与实验垃圾分别存放，严禁混放。

(4) 谁排污谁负责的原则：废弃物处置费用由产生单位自负、自理。

(5) 明确污染责任：单位法人(一般为校长)为污染事故第一责任人。

5. 特种设备管理法律法规及标准

主要有：《特种设备安全监察条例》(国务院令第 549 号)、《特种作业人员安全技术培训考核管理规定》(安监总局令第 30 号)、《特种设备注册登记与使用管理规则》(质监局令 13 号)、《特种设备作业人员监督管理办法》(质监局令第 70 号)、《特种设备安全技术规范》(TSG R0004—2009)、《永久气体气瓶充装规定》(GB 14194—2006)、《气瓶颜色标志》(GB 7144—1999)等。主要条款内容如下：

(1) 实行年检(审)制度：开展定期年审、年查，且需由专门的资质机构进行。

(2) 实行登记注册制：实名登记注册管理及责任(法)人。

(3) 执行从业上岗资质：管理人员需经过有关机构的培训，并获取相应的资质证书，方可进行操作(如电梯、锅炉、起重设备等)。

(4) 报废(停)管理：停用、报废需经过相应程序，并由专门机构进行处理。

6. 消防安全法律法规及标准

涉及面较广，主要有：《高等学校消防安全管理规定》(公安部、教育部令第 28 号)、《建筑灭火器配置设计规范》(GB 50140—2005)、《机关、团体、企业、事业单位消防安全管理规定》(公安部令第 61 号)、《中华人民共和国消防法》(主席令第 6 号)等。相关条款对以下内容进行了明确：

(1) 严格执行消防规范：设计、施工、验收及消防设施配备实行备案审查制度。

(2) 明确主体责任：学校法人(校长)为第一责任人。

(3) 从业上岗资质制度：管理人员需经过有关机构的培训，获取相应的证书，才能上岗从业。

(4) 消防一票否决制：消防安全第一，出现消防安全问题实行一票否决制。

12.3 实验室安全通则及职责

各高校(科研院所)的实验室安全管理规章制度,具有很强的共性和相通性,一般都会涉及具体的化学品、用水、用电、用气、用火、生物、辐射、机械、特种设备、消防等具体性安全管理问题。所以,本节主要结合高校实验室的客观实际,从实践性、实用性、通用性出发,重点介绍适用于高校实验室安全管理的通则及与此相关的管理职能和管理责任。

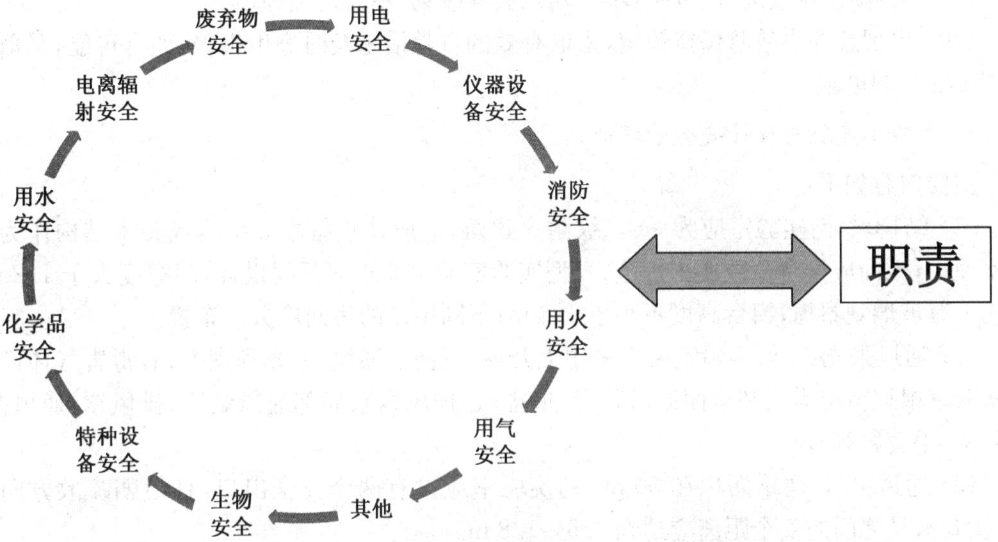

图 12-11 高校实验室安全管理项目示意图

12.3.1 安全管理通则

1. 实验室准入与项目安全管理

这是目前,大多数高校都采用的预防性实验室安全管理手段。

(1) 要求实验室工作人员必须通过上岗培训并考核合格后方可上岗;对涉及有特殊资格要求的岗位,必须配备符合相应上岗资质的专业技术人员。

(2) 实行实验项目安全审核备案制度。凡涉及具有较大安全风险的科研项目和教学实验项目,实施前应行申报,经审核并提出项目实施的可行性意见后方可开展。

(3) 实验室新建与改造项目安全审核制度。新建、改建、扩建实验室项目立项前,应加强项目的安全审核工作,确保实验室安全建设和安全运行。

2. 实验室通用安全守则

指具体到每一间的实验室的通用性安全通则,主要有十条:

(1) 实验室的每间实验用房应指定安全责任人,负责日常安全工作的监督和检查。

(2) 实验室要制定本实验室安全制度、操作规程和应急预案,张贴或悬挂在显眼处。

(3) 实验人员必须熟悉实验室及周围环境,如水阀、电闸、安全门、灭火器及室外水源的位置。

(4) 危险性的实验必须两人以上进行，不得让非实验人员操作，实验过程中实验人员不得擅离现场。

(5) 实验室和办公室钥匙必须妥善保管，不得转借，不准私配钥匙。

(6) 实验人员进入实验室时，必须穿工作服，做到仪表端庄整洁。

(7) 严禁在实验室区域从事吸烟、烹饪、用膳和娱乐等，与实验室无关的活动，实验室内严禁留宿。

(8) 实验结束或离开实验室前，必须关闭电源、水源、气源、门窗；最后离开实验室者要负责检查。

(9) 不得随意排放废气、废水，不得随意丢弃废物，不得污染环境。

(10) 出现意外事故时保持镇定，采取有效的自救措施及时逃生报警，如有可能，采取力所能及的控制措施。

3. 实验室建筑与设计安全管理通则

主要内容如下：

(1) 结构设计：实验室应为一、二级耐火建筑，一般禁止将木质结构或砖木结构作为实验室使用；楼面应符合荷载要求规范；大型实验实验室要求双开门设计，门宽度大于 1.2 m，且门上有玻璃观察窗；窗台高度不小于 1.0 m；不同用途的房间应分开布置。

(2) 通风采光：一般实验室要求采用大开窗，以便于通风、采光和观察；有毒害气体产生的实验室根据情况需安装全面通风装置(顶排风、排风扇)、局部通风装置(排风罩、通风橱、气瓶柜、手套箱等)。

(3) 通道出口：建筑面积在 30 m^2 的实验室应设有两个安全出口，且门朝疏散方向开启；实验家具之间的安全距离应达到 1.5～1.8 m。

(4) 监控和报警：实验室应配备火灾监控和防爆、应急报警系统，危险气体实验室应多功能气体泄漏报警仪；过道需安装应急灯设备。

4. 实验室信息(涉密)安全管理通则

主要内容为：

(1) 严格执行《科学技术保密规定》等国家相关保密规定，落实保密工作管理责任制，加强对从事涉密科研项目的科研人员和学生的管理、教育和培训。

(2) 定期开展信息系统的评估测试工作，不断提升信息安全服务质量。

(3) 实行保密协议制度，严格限定实验方案、数据及相关成果的使用和公开范围。

(4) 加强实验室人员保密教育工作，提升保密意识，增强保密技能。

12.3.2 安全管理职责体系

实验室安全管理通则及要求，是每个实验室相关人员都要严格遵守的规章制度，要有效、具体去落实、实现；这就需要明确职能与责任，并建立相应的管理机构体系。通常认为，当前高校的实验室安全管理体系主要分为三级，即学校管理层、学院管理层、实验室管理层；其实，就客观实际而言，应该是“3＋1”管理体系，这个“1”是自我管理层。

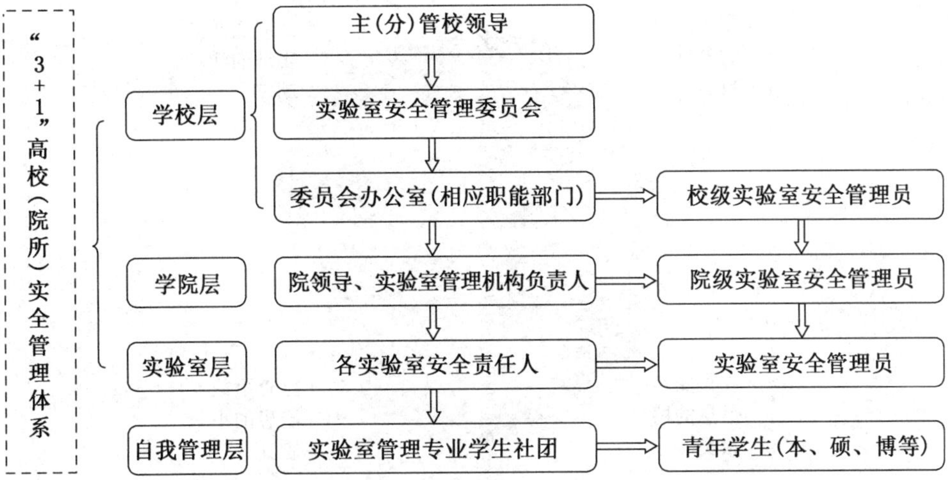

图12-12　“3+1”高校实验室安全管理体系示意图

第一个管理层——学校管理层：由主管校领导、实验室安全管理委员会、委员会办公室（主管安全职能部门）组成；主要职责为全面贯彻落实国家关于高校实验室安全工作的法律法规，组织制定实验室安全工作规章制度、责任体系和应急预案；督查和协调解决实验室安全工作中的重要事项等。

第二个管理层——学院管理层：由院级领导、院级实验室管是机构负责人、实验室安全员组成；主要职责为建立、健全本单位实验室安全责任体系和规章制度；进行实验室安全检查，落实安全隐患整改；组织本单位实验室安全教育培训等。

第三个管理层——实验室管理层：由实验室负责人（主任）、实验室安全员组成；主要职责为落实实验室安全管理责任到人；落实实验室日常安全检查工作，及时整改安全隐患；加强实验人员管理安全教育培训。

第四个管理层——自我管理层：即前面我们提的“3+1”中的“1”，这是最重要的管理层，为什么呢？因为这个管理层主要有实验室专业性学生组织、青年学生（本科、硕士、博士研究生等）组成，他们是实验室安全管理的最直接参与者（为什么这样讲？其实，现实中基本指导老师都是把实验室安全管理的任务由学生来负责落实执行），他最接地气，最知道怎么管能管得更好。

以浙江工商大学的“实验家”学生实验室专业性社团组织为例，自我管理层主要职责可以涵盖以下四个方面：

(1) 宣教动员：青年学生通过开展安全漫画、海报评展、安全知识竞赛等活动，充分利用微博、微信等现代实时通信工具，组织编排一些实验相关主题话剧、小品等进行宣教。

(2) 组织活动：实践、实训等教育活动，作为实验室安全管理工作的一个重要组成部分，其在教师的指导下完全有能力承担开展各类实验安全教育的实践(训)活动任务。

(3) 监督检查：引导青年学生参与实验室的检查工作，比如：低年本科生从事简单的消防、卫生检查；高年级本科生从事药品、设备的检查；研究生从事专业性较强的检查。

(4) 信息收报：经过专门培训的学生比教师更能够捕捉到敏感性信息，并且学生课余时间基本都在实验室度过，发现异常情况可以及时地将相关信息第一时间反馈至教师、管理人员及相关部门处，进而消除管理漏洞、减少事故发生。

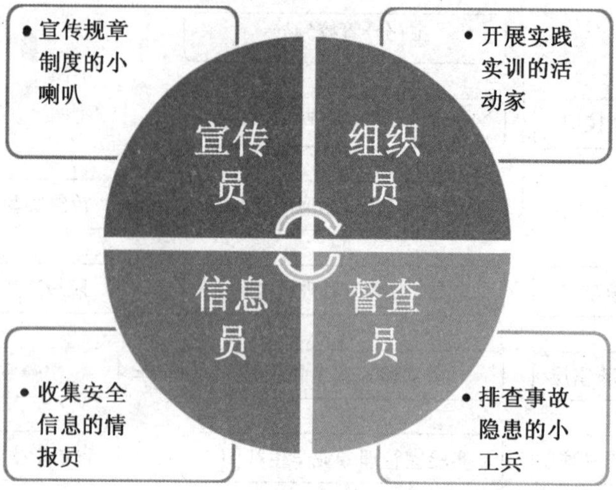

图 12－13　浙江工商大学“实验家”实验室管理专业学生社团主要职能

因而，为了同学们的安全，我们各位都有能力、有责任参与到实验室安全管理过程，并可以担任宣传规章制度的小喇叭（即宣传员）；开展实践实训的活动家（即组织员）；排查事故隐患的小工兵（即督查员）；收集安全信息的情报员（即信息员）；传承安全文化的小先生（即教导员）等角色。

“职责”涵盖职权（或者叫职能）与责任两个方面，即相应的职权对应相关的责任。目前，多数高校已建立安全责任追究体系，主要分布在人事部门（针对教职员工）、学工部部门（针对学生群体）制订的规章制度中，部分高校（《浙江大学实验室安全责任追究办法（试行）》《天津大学实验室安全责任追究暂行办法》《西南交通大学实验室安全责任追究办法（试行）》等，现在已建立起单独的实验室安全责追究管理办法。其总体的原则，是“对象身份有区分、追究种类有轻重、安全事故有分级”。

1. 追究对象主要是相关人员及单位

相关人员主要包括：

（1）直接责任人（含学生）；

（2）实验室负责人、研究生导师、实验指导教师、科研团队负责人；

（3）二级教学科研单位负责人；

（4）职能部门负责人和管理人员；

（5）校级责任领导等。

相关单位刚包括：

（1）发生事故的二级教学科研单位；

（2）负有监管责任的职能部门。

当然，根据事故大小，教育行政主管部门也会追究学校及学校法人的相关责任。

2. 追究的种类主要有

书面检查；诫勉谈话；通报批评；取消评优评奖、升职升级资格；责令经济赔偿；行政处分；直至移送司法机关。

另外，对学生而言还会面临：警告；严重警告；记过；留校察看；开除学籍等轻重不等处分。

针对二级单位，主要实行年度工作考核“一票否决”制。

实验室安全事故根据根严重程度大水上，一般分为三等级：一般实验室安全事故；较大实验室安全事故；重大实验室安全事故。

相应的事故等级对应相应追究责任的种类轻重。

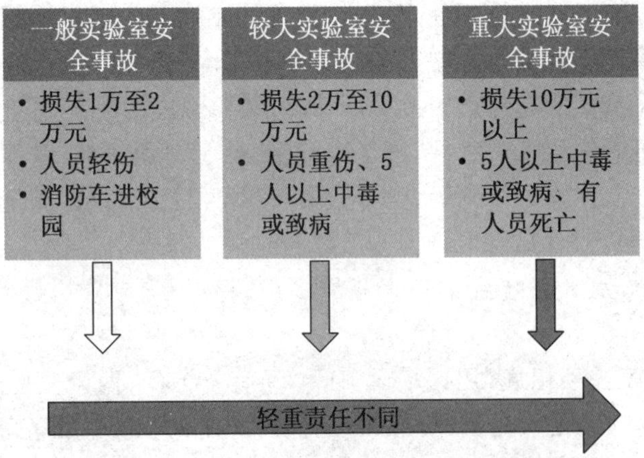

图 12－14　实验室安全事故分级示意图

★本节小结：

实验室安全管理有通则，需要我们严格遵守；实验安全管理有分工，需要我们积极参与；实验安全管理有责任，需要我们慎始又慎终。

12.4　实验安全事故及应急处理

由前述内容可知，实验室里易引发事故的危险因素非常多，所谓绝对安全是基本不存的，无论你多么的谨小慎微，实验室安全事故终将无法避免。既然这样，就需要我们来直面安全事故，从事故经过、事故原因、经验教训等方面来解析安全事故，并探求事故发生后的应急处理、处置的程序和方法。

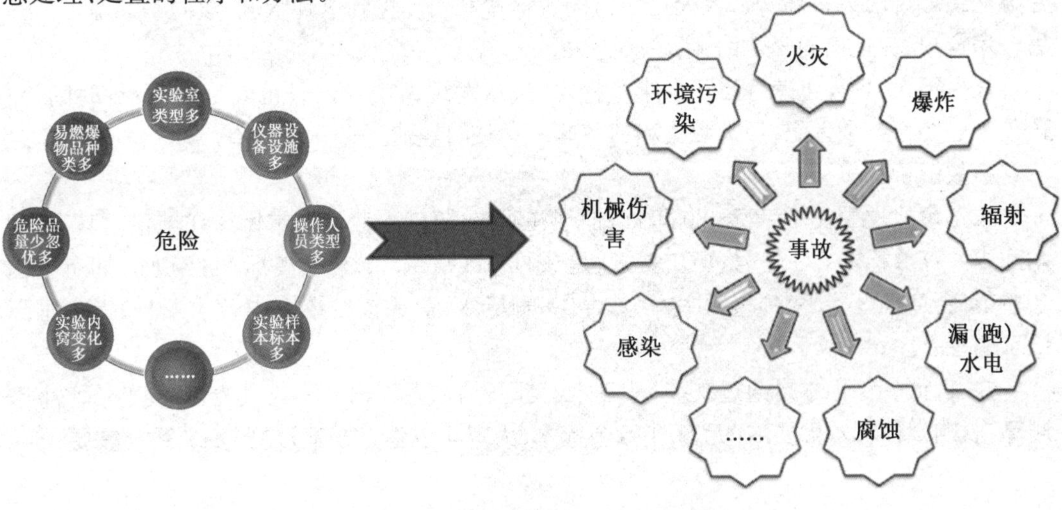

图 12－15　实验室危险与事故示意图

(一)山西某高校实验室火灾事故

事故再现:

1984 年 11 月某日下午 5 时,生物系教师李某在遗传实验准备室做实验,实验室的旁边是标本室。做完实验,李老师想使用开水,发现开水瓶是空的。她用铝壶装了大半壶自来水,并将一个功率 800 瓦的电炉垫上一块方砖放在木制实验台上,接通电源开始烧开水。过了一会儿,李老师突然想起自己家的厕所堵塞,需要他去掏通,于是他锁了实验室的门急忙回家,并打算吃好晚饭回来。结果,进了家门后,做了一通家务、吃了晚饭、掏通厕所,已是 9 点多钟。这时 50 多岁的李老师,觉得很累,便早早上床休息,而把实验室正在烧开水的电炉忘得一干二净。

半壶水从下午 5 点一直烧到第二天凌晨 2 点,将近 9 个小时,最终水被烧干、壶被烧化,火灾发生了。

准备室与标本室屋顶相连,用砖墙隔开,中间有一个门,两个实验室都另有门通向走道。当夜,在隔壁标本室的一名男同学和一名女同学在刻苦读书准备考研。他们学习到凌晨 2 点 15 分,准备回宿舍休息时听到隔壁传来噼噼啪啪的声音,原以为是小白鼠在作怪,但仔细听了一下,发现声音连续不断且越来越高。男同学隔门向实验室探望,发现准备室着火了,他立即跑出标本室来到准备室门前,发现门被锁闭,他用胳膊捅破玻璃,准备拿盆取水灭火,却发现整个楼层门都锁着,找不到水管接水。

男同学让女同学到一楼找值班生。值班生闻讯跑上楼,三人一起灭火。他们打开楼梯间的消防栓,发现水带和消防栓口对接不上,而且水也流不出来。三人一起去一楼取/消防工具,共抱来五个灭火器,但都喷不出 1 米远。这时三个人意识到,仅靠他们的自己的力量已经无法控制火势,于是分头行动,一人去距离实验室 100 米外的李老师家取钥匙,一人去宿舍喊同学帮忙,由于当时还没有移动电话,剩下一人去找固定电话报警。

这一边,报警同学搞不清楚电话,开始拨打“114”求救,随后又拨打“119”求援。另外一边,老师、学生闻讯赶来,打开房门,火势进一步升腾,窜向屋顶,直接扑向标本室;消防车到了学校大门口,管门的老伯非常负责,就是不给开大门。取钥匙同学见消防车还没有到达,只身一人冲进标本室抢救物品,迅速打开一扇窗户,将他们学习用的两个书包扔出,又搬了台显微镜。说时迟,那时快,大火已经封闭了标本室门。见到这种状况,该同学又慌忙打开另一扇窗户,在地面同学帮助下,跳楼逃生。

之后不久,大火迅速吞噬了大半个标本室,从发现火灾到这时也就是 20 分钟时间,而该校苦心经营半个世纪、用来教学科研的唯一一块“植物王国”化为乌有。

事故解析:

虽然事故发生在 20 世纪 80 年代,但现在听来,仍然令我们非常惊心和惋惜。其实,标本室内共存放标本 5.4 万号,历史久远,是该校自 1932 年以来收集标本的宝库,拥有全国各省市(台湾地区除外)的植物本样,其中 40 号标本,曾是该校在国内首次发现,得到国际认可的珍品。

并且,很多件标本是通过交流,从日本、美国、加拿大等国换回的;按当时的物价水平来测算,收购一件标本需要 80 元,5.4 万个标本,大家可以估算一下,需要多少钱? 需要 430

万元之多。但是,经历了坎坷和动乱年代的而幸存下来的标本,其价值远不止这些。

那么,这个事故是怎么发生的,问题出现在哪里？我们一起来做个复盘、深入分析一下:

第一,结构设计与家具设施先天不足,实验准备室与标本室同一个屋顶,一墙之隔,实验室建筑设计结构布局不合理;实验台为木制,达不到实验室家具配备标准。

第二,违犯操作规程,安全意识不强;实验室内使用明火电炉及烧开水,运转的仪器设备处于无人看管状态。

第三,安全设施配备及维护不到位;如水带与消防栓接口不匹配、消防栓无水、灭火器喷射压力不足等等。

第四,安全知识欠缺,应急处置错上加错;报警打错电话、看门老伯不给消防车开大门、慌张开窗加速空气流通,对火势起到助燃作用。

考虑 1980 年代的历史客观,其实在这个事故中也有一些可圈可点之处,比如实验室门上有观察窗,其实目前部分高校实验室仍在用钢制防盗门,根本没有观察窗可以观察室内情况;考研男同学,应该非常勇敢和机智,捅破玻璃、找水扑救初起火灾、找值班生一起用消防栓灭火器救火、在发现火势无法控制时果断分工来做进一步处置等等。

(二) 上海某高校实验室爆炸事故

事故再现:

2016 年 9 月 21 日(星期三)上午 10 点 30 分左右,三名研究生(其中一名学生为研究生二年级学生、两名学生为研究生一年级学生)在该校的化学化工与生物工程学院 4114 合成实验室内进行氧化石墨烯制备实验。

二年级研究生做教学示范,首先在一锥形瓶中加入 750ml 浓硫酸,与石墨混合,随后将 1 药匙的高锰酸钾放入;在放入之前,二年级研究生告诉两名低年级同学:可能会有爆炸的危险！结果在药品加入后,即刻发生爆炸。师生立即拨打“110”和“120”,并进行了现场处置。

事故共造成一名研究生轻伤,两名研究生重伤。2 名重伤研究生(一名二年级学生、一名一年级学生),均为男性,分别为 24 岁和 23 岁,主要因实验爆燃致化学试剂高锰酸钾等灼伤头、面部和眼睛,其中,研二学生双目失明,研一学生有失明的可能性。

事故解析:

我们知道,氧化法制备石墨烯是最常见一种化学制备方法,需要用到浓硫酸和高锰酸钾等强氧化剂,是一个反应剧烈且自放热反应,所以应根据相关规程操作进行。

但在实验过程中,三名同学却犯了本不该犯的错误:

一是没有做好安全有效的个人防护措施(如果当时戴上护目镜,就会把对眼睛的伤害降到最低程度);

二是对主要反应物料高锰酸钾进行调整,却在无化学计量的情况下进行;

三是锥形瓶作为容器,不能用于后续反应的加热操作;

四是没有做实验前的风险评估,根据规程本实验需要冰水浴中进行操作。

(三)浙江某高校实验室毒害事故

事故再现:

2009年7月3日中午12时30分许,该校理学院化学系博士研究生袁某某,发现27岁的在读女博士研究生——于某昏厥倒在休息室211室的地上,袁某便呼喊老师寻求帮助,并于12时45分拨打“120”急救电话。袁某某本人在随后也晕倒在地。

12时58分,“120”急救车抵达现场,将于某和袁某某送往浙江省省立同德医院。

13时50分,省立同德医院急救中心宣布于某经抢救无效死亡。袁某某留院观察治疗,并于7月4日出院。

事故解析:

事件经过非常简单,但后果却十分严重,造成一名女博士死亡,教训很惨痛。那么,问题出在哪里呢?

罪魁祸首是杀人于无形的一氧化碳。该名女博士主要做催化方面的研究,具体研究方向为汽车尾气治理,基本不会接触危险化学品,而211室又是休息室而不是实验室,怎么会有一氧化碳呢?很多人都很奇怪。

事后查明,原来,211室是由实验室改造而来的休息室,而原有的气管道并没有完全拆除或者封堵。当天,非常巧合,教师莫某某、徐某某做实验时,需将一氧化碳从一楼气瓶室输送到307实验室,但却误将气体接至211的输气管,而211室的反应室和通风橱又已经拆除,一氧化碳直接扩散开来,不幸就这样发生了。很多时候,事故就是那么一瞬间。

(四)东北某大学实验室感染事故

事故再现:

2010年12月19日下午,东北某大学应用技术学院畜禽生产教育0801班30名学生在动物医学学院实验室进行“羊活体解剖学实验”,对于这些20来岁的男孩儿女孩儿来说,这样的课程是他们学习生活的一部分。

试验用羊的解剖不久就完成了,同学们又继续各自的专业学习和校园生活,可谁知,这一次看似寻常的课程,却把他们带向了无尽的深渊。

2011年1月,临近寒假,一名王姓同学觉得身体不适,他已经连续高烧很多天了。由于是冬天,感冒发烧也属正常,所以他没有警觉。经过吃药、打针等治疗后,也有了些好转,却总觉得不是那么舒服。

春节转眼即过,2011年3月,当这名王姓同学再次回到学校时,发现与他症状一样的同学有好几个。“开学时,有一位同学被其母亲背到了学校,那时我才知道,他与我症状很相似,不同的是,他因为关节疼痛已无法行走。”王姓同学说。

另外,这名王姓同学注意到,过了没几天,班上有几名同学消失在了课堂之上。

紧接着,学生中就出现了传言,称动物医学学院的同学因为做羊活体实验而得上了一种浑身无力的怪病,已经确诊为布鲁氏菌病。听到这个消息,0801班的同学顿时傻眼了……

传言很快得到了验证,校方很快便组织0801班集体进行检查,最终发现,0801班全班30人中共有16人感染布鲁氏菌病。这还不是最后的数字,因为做过此类实验的,并非只有 0801 班。

2011 年 9 月 3 日，校方做出公开回应，经诊断，该校共 5 个班级的 28 人被查出感染布鲁氏菌病，其中包括 27 名学生、1 名老师。感染者已被送至黑龙江省农垦总局总医院接受治疗。

事故解析：

非常典型的一起实验室感染重大责任事故，学校也承认是由于自身的管理不到位，致使师生患病。其实，经核查，造成事故的主要原因有三点：

一是购买 4 只实验山羊时，相关教师未要求养殖场，出具相关检疫合格证明，违反我国检验检疫相关的法律法规规定；

二是实验前，相关教师未对实验山羊进行现场检疫，严重违反实验操作规程；

三是在指导学生实验过程中，相关教师未能严格要求学生遵守操作规程，进行有效防护等；经调查，部分学生实验时没有按规配戴口罩、手套。

事后，学校对学生做出相应赔偿：承诺承担在所有法律责任的基础上，给予每名患病学生一次性补助 3 万元，并通过减免学费和增加补贴等方式，共赔偿每名学生约 6.1 万元。但无论怎样，在未来的日子里，都无法抹平这些年轻人身心所遭受的伤痛。

（五）美国耶鲁大学实验室机械伤害事故

事故再现：

2011 年 4 月 12 日晚间，耶鲁大学天文和物理学专业大四女生米歇丽·杜弗特，在该校实验大楼地下间操作机床设备，可能由于不熟悉操作规程且疏忽大意，导致其头发被绞进正在运转的车床内，最终因“颈部受压迫窒息死亡”。次日凌晨 2 点 30 分，在同一栋楼的同学发现其尸体，随即电话报警。

事故解析：

应该说这是一个非常非常惨痛的实验室机械伤害事故，虽然我们没有看到详细事故分析，但根据一些公开报道，我们可以推测，米歇丽应该是一非常漂亮的女生、满头的棕色长发，应该是没有做好长发防护导致事故发生；当时他应该是一个人独自在做机械操作实验，我们知道对于危险性的实验，绝对是不允许一个人单独操作，何况还是在晚上；米歇丽应该没有经过相关培训或者不熟悉机器的操作规程。

从上面对五起典型实验室安全事故分析可知，事故很可怕，但都有这样那样的原因，因而总体来讲事故是可防、可控的，特别是事故发生后如果应急处理处置得当，往往可以把事故造成的伤害程度降到最小。

当前，各个高校基本已建立起自己的实验室安全应急预案或应急处理体系，并制订了相关规章制度予以保障。

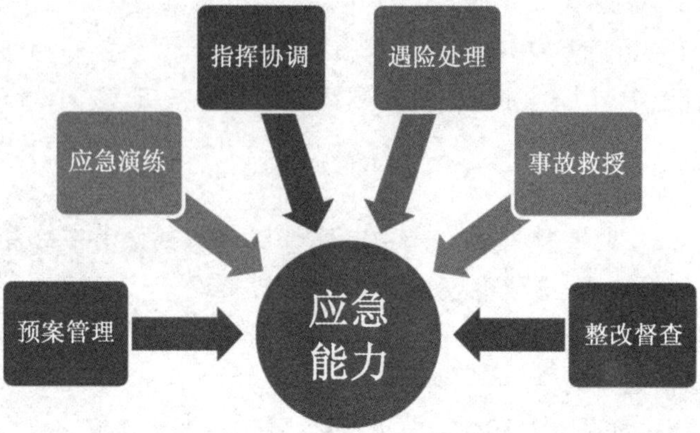

图 12－16　实验室应急能力示意图

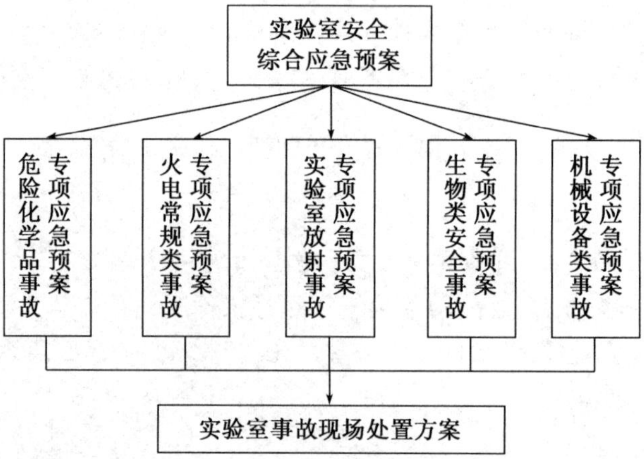

图 12－17　实验室应急预案框架示意图

总的来讲，应急预案事关人身财产安全，其坚持基本原则是：先救人，后救物；先救治，后处理；先制止、后教育；先处理，后报告。

对于一般安全事故，通常是首先在力所能及的范围内控制事故的进一步发展恶化，或者将事故控制在初起萌芽阶段，同时是按程序逐级上报。

但是，如果发生人身伤亡事故，应立即拨打“120”；发生重大火灾、爆炸等事故，应迅速拨打“110”或“119”。

并注意，报警时，需要讲明发生事故的时间、地点、人员伤亡或物品损失情况，事故发展阶段态势等，并把报警人姓名、电话等信息表述清楚，必要时到明显位置引导救援车辆。

当然，实验室应急预案的内容非常多，涵盖机构设置、预警响应、火灾、爆炸、机械伤等专项事故处置、调查处理等，具体可以参阅各自高校的所发布的文件规章，在这里我们不再赘述。

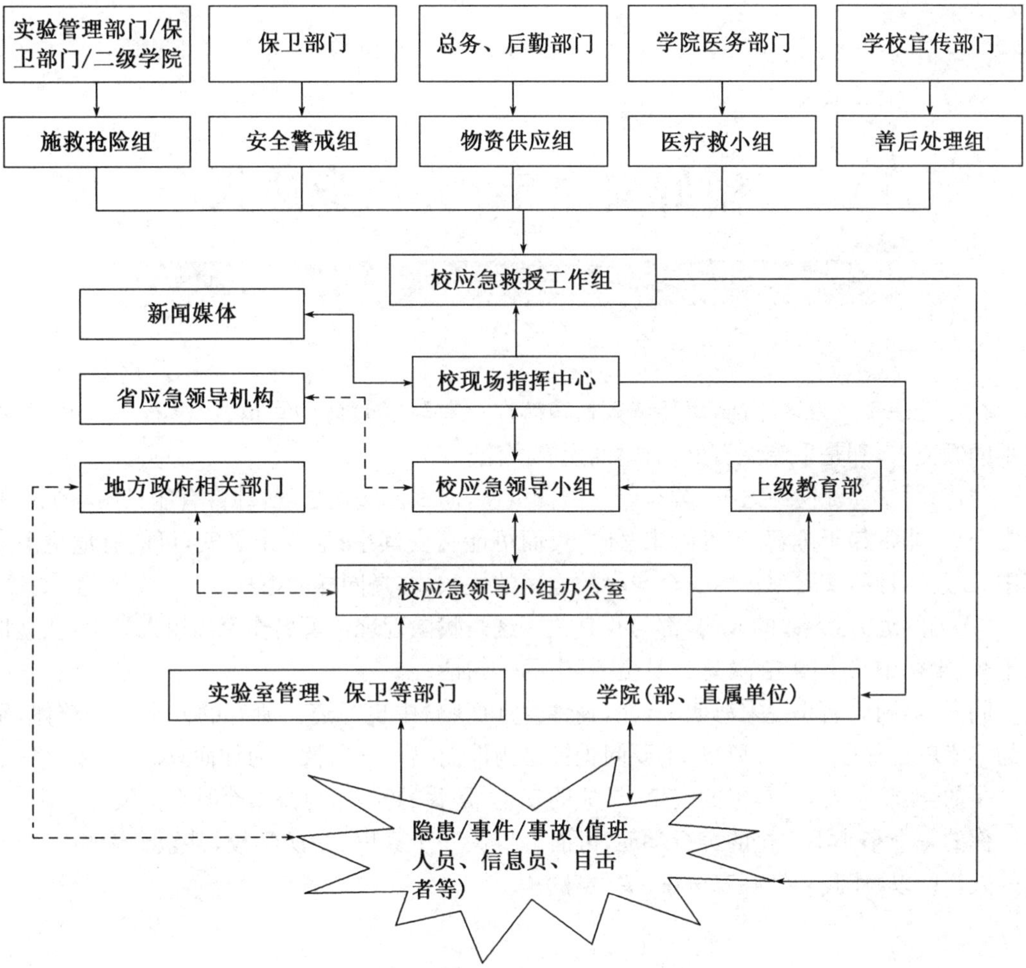

图 12－18　实验室应急处理体系示意图

本章习题及答案

结束语

做好安全事、关注身边人

JIE SHU YU

距今天一千一百多年前，唐朝诗人杜荀鹤在一首《泾溪》诗中写道：泾溪石险人兢慎，终岁不闻倾覆人；却是平流无石处，时时闻说有沉沦。

此诗，写了急流险滩之处，鲜有船只倾覆沉没，而水流缓慢之处，却常有船只倾覆沉没的反常现象，非常易于理解，即处险未必险，反而可能寓安其中；居安未必安，可能有危险潜藏其中。很多时候，实验室里的安全与事故之间的关系，亦是同样的道理。

“无穷的远方，无数的人们，都与我有关”，这是我国近现代著名作家周树人先生，在逝世前不久，于病中写下的文章《这也是生活》中的一句话。

同样，美国著名小说家海明威，在《丧钟为谁而鸣》中也写道：“所有的人是一个整体，别人的不幸就是你的不幸。所以，不要问丧钟是为谁而鸣——它就是为你而鸣。”

是的，实验室安全，是你的安全，是他的安全，是我的安全，也是整个社会的安全。

你的一个小小不安全的言行举动，可能会事关一个家庭、一所学校，甚至会影响千千万万的人！所以，让我们做好安全事、关注身边人。

参考文献

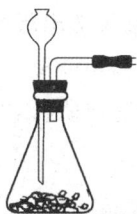

[1] 朱莉娜,孙晓志,弓保津,李振花.高校实验室安全基础[M].天津大学出版社,2014.

[2] 顾小焱.化学实验室安全管理[M].科学技术文献出版社,2017.

[3] 陈卫华.实验室安全风险控制与管理[M].化学工业出版社,2017.

[4] 蔡乐,曹秋娥,罗茂斌,刘碧清.高等学校化学实验室安全基础[M].化学工业出版社,2018.

[5] 敖天其,廖林川.实验室安全与环境保护[M].四川大学出版社,2015.

[6] 和彦苓.实验室安全与管理[M].人民卫生出版社,2015.

[7] 邵国成,张春艳.实验室安全技术[M].化学工业出版社,2016.

[8] 喻晓锋,万安静.医疗废物管理与卫生监督[M].江西科学技术出版社,2007.

[9] 余新炳.实验室生物安全[M].高等教育出版社,2015.

[10] 孙玲玲.高校实验室安全与环境管理导论[M].杭州:浙江大学出版社,2013.

[11] 任树奎,张力娜.特种设备使用单位安全生产隐患排查治理指导[M].北京:中国劳动社会保障出版社,2008.

[12] 王明明,蔡仰华,徐桂容.压力容器安全技术[M].北京:化学工业出版社,2004.

[13] 张礼敬,张明广.压力容器安全[M].北京:机械工业出版社,2012.

[14] 许铁,张劲松.急救医学[M].南京:东南大学出版社,2010.

[15] 葛均波,徐永健.内科学[M].9版.北京:人民卫生出版社,2018.

[16] 李宗浩.紧急医学救援[M].北京:人民卫生出版社,2013.

[17] 王正国.现代创伤医学丛书[M].湖北科学技术出版社,2016.

[18] 陈孝平.外科学[M].9版.北京:人民卫生出版社,2018.

[19] 郑春龙.高校实验室生物安全技术与管理[M].杭州:浙江大学出版社,2013.

[20] 世界卫生组织.实验室生物安全手册[M].3版.北京:人民卫生出版社,2004.

[21] 郑涛.生物安全学[M].北京:科学出版社,2014.

[22] 中国科学院武汉文献情况中心/生物安全战略情报研究中心.生物安全发展报告——科技保障安全[M].北京:科学出版社,2015.

[23] 庞俊兰,孔凡晶,郑君杰.现代生物技术实验室安全于管理[M].北京:科学出版社,2006.

[24] 全国机械安全标准化技术委员会.机械安全标准应用指南[M].北京:中国质检出版社,2014.

[25] 田宏. 机械安全技术[M]. 北京:国防工业出版社,2013.
[26] 石一民,冯武卫. 机械电气安全技术[M]. 北京:海洋出版社,2016.
[27] 路建美,黄志斌. 高等学校实验室环境健康与安全[M]. 北京:南京大学出版社,2013.
[28] 王同生,张秀儒,刘忠文. 核辐射防护基础[M]. 北京:原子能出版社,1983.
[29] 陈万金,陈燕俐,蔡捷. 辐射及其安全防护技术[M]. 北京:化学工业出版社,2006.
[30] 封章林. 工业辐射防护[M]. 北京:中国环境出版社,2015.
[31] 谢凯. 放射防护学[M]. 北京:人民卫生出版社,2011.
[32] 全国机械安全标准化技术委员会,中国国家标准化管理委员会. 机械安全设计通则风险评估与风险减小:GB/T 15706—2012[S]. 北京:中国标准出版社,2012.
[33] 全国机械安全标准化技术委员会,中国国家标准化管理委员会. 机械安全控制系统有关安全部件第 1 部分:设计通则:PGB/T 16855. 1—2008[S]. 北京:中国标准出版社,2008.
[34] 全国机械安全标准化技术委员会,中国国家标准化管理委员会. 机械安全防止上下肢触及危险区的安全距离:GB 23821—2009[S]. 北京:中国标准出版社,2009.
[35] 全国机械安全标准化技术委员会,中国国家标准化管理委员会. 与人体部位接近速度相关的安全防护装置的定位:GB/T 19876—2012[S]. 北京:中国标准出版社,2013.
[36] 全国机械安全标准化技术委员会,中国国家标准化管理委员会. 机械安全避免人体各部位挤压的最小间距:GB/T 12265. 3—1997[S]. 北京:中国标准出版社,1997.
[37] 全国机械安全标准化技术委员会,中国国家标准化管理委员会. 机械安全防护装置固定式和活动式防护装置设计与制造一般要求:GB/T 8196—2018[S]. 北京:中国标准出版社,2018.
[38] 全国机械安全标准化技术委员会,中国国家标准化管理委员会. 机械安全带防护装置的联锁装置设计和选择原则:GB/T 18831—2017[S]. 北京:中国标准出版社,2017.
[39] 全国机械安全标准化技术委员会,中国国家标准化管理委员会. 机械安全双手操纵装置功能状况及设计原则:GB/T 19671—2005[S]. 北京:中国标准出版社,2005.
[40] 全国机械安全标准化技术委员会,中国国家标准化管理委员会. 机械安全压敏保护装置:第 1 部分:压敏垫和压敏地板的设计和试验通则:GB/T 17454. 1—2017[S]. 北京:中国标准出版社,2017.
[41] 全国机械安全标准化技术委员会,中国国家标准化管理委员会. 机械安全压敏保护装置:第 2 部分:压敏边和压敏棒的设计和试验通则:GB/T 17454. 2—2017[S]. 北京:中国标准出版社,2017.
[42] 全国机械安全标准化技术委员会,中国国家标准化管理委员会. 机械电气安全电敏保护设备:第 1 部分:一般要求和试验:GB/T 19436. 1—2013. 北京:中国标准出版社,2013.
[43] 全国机械安全标准化技术委员会,中国国家标准化管理委员会. 机械安全控制系统安全相关部件第 1 部分:设计通则:GB/T 16855. 1—2018[S]. 北京:中国标准出版社,2018.
[44] 全国机械安全标准化技术委员会,中国国家标准化管理委员会. 用于机械安全的人类工效学设计:GB/T 18717—2002[S]. 北京:中国标准出版社,2002.